Esther Wojcicki

Panda Mama

Esther Wojcicki

PANDA MAMA

Wie man glückliche und selbstbewusste Kinder großzieht

Aus dem Amerikanischen
von Christiane Burkhardt und Henriette Zeltner

Ullstein

Besuchen Sie uns im Internet:
www.ullstein-buchverlage.de

MIX
Papier
FSC FSC® C014496

Die Originalausgabe erschien 2019 unter dem Titel
How to Raise Successful People
bei Houghton Mifflin Harcourt, Boston.

ISBN: 978-3-96366-063-4

2. Auflage 2019

Aus Gründen der Lesbarkeit wurde im Text die männliche Form gewählt, nichtsdestoweniger beziehen sich die Angaben auf Angehörige beider Geschlechter.
Gesetzt aus der Quadraat Pro powered by pepyrus.com
Druck und Bindearbeiten: GGP Media GmbH, Pößneck
Printed in Germany

Für meinen Mann Stan,
für meine drei Töchter Susan, Janet und Anne,
für meine zehn Enkel und für alle anderen Mitglieder meiner Familie:

Möge TRICK bei ihnen und überall auf der Welt triumphieren!

Eine »Panda Mama« ist eine warmherzige, liebevolle Mutter, die ihre Kinder umsorgt, sie aber auch ermutigt, die Welt zu erforschen. Eine Mutter, die weiß, dass Scheitern zum Lernen dazugehört und Loslassen über den Erfolg ihrer Kinder entscheidet.

Inhalt

Vorwort

Wir, die drei Töchter von »Woj«, fanden es nur angemessen, das Vorwort zu schreiben – nämlich darüber, wie es tatsächlich ist, nach der Woj-Methode großgezogen zu werden. Woj ist der Kosename, den die Schüler unserer Mutter schon vor Jahrzehnten gegeben haben und den sie nie mehr losgeworden ist. Ihre Methode beruht auf Vertrauen, Respekt, Selbstständigkeit, Zusammenarbeit und Freundlichkeit und Mitgefühl (Englisch: Trust, Respect, Independence, Collaboration und Kindness – TRICK), universelle Werte, die sie auf den folgenden Seiten näher erklärt.

Das Leben hat für uns zahlreiche Überraschungen bereitgehalten, angefangen von unseren Karrieren bei Google, YouTube, 23andMe und dem UCSF Medical Center bis hin zu der Herausforderung, unseren eigenen Kindern gute Eltern zu sein – insgesamt immerhin neun, verteilt auf uns drei. Wie jeder Mensch haben auch wir Höhen erklommen und Täler durchschritten, doch den Großteil unseres Erfolgs haben wir den Erziehungsmethoden unserer Eltern zu verdanken.

Als unsere Mutter verkündete, sie schreibe ein Buch, holten wir die Tagebücher aus unserer Schulzeit hervor. Als Frau der schreibenden Zunft hielt es unsere Mutter nämlich für eine gute Idee, dass wir Tagebuch führten, vor allem als wir 1980 nach Frankreich zogen. Darin finden sich nicht nur viele lustige Anekdoten über Auseinandersetzungen und schlechtes Benehmen, sondern auch einige immer wiederkehrende Themen: Unabhängigkeit, finanzielle Verantwortung, Handlungsfähigkeit, Aufgeschlossenheit gegenüber neuen Dingen, Angstfreiheit und Dankbarkeit dem Leben gegenüber.

Mit unser größtes Glück ist heute das Gefühl von Unabhängigkeit. Unsere Eltern haben uns beigebracht, an uns zu glauben, an unsere Fähigkeit, Entscheidungen zu treffen. Sie haben uns vertraut, uns schon von klein auf Verantwortung übertragen. Wir durften allein zur Schule gehen, mit dem Rad die Nachbarschaft erkunden und uns mit Freunden verabreden. Wir wurden immer selbstbewusster – eine Entwicklung, die von unseren Eltern unterstützt wurde, indem sie unsere Meinungen und Ideen respektierten. Wir können uns an keinen Tag erinnern, an dem man unsere Vorstellungen nicht ernst genommen hätte, nur weil wir Kinder waren. Unsere Eltern haben uns in jedem Alter zugehört und das Gefühl gegeben, dass wir alle voneinander lernen können. Wir haben gelernt, für unsere Interessen einzutreten, aber auch zuzuhören und Fehler zuzugeben.

In der zehnten Klasse hatte Anne ein höchst aufschlussreiches Gespräch in unserer jüdischen Gemeinde darüber, wie die Beziehung zwischen Eltern und ihren Kindern auszusehen hat. Dort erzählte man ihr, ein Kind habe zu gehorchen. Daraufhin erwiderte sie, dass bei uns in der Familie diskutiert würde. Dass unsere Eltern immer zuhörten und nie einfach nur sagten: »Nein, basta, das wird so gemacht, weil ich es so will.« Später notierte sie in ihrem Tagebuch, wie dankbar sie sei, Eltern zu haben, die sich nicht bloß auf ihre Autorität berufen. Wir haben nur selten gestritten. Wir haben viel diskutiert, aber Streit gab es kaum. Mit dem Ergebnis, dass wir ihnen außergewöhnlich dankbar für die frühe Unabhängigkeit sind, die wir erleben durften.

Mit Unabhängigkeit ist auch finanzielle Freiheit verbunden. Finanzielle Freiheit bedeutet nicht in erster Linie, reich zu sein, sondern vor allem verantwortungsbewusst mit Geld umgehen zu können, bestimmte Anschaffungen oder Unternehmungen sorgfältig zu planen. Unsere Eltern sind hochdisziplíniert, was das Geldausgeben und Sparen angeht. Beide sind Kinder von Einwanderern und haben uns immer wieder klargemacht, was die Leute alles für unnützes Zeug kaufen, nur um dann leider kein Geld mehr für die wirklich wichtigen Dinge übrig zu haben. Wie entscheidend das ist, wurde uns tagtäglich vor Augen geführt. Gingen wir auswärts essen, bestellten wir nie Vorspeisen oder extra Getränke, sondern begnügten uns mit dem Leitungswasser. Und wenn wir einen Trip in den Supermarkt unternahmen, hatten wir immer unsere Rabattcoupons dabei und schon im Vorfeld die Zeitungen nach Sonderangeboten durchforstet. Einmal brachte unsere Mutter ihr unangerührtes Flugzeugmenü mit nach Hause und servierte es Anne zum Abendessen – etwas, das ihre Kindheitsfreundinnen nie vergessen haben!

Als wir noch in die Grundschule gingen, zeigte uns unsere Mutter eine Zinseszinstabelle, und wir nahmen uns vor, jedes Jahr mindestens ein paar Tausend Dollar beiseitezulegen. Wir bekamen Kreditkarten und Scheckbücher, noch bevor wir den Führerschein hatten, weil unsere Mutter uns Finanzdisziplin beibringen wollte. Wir sollten lernen, dass man seine Kreditkartenschulden am Monatsende begleichen muss und nicht ins Minus rutschen darf. Außerdem wurden wir schon als kleine Kinder in unserem Unternehmergeist bestärkt. Jahrelang verkauften wir so viele Zitronen vom üppigen Baum unserer Nachbarin, dass wir im Viertel bald nur noch die »Lemon-Girls« genannt wurden. Susan hatte eine Firma, die aufgefädelte Kräuter, die man sich in die Küche hängen konnte, verkaufte. Schon als Sechstklässlerin verdiente sie damit Hunderte von Dollar. Die Idee war von ihr, aber unsere Mutter besorgte die Zutaten und ermutigte sie, nach draußen zu gehen und mit den Kräutern zu handeln. Und wenn uns doch einmal so richtig langweilig war, misteten wir Spielzeug aus und versuchten, es an unsere Nachbarn zu veräußern – die auch tatsächlich zugriffen (manchmal zumindest).

Für unsere Familie hatten Reisen und Bildung absolute Priorität, für alles andere wurde möglichst wenig Geld ausgegeben. (P. S.: Unser Vater trägt seit sechzig Jahren dasselbe Paar Sandalen.) Auf Reisen stiegen wir stets in den billigsten Hotels ab und nutzten jede Rabattaktion. Geld ausgeben bedeutete, eine bewusste Entscheidung zu treffen. Wir waren nie sehr wohlhabend, aber unser Umgang mit Geld gab uns die finanzielle Freiheit, um die Erfahrungen zu machen, die uns wirklich am Herzen lagen.

Unserer Mutter würde es niemals einfallen, Dinge aufzuschieben oder zu jammern. Wenn etwas heute erledigt werden kann, erledigt sie es heute! Sie hat uns zum Beispiel beigebracht, wie man Wäsche wäscht, putzt, staubsaugt, telefoniert und Sport treibt – und das alles gleichzeitig, in unter einer Stunde. Wir kennen wirklich niemanden, der so effizient ist wie unsere Mutter.

Sie hat uns beigebracht, wie angenehm es ist, etwas sofort zu erledigen, statt es hinauszuschieben. Wie viel schöner das Wochenende ist, wenn man die Hausaufgaben schon am Freitagabend fertig hat, statt sie den ganzen Samstag und Sonntag wie ein Damoklesschwert über dem Kopf hängen zu haben, um sie dann auf den letzten Drücker zu machen.

Obwohl die Philosophie unserer Mutter hauptsächlich darauf zielt, Fähigkeiten zu vermitteln, hat sie hin und wieder auch auf Bestechung zurückgegriffen. Ein Beispiel dafür, an das sich Susan noch Jahre später erinnert, ist ihre schlechte Angewohnheit als Kind, Nägel zu kauen. Unsere Mutter versprach ihr ein Kaninchen, wenn sie damit aufhörte. Nachdem Susan sechs Wochen lang keine Nägel mehr gekaut hatte (laut unserer Mutter der Zeitraum, der vergehen muss, um eine schlechte Angewohnheit abzulegen), kaufte ihr unsere Mutter eine Ratte, da der Ladenbesitzer ihr erklärt hatte, die sei besser als ein Kaninchen. Sie kaufte sogar drei Ratten: Snowball, Midnight und Twinkle.

Unsere Mutter kann gut mit Menschen umgehen: Sie genießt es aufrichtig, mit unterschiedlichsten Charakteren zu tun zu haben, und wirkt unheimlich herzlich und nahbar, ganz einfach, weil sie Neuem stets aufgeschlossen gegenübersteht. Sie ist ein echter Unternehmertyp, immer offen für Veränderungen und Innovationen. Es war weder Zufall noch Glück, dass es ihr gelang, Technik in ihre Lehrpläne und in die Klassenzimmer einzuführen, als das Silicon Valley nur so boomte. Sie liebt es, Neues zu entwickeln. Sie lernt unablässig von ihren Schülern, und deshalb schenken sie ihr auch so viel Vertrauen und Respekt – weil sie an die Veränderungsvisionen der Schüler glaubt (und dabei selbst richtig aufblüht). Erwachsene geben lieb gewordene Gewohnheiten nur höchst ungern auf und haben deshalb Schwierigkeiten im Umgang mit Teenagern. Aber unsere Mutter – inzwischen längst eine Seniorin – ist das genaue Gegenteil, weshalb die Schüler nur so in ihre Kurse strömen. Sie wissen, dass unsere Mutter sie respektiert und in ihren Ideen unterstützt, so verrückt sie auch sein mögen. Manchmal findet sie sogar die allerverrücktesten am besten! Wir sind oft selbst ganz erstaunt, wie viel Energie unsere inzwischen über siebzig Jahre alte Mutter noch hat, nachdem sie einen langen Tag (fast bis Mitternacht) damit verbracht hat, mit Teenagern an deren Schülerzeitung zu arbeiten.

Eine ihrer besten Eigenschaften als Lehrerin und Mutter ist, dass sie sich aufrichtig bemüht, immer den ganzen Menschen zu sehen, die Interessen der Schüler so zu nutzen, dass diese sich selbst motivieren, statt sie zu irgendetwas zu zwingen. Wenn eine von uns nach Hause kam und sagte, sie könne ein bestimmtes Fach nicht leiden, wollte sie immer wissen, warum. Sie versuchte herauszubekommen, was da los war: Brauchten wir Nachhilfe? Hatten wir ein Problem mit Lehrern oder Mitschülern? Dann versuchte sie eine Lösung zu finden, die unseren Bedürfnissen entsprach. Sie bemühte sich auch, herauszufinden, wofür wir uns im Lauf der Jahre begeisterten. Sie förderte Annes Interesse am Schlittschuhlaufen, Janets Vorliebe für Afrikanistik und Susans Kunstprojekte. Sie regte an, dass wir uns mit Büchern, interessanten Artikeln, Vorträgen und Kursen beschäftigten. Es sind stets die Schüler, die die Themen für ihre Zeitung auswählen und ihre Standpunkte darlegen. Wenn wir uns über Erziehungsthemen unterhalten, ruft sie uns immer wieder in Erinnerung, dass man ein Kind zu nichts zwingen kann: Man muss es motivieren, sich freiwillig so oder anders zu verhalten.

Wir möchten auch gern betonen, wie angstfrei unsere Mutter ist, vor allem in Sachen Gerechtigkeit. Sie ist die Erste, die darauf hinweist, dass der Kaiser nackt ist. Sie hat keinerlei Bedenken, ihre Meinung zu sagen, Benachteiligte zu verteidigen oder am Status quo zu rütteln. Eine ideale Eigenschaft für eine Journalistin im Kampf für die Pressefreiheit. Janet weiß noch, wie wir einmal in einem Laden anstanden und der Verkäufer versuchte, uns minderwertige Ware anzudrehen. Natürlich wollten wir den Geschäftsführer sprechen und drohten damit, den Laden bei der Verbraucherschutzzentrale zu melden. Der Glaubenssatz unserer Mutter lautet: »Wenn man den Mund nicht aufmacht, wenn man sich nicht wehrt oder beschwert, wird anderen Leuten das Gleiche passieren.« Noch so eine Erinnerung von Janet: Unsere Mutter legt sich mit dem Kinderarzt an, der Antibiotika verschreiben will. »Braucht sie die wirklich?«, fragte unsere Mutter. »Darf ich ihr auch mal ins Ohr schauen?« Konventionen, Macht und Autorität waren nichts, wovor man sich fürchten musste. Andererseits war es nicht immer lustig, eine Mutter zu haben, die mit ihrer Meinung vor Lehrern, Freunden, Eltern von Freunden usw. nicht hinterm Berg hielt. Nach all den Jahren mit dieser Mutter können wir uns an keine Situation erinnern, in der unsere Mutter es nicht gewagt hätte, offen ihre

Meinung zu sagen. Sie schreckt nicht einmal davor zurück, der Kultusministerin knallhart ins Gesicht zu sagen, was sie von unserem Bildungssystem hält. Diese Herangehensweise schafft ein Umfeld, in dem junge Menschen das Selbstbewusstsein und die Ausdauer entwickeln können, die sie brauchen, um ihren Träumen und Neigungen nachzugehen, ohne sich einschüchtern oder davon abbringen zu lassen. Wir sind fest davon überzeugt, dass ein Großteil unserer Motivation und unseres Durchhaltevermögens daher rührt, dass unsere Mutter nicht bereit war, auf- oder nachzugeben.

Vor allem aber – und das ist uns am eindrücklichsten in Erinnerung geblieben – hat unsere Mutter uns beigebracht, das Leben zu lieben. Sie ist albern. Sie macht Witze. Sie ist alles andere als formell und passt in kein Klischee. Sie hat einfach gern Spaß. Unseren Vater hat sie kennengelernt, als sie in ihrem Studentenwohnheim in Berkeley eine Treppe hinunterstürzte und ihm im wahrsten Sinne des Wortes in die Arme fiel. Sie hat es geschafft, dass wir aus Restaurants geworfen wurden – und zwar wegen ihres schlechten Benehmens. Mit fünfundsiebzig hat sie die Modekette Forever 21 entdeckt, die jetzt ihr absoluter Lieblingsladen für Kleidung ist. Vor zehn Jahren hat sie Anne aus New York City angerufen, wo sie gerade mit einem Dutzend Schülern aus ihrem Journalismus-Kurs war, und gesagt: »Anne! Wir haben eine Stretchlimo zum Schnäppchenpreis gefunden und lassen uns gerade mit offenem Sonnendach durch New York kutschieren! In welchen Klub sollen wir gehen? Wir wollen tanzen!« Unsere Mutter liebt Abenteuer, sie genießt es, immer wieder etwas Neues zu entdecken. Ihre Schüler lieben sie, weil sie ihre Tatkraft und Ernsthaftigkeit durch Offenheit und Kreativität ausgleicht. Es ist ihr Ernst mit ihrem Journalismus-Unterricht, trotzdem hat sie kein Problem damit, wenn ihre Schüler beim Zuhören auf dem Fahrradtrainer sitzen. Während wir das hier schreiben, hat unsere Mutter gerade Fotos von sich verschickt, auf denen sie als

Hotdog verkleidet ist. Wir kaufen vielleicht nicht unbedingt bei Forever 21 ein, haben aber von ihr gelernt, positiv zu denken und uns an jedem Tag zu erfreuen.

Wir drei Schwestern sind der lebende Beweis für die Philosophie unserer Mutter. Doch nach uns kamen noch Tausende von Schülern, die sie in Journalismus unterrichtet hat. Überall auf der Welt treffen wir Menschen, die uns mit den Worten begrüßen: »Wissen Sie, Ihre Mutter hat wirklich mein Leben verändert. Sie hat an mich geglaubt.« Ihr positiver Einfluss beschränkt sich nicht nur auf die Zeit, die diese Menschen in ihren Kursen sitzen, sondern reicht weit darüber hinaus.

Als stolzen Töchtern bleibt uns jetzt nur noch zu sagen: »Danke, Mom, dass du uns mit der Woj-Methode großgezogen hast!«

Susan, Janet und Anne Wojcicki

Einleitung

Es gibt keinen Nobelpreis für Kindererziehung oder Pädagogik, aber eigentlich sollte es ihn geben, denn das ist mit das Wichtigste, was wir für die Gesellschaft tun. Wie wir unsere Kinder erziehen und ausbilden, wird nicht nur sie als Erwachsene prägen, sondern auch unsere ganze Gesellschaft.

Alle Eltern hegen Hoffnungen und Träume in Bezug auf ihre Kinder. Sie möchten, dass sie gesund, glücklich und erfolgreich sind, und haben alle dieselben Ängste: Ist mein Kind gut aufgehoben? Wird es Erfüllung und seine Bestimmung finden? Wird es ihm gelingen, in einer Welt seinen Weg zu gehen, die immer hektischer, leistungsorientierter, ja bisweilen sogar rauer wird? Ich weiß noch, wie all diese unausgesprochenen, oft unbewussten Sorgen in dem kleinen Entbindungsraum auf mich einstürmten, als ich meine erste Tochter im Arm hielt.

Ich lag im Krankenhausbett, Susan an der Brust. Die Schwester hatte sie in eine rosa Decke gehüllt und ihr ein winziges gelbes Strickmützchen aufgesetzt. Mein Mann Stan saß neben mir. Wir waren beide erschöpft, aber auch entzückt, und in diesem Moment war klar, dass ich meine Tochter bloß anschauen musste, um sie zu lieben. Dass ich instinktiv das Bedürfnis hatte, sie zu beschützen, ihr das Leben so schön zu machen wie nur möglich, ja, dass ich alles tun würde, um ihr den Weg zu ebnen.

Doch schon bald kamen die ersten Fragen und Zweifel. Ich

wusste nicht, wie ich Susan halten sollte, hatte keine Ahnung, wie man eine Windel wechselt. Ich hatte erst drei Wochen zuvor aufgehört zu unterrichten, mich also nicht groß vorbereiten können. Außerdem hatte ich nie richtig begriffen, wie ich mich *überhaupt* auf so etwas vorbereiten sollte. Die Geburtshelferin riet mir, es mindestens sechs Wochen nach der Geburt langsam angehen zu lassen. Meine Freunde und Kollegen gaben mir alle möglichen, sich widersprechenden Ratschläge. Sie behaupteten, die Wehen seien lang und schmerzhaft, Stillen zu kompliziert, eine viel zu große Einschränkung, Fläschchen und Milchpulver seien deutlich besser. Ich las ein paar Bücher über gesunde Ernährung (allerdings für Erwachsene, es gab damals noch keine über gesunde Ernährung für Kinder), und ich kaufte ein Gitterbettchen, ein paar Babysachen und eine kleine Badewanne aus Plastik. Um dann plötzlich Susan mit ihren riesigen blauen Augen und ihrem flaumigen Haar in den Armen zu halten, die zu mir aufsah, als wüsste ich genau, was ich tun muss.

Ich stand kurz vor der Entlassung, als ich begann, mir ernsthaft Sorgen zu machen. Wir schrieben das Jahr 1968. Damals blieb man in Amerika nach der Geburt noch drei Tage im Krankenhaus, heute entlassen einen die meisten Krankenhäuser bereits nach zwei Tagen. Keine Ahnung, wie Mütter das hinkriegen!

»Kann ich nicht noch einen Tag länger bleiben?«, flehte ich die Schwester halb verlegen, halb verzweifelt an. »Ich habe keine Ahnung, wie ich mich um mein Kind kümmern soll.«

Am nächsten Morgen bekam ich einen Crashkurs in Säuglingspflege, der zum Glück auch das Windelwechseln miteinschloss. Damals gab es noch Stoffwindeln und Sicherheitsnadeln. Die Schwester ermahnte mich, die Sicherheitsnadeln ordentlich zu schließen, damit sie das Baby nicht piksten. Immer wenn Susan weinte, kontrollierte ich als Erstes die Sicherheitsnadeln.

Obwohl es damals nicht sehr angesagt war, war ich fest entschlossen zu stillen. Daher zeigte mir die Schwester, wie ich den Kopf des Babys halten und meinen Unterarm als Stütze benutzen sollte. Das Baby sollte richtig »andocken« – nur so könne ich mir sicher sein, dass es auch Milch bekam. Das war längst nicht so einfach wie erhofft, und manchmal wurde die arme Susan vollgespritzt. Der Plan war, dass sie alle vier Stunden gestillt werden sollte, und ich nahm mir vor, das, so gut ich konnte, zu befolgen.

»Achten Sie darauf, Ihr Baby gut festzuhalten«, lautete der letzte Ratschlag der Krankenschwester. Dann waren Stan und ich auf uns allein gestellt.

Wie alle Eltern setzte ich große Hoffnungen auf meine Tochter – die Hoffnung auf ein besseres Leben, auf eine gute Zukunft, die Hoffnung, sie könne die Welt zum Besseren verändern. Wir alle wünschen uns Kinder, die glücklich, selbstbewusst und begeisterungsfähig sind. Wir alle möchten Kinder großziehen, die ein erfolgreiches, erfülltes Leben haben. So ging es mir, als Susan geboren wurde, aber auch später, als wir unsere beiden anderen Töchter, Janet und Anne, bekamen. Dieser Wunsch verbindet Menschen aus aller Herren Länder, aus allen Kulturen. Dank meiner langjährigen und doch recht ungewöhnlichen Lehrerinnenlaufbahn bin ich heute auf Konferenzen überall auf der Welt zu Gast. Egal, ob ich mich mit der argentinischen Bildungsministerin treffe, mit der geistigen Elite Chinas oder besorgten Eltern aus Indien – sie alle wollen wissen, wie unsere Kinder ein gutes Leben führen können. Wie sie sowohl glücklich als auch erfolgreich werden und ihre Talente so nutzen können, dass sie die Welt zu einem besseren Ort machen.

Niemand scheint eine eindeutige Antwort auf diese Fragen zu haben. Experten konzentrieren sich auf wichtige Aspekte der Kindererziehung wie Schlafen, Essen, eine echte Bindung herzustellen oder Disziplin, aber der Rat, den sie geben, ist in der

Regel recht eng gefasst und dogmatisch. Was wir wirklich brauchen, ist nicht nur ein Mindestmaß an Informationen zur Pflege und Versorgung von Kindern, so wichtig das auch sein mag. Sondern das Wissen, wie man Kindern die Werte und Fähigkeiten vermittelt, die sie als Erwachsene erfolgreich werden lassen. Wir müssen uns auch mit dem enormen Kulturwandel der letzten Jahre auseinandersetzen – vor allem mit dem technischen Fortschritt und damit, wie sich das alles auf unsere Erziehung auswirkt. Wie können unsere Kinder im Zeitalter von Robotern und Künstlicher Intelligenz erfolgreich sein? Wie können wir dafür sorgen, dass sie sich diese technische Revolution zunutze machen? Lauter Sorgen, die Eltern überall auf der Welt kennen. Wir sind alle überwältigt von diesem rasanten Wandel, von unserem Wunsch, dass unsere Kinder mithalten können. Wir wissen, dass Familien und Schulen diesem Wandel Rechnung tragen müssen, aber nicht unbedingt, wie. Außerdem wissen wir nicht, wie wir die Werte verteidigen sollen, die uns am Herzen liegen. Wie man Kinder großzieht, die später einmal Erfolg haben werden.

Als junge Mutter ging es mir ganz genauso – ein paar Herausforderungen mögen andere gewesen sein, doch sie waren deshalb nicht weniger beängstigend. Ich nahm das bisschen Rat, das ich kriegen konnte, beschloss aber in erster Linie, auf mich selbst zu hören. Vielleicht wegen meiner Ausbildung als Investigativjournalistin oder wegen meines gesunden Misstrauens Autoritäten gegenüber, das aus meiner Kindheit herrührt: Fest steht, dass ich entschlossen war, die Antwort selbst herauszufinden. Ich hatte meine eigenen Vorstellungen davon, was Kinder brauchen, und daran hielt ich mich, egal, was andere dazu sagten. Was daraus folgte, fanden viele bestenfalls typisch für mich oder aber einfach nur schräg. Vom ersten Tag an sprach ich mit meinen Töchtern, als wären sie bereits erwachsen. Die meisten Mütter greifen instinktiv auf Babysprache zurück, verwenden eine höhere Stimmlage und einfachere Worte. Ich tat das nicht. Ich vertraute ihnen und sie mir. Ich habe meine Töchter nie in Gefahr gebracht, mich ihnen aber auch nicht in den Weg gestellt, wenn es darum ging, eigene Erfahrungen zu machen, ein kalkuliertes Risiko einzugehen. Als wir in Genf lebten, schickte ich Susan und Janet zum Brotkaufen in den Laden nebenan, und zwar ganz allein. Sie waren damals fünf und vier. Ich habe ihre jeweilige Persönlichkeit von Anfang an respektiert. Meiner Auffassung nach sind die wichtigsten Lebensjahre die zwischen null und fünf, und ich wollte ihnen von klein auf so viel wie möglich beibringen. Vor allem aber wollte ich sie zu unabhängigen Kindern machen und erst in einem zweiten Schritt zu selbstbewussten, unabhängigen Erwachsenen. Wenn sie eigenständig denken und vernünftige Entscheidungen treffen können, so dachte ich mir, können sie es mit jeder Herausforderung aufnehmen. Damals ahnte ich natürlich noch nicht, dass Forschungsergebnisse meine Entscheidungen eines Tages bestätigen würden. Ich hörte einfach nur auf mein Bauchgefühl, auf meine Werte und orientierte mich daran, was bei mir im Klassenzimmer funktionierte.

Es ist ziemlich seltsam, eine »berühmte« Mutter zu sein, mitzuerleben, wie die eigene Familie Zeitschriftentitel ziert. Ich will natürlich keinesfalls behaupten, ganz allein für ihren Erfolg im Erwachsenenalter verantwortlich zu sein, aber alle drei haben sich zu angesehenen, liebevollen, talentierten Menschen entwickelt. Susan ist CEO von YouTube, Janet Professorin für Pädiatrie an der UCSF (University of California, San Francisco) und Anne Mitbegründerin und CEO von 23andMe. Sie haben es in extrem leistungsorientierten, männerdominierten Berufen bis ganz an die Spitze geschafft, und zwar, indem sie ihren Neigungen gefolgt sind und eigenständig gedacht haben. Miterleben zu dürfen, wie sich meine Töchter mit Hartnäckigkeit und Fairness in der Welt behaupten, ist eine der größten Belohnungen meines

Lebens. Besonders beeindruckt mich, wie sie Ehrgeiz beweisen und sich kooperativ zeigen, dass sie sich nicht darauf konzentrieren, die einzige Frau dort zu sein, wo sie sind, sondern darauf, Lösungen für die Probleme zu finden, denen wir uns gegenübersehen.

Als Journalismus-Lehrerin, die seit mehr als sechsunddreißig Jahren an einer Highschool unterrichtet, tue ich etwas ganz Ähnliches. Jedes Schuljahr habe ich einschließlich Anfängern und Fortgeschrittenen, die sich bereits im Abschlussjahr befinden, ungefähr fünfundsechzig Schüler, die ich vom ersten Tag an wie Profis behandle. Sie müssen im Team arbeiten und Deadlines einhalten. Ich gebe ihnen Unterstützung und leite sie wenn nötig an, habe aber festgestellt, dass projektbasiertes, kollaboratives Lernen am besten dazu geeignet ist, sie auf die Herausforderungen vorzubereiten, denen sie sich eines Tages als Journalisten und Erwachsene stellen müssen. Ich habe miterlebt, wie Tausende von Schülern mithilfe meiner Lehrmethoden Höchstleistungen bringen, und Facebook hilft mir, Kontakt zu ihnen zu halten – sogar noch zu Schülern aus den Achtzigerjahren. Sie erzielen erstaunliche Erfolge und haben sich zu außergewöhnlichen Menschen entwickelt. Ich hatte das Privileg, zahlreiche junge Menschen zu unterrichten! Darunter auch den ersten Chefredakteur der Schülerzeitung, Craig Vaughan, der heute als Kinderpsychologe am Stanford Children's Hospital arbeitet; Gady Epstein, Medienredakteur beim *Economist*; Jeremy Lin, einen Harvard-Absolventen und Point Guard der Atlanta Hawks; Jennifer Linden, Professorin für Neurowissenschaften am University College London; Marc Berman, einen Abgeordneten des kalifornischen Parlaments, der den Bezirk vertritt, in dem auch Palo Alto liegt; und James Franco, den preisgekrönten Schauspieler, Autor und Regisseur. Ich hatte Hunderte von Schülern, die mir erzählt haben, mein Glaube an sie und die Werte, die ich ihnen in meinem Klassenzimmer vermittelt habe, hätten dazu geführt, dass sie sich mit ganz anderen Augen sehen konnten – und zwar auch die Person, die sie einmal werden würden.

Als sich meine Töchter in der Internet- und Gesundheitsbranche einen Namen machten und mein Journalismus-Programm nationale und internationale Anerkennung bekam, begannen die Leute zu merken, dass ich etwas anders mache. Sie sahen, dass meine Erziehungs- und Lehrmethoden Lösungen für die Probleme haben, denen wir im 21. Jahrhundert gegenüberstehen, und wollten mehr wissen. Ständig fragten mich Eltern um Rat, flehten mich manchmal regelrecht an, ihnen die Strategien zu verraten, die ich bei meinen eigenen Töchtern angewendet habe, damit sie sie in ihre Erziehung einfließen lassen können. Lehrern ging es genauso, sie fragten sich, wie ich es schaffe, weniger auf Disziplin zu pochen, sondern die Schüler stattdessen so anleite, dass sie sich wirklich für das begeistern, was sie tun. Unabsichtlich hatte ich eine Debatte darüber losgetreten, wie wir unsere Kinder großziehen wollen und was eine heute nützliche Pädagogik bewirken soll. Was ich anbiete und was bei so vielen Menschen überall auf der Welt einen Nerv getroffen hat, ist ein Mittel gegen unsere Erziehungs- und Unterrichtsprobleme, eine Methode, mit der sich gegen Angst, mangelnde Disziplin, Machtkämpfe, Gruppendruck und Technikangst ankämpfen lässt. Alle diese Dinge schränken unser Urteilsvermögen ein und schaden unseren Kindern.

Einer der größten Fehler von uns Eltern ist, dass wir meinen, persönlich für die Gefühle unserer Kinder verantwortlich zu sein. Dr. Janesta Noland, eine angesehene Kinderärztin im Silicon Valley, sagt dazu: »Eltern sind derart besessen davon, für das Glück ihrer Kinder zuständig zu sein (...), dass sie glauben, es kontrollieren zu können.« Wir tun alles, um unsere Kinder vor Misserfolgen oder Kummer zu bewahren, was aber auch bedeutet, dass sie nie lernen, mit unangenehmen Erfahrungen oder Rückschlägen umzugehen. Ihnen fehlt es an Selbstständig- und

Hartnäckigkeit, sie haben Angst vor der Welt da draußen, statt sich befähigt zu fühlen, Dinge zu ändern, Neues zu erschaffen. Noch so ein großer Fehler ist, dass wir ihnen beibringen, sich hauptsächlich auf sich selbst und die eigenen Leistungen zu konzentrieren – sie sollen schließlich Bestnoten schreiben, von Eliteuniversitäten aufgenommen werden und später einmal wichtige Jobs haben. Die Kinder sind so sehr damit beschäftigt, sich auf sich selbst zu konzentrieren, dass sie kaum noch Zeit haben, darüber nachzudenken, wie sie anderen helfen und sich für sie einsetzen können. Mitgefühl und Dankbarkeit kommen da oft viel zu kurz, obwohl das die Fähigkeiten sind, die uns nachweislich am allerglücklichsten machen.

Es gibt auch so etwas wie dysfunktionale Klassenzimmer. Manche Schulen und Universitäten unterrichten immer noch so wie im 20. Jahrhundert. Sie bereiten die Schüler in erster Linie darauf vor, sich an Anweisungen für eine Welt zu halten, die so längst nicht mehr existiert. Frontalunterricht, bei dem davon ausgegangen wird, dass der Lehrer allwissend ist, und der Schüler die Aufgabe hat, stumm zuzuhören, mitzuschreiben und Prüfungen zu absolvieren, ist nach wie vor weitverbreitet – obwohl die moderne Technik es erlaubt, uns Informationen selbst zu besorgen, und zwar im Handumdrehen, nämlich mithilfe der Bibliothek, die wir alle in der Hosentasche haben, dem Handy. Schüler lernen Dinge *über* die entsprechenden Themen anstatt *durch* interessenbasiertes Lernen oder Erfahrung. Lehrpläne orientieren sich an landesweiten Prüfungen statt an projektbasiertem Lernen, das tatsächlich benötigte Fähigkeiten vermittelt und es Schülern erlaubt, zu erkennen, wo ihre wahren Interessen liegen. Tests und Prüfungen sind ausgerechnet das, was Begeisterungsfähigkeit und persönlicher Motivation am wenigsten förderlich ist. Dabei sind das doch die beiden Faktoren, die für eine effektive Pädagogik und ein glückliches Leben nachweislich unverzichtbar sind. Außerdem bringt uns diese überholte Methode bei, zu gehorchen – nicht aber, Dinge neu oder eigenständig zu denken. Wenn dann der Schulabschluss ansteht, wird das Ende allen Lernens gefeiert. Stattdessen sollten wir feiern, dass wir Fähigkeiten beherrschen, die uns in die Lage versetzen, ein Leben lang weiterzulernen.

Ist es da angesichts unserer Erziehungs- und Lehrmethoden ein Wunder, dass Kinder depressiv und ängstlich werden, den ganz normalen Herausforderungen des Lebens völlig unvorbereitet gegenüberstehen? Laut dem National Institute of Mental Health leiden ungefähr 31,9 Prozent aller 13- bis 18-Jährigen in den Vereinigten Staaten an Angststörungen. Als sich Forscher näher mit den psychischen Störungen befassten, die 2016 diagnostiziert worden waren, stellten sie fest, dass rund zwei Millionen Teenager mindestens eine heftige depressive Episode erlebt haben. Eine brasilianische Studie aus dem Jahr 2016 belegt, dass fast 40 Prozent aller heranwachsenden Mädchen und mehr als 20 Prozent aller Jungen im Teenageralter an weitverbreiteten psychischen Problemen wie Angststörungen und Depressionen leiden. In Indien wies eine Studie nach, dass ein Drittel der Schüler an Highschools klinische Angstsymptome zeigt. Und eine Umfrage des norwegischen Gesundheitsministeriums ergab, dass mehr als 50 Prozent der Teilnehmer zwischen 14 und 15 Jahren regelmäßig »traurig oder unglücklich« sind, fast die Hälfte gab an, sich »rastlos« zu fühlen. Diese Epidemie kommt weltweit vor und sollte uns alle dazu bewegen, etwas zu ändern.[1]

Es gibt eine bessere Methode. Wir haben die Kindererziehung zu einer unglaublich komplizierten, völlig verkopften Sache voller Ängste und Selbstzweifel gemacht. Wir sind gestresst, weil wir zu Sklaven des Glücks unserer Kinder geworden sind. Wir haben Angst davor, sie könnten in unserer heutigen, hauptsächlich leistungsorientierten Welt versagen. Wir werden schon nervös, wenn sie es nicht auf eine angesagte Vorschule schaffen, wenn sie das Alphabet noch nicht beherrschen, wo es doch alle anderen in ihrem Alter längst zu können scheinen. Wir sind diejenigen, die diese hektische Welt mit viel zu viel Leistungsdruck schaffen. In Wahrheit ist Kindererziehung ziemlich einfach – solange wir uns wieder auf die Grundprinzipien besinnen, die unsere Kinder dazu befähigen, in der Schule und im Leben Erfolg zu haben. Meine jahrzehntelange Erfahrung als Mutter, Großmutter und Pädagogin hat mir ermöglicht, fünf Grundwerte zu erkennen, die uns allen dabei helfen, zu fähigen, erfolgreichen Menschen zu werden. Damit man sie sich einfacher merken kann, habe ich sie mit »TRICK« abgekürzt:

VERTRAUEN (**T**RUST), RESPEKT (**R**ESPECT), SELBSTSTÄNDIGKEIT (**I**NDEPENDENCE), ZUSAMMENARBEIT (**C**OLLABORATION) UND FREUNDLICHKEIT UND MITGEFÜHL (**K**INDNESS).

VERTRAUEN: Auf der ganzen Welt herrscht eine Vertrauenskrise. Eltern haben Angst, und das weckt auch bei den Kindern Angst – so zu sein, wie sie wirklich sind, Risiken einzugehen, sich gegen Unrecht zur Wehr zu setzen. Vertrauen beginnt bei uns selbst. Wenn wir auf die Entscheidungen vertrauen, die wir als Eltern treffen, können wir auch darauf vertrauen, dass unsere Kinder wichtige und notwendige Schritte hin zu mehr Selbstbewusstsein und Selbstständigkeit unternehmen.

RESPEKT: Der größte Respekt, den wir unseren Kindern erweisen können, ist der vor ihrer Autonomie und Individualität. Jedes Kind hat eine Gabe, ist ein Geschenk an diese Welt, und wir als Eltern haben die Aufgabe, diese Gabe zu fördern – egal welche. Das ist das genaue Gegenteil davon, Kindern zu sagen, wie sie zu sein haben, welche Berufe sie ergreifen und welches Leben sie führen sollen. Stattdessen geht es darum, sie dabei zu unterstützen, eigene Ziele zu entwickeln und zu verfolgen.

SELBSTSTÄNDIGKEIT: Selbstständigkeit erfordert ein starkes Fundament aus Vertrauen und Respekt. Kinder, denen man von klein auf Selbstbeherrschung und Verantwortungsbewusstsein beibringt, sind deutlich besser auf die Herausforderungen des Erwachsenenlebens vorbereitet und besitzen auch die Fähigkeit zu Innovation sowie Kreativität. Wirklich selbstständige Kinder sind in der Lage, mit Missgeschicken, Rückschlägen und Langeweile umzugehen – lauter Dinge, die zum Leben nun mal dazugehören. Sie haben das Gefühl, der jeweiligen Situation gewachsen zu sein, selbst im größten Chaos.

ZUSAMMENARBEIT: Zusammenarbeit bedeutet, miteinander zu arbeiten, als Familie, im Klassenzimmer oder am Arbeitsplatz. Für Eltern heißt das, dass sie ihre Kinder ermutigen sollten, zu Diskussionen, Entscheidungen, ja sogar zu Disziplin beizutragen. Im 20. Jahrhundert, als das Befolgen von Regeln noch eine Schlüsselfähigkeit war, hatten Eltern die absolute Kontrolle. Im 21. Jahrhundert kommt man mit diktatorischen Vorstellungen nicht mehr weit. Wir sollten unseren Kindern nicht vorschreiben, was sie zu tun haben, sondern uns nach ihren Vorstellungen erkundigen, um dann gemeinsam an einer Lösung zu arbeiten.

FREUNDLICHKEIT UND MITGEFÜHL: Es ist seltsam, aber wahr, dass wir dazu neigen, ausgerechnet denjenigen, die uns am nächsten stehen, die Freundlichkeit und Zuneigung vorzuenthalten, mit denen wir Fremde ganz selbstverständlich behandeln. Eltern lieben ihre Kinder, sind aber dermaßen an sie gewöhnt, dass sie nur ein Minimum an Freundlichkeit für normal halten. Außerdem leben sie nicht immer vor, dass man den anderen mit Freundlichkeit begegnen sollte. Echte Freundlichkeit schließt Dankbarkeit und Vergebung mit ein. Freundlichkeit bedeutet, sich in den Dienst anderer zu stellen und die Welt um uns herum wahrzunehmen. Es ist wichtig, unseren Kindern zu zeigen, dass es das Aufregendste und Befriedigendste ist, das Leben eines anderen Menschen zu verbessern.

TRICK ist für funktionierende Familien einfach unverzichtbar und noch dazu die Lösung für Herausforderungen, denen wir im Bildungsbereich begegnen. Der effektivste Unterricht beruht auf Vertrauen und Respekt, er fördert das eigenständige Denken und das projektbasierte, kollaborative Lernen, das sich an der Arbeit im echten Leben orientiert. Führende Pädagogen beginnen endlich zu begreifen, dass stumpfes Auswendiglernen und Frontalunterricht völlig ungeeignet sind, wenn es darum geht, Fähigkeiten für das 21. Jahrhundert zu vermitteln. Ich habe über die Jahrzehnte meine eigene Vorstellung von »integriertem Lernen« entwickelt, bei dem die Kinder ein gewisses Mitspracherecht bei den Bildungsinhalten haben und Wert auf einen verantwortungsbewussten Umgang mit Computern und E-Learning gelegt wird. Inzwischen verwenden Lehrer im ganzen Land meine Methoden, außerdem reise ich regelmäßig durch Europa, Asien und Lateinamerika, um mit Pädagogen zu sprechen und ihnen dabei zu helfen, Reformen einzuführen, die auf den Grundwerten von TRICK beruhen.

Auch Firmen erkennen zunehmend, wie wirksam TRICK ist, und beginnen, diese Werte in ihre Unternehmenskultur zu integrieren. TRICK hilft nicht nur dabei, glückliche, erfolgreiche Kinder großzuziehen, sondern auch das Beste aus Menschen jeden Alters herauszuholen. Firmen suchen Mitarbeiter mit Biss, Kreativität, der Fähigkeit, eigenständig zu denken, im Team zu arbeiten und auf eine in stetiger Veränderung begriffene Welt zu reagieren. Als der Educational Testing Service das Occupational Information Network analysiert hat – eine riesige Datenbank zur Klassifikation von beruflichen Fähigkeiten, die vom amerikanischen Arbeitsministerium geführt wird –, wurde festgestellt, dass heutige Jobs fünf wesentliche Anforderungen stellen, die auf den TRICK-Werten beruhen: Lösungsorientiertheit, geistige Flexibilität, Team-, Innovations- und Kommunikationsfähigkeit. Geistige Flexibilität, Lösungsorientiertheit und Innovationsfähigkeit entstammen alle einer großen Selbstständigkeit, die wiederum auf Vertrauen und Respekt beruht. Team- und Kommunikationsfähigkeit sind ohne Freundlichkeit und Teamgeist, den man braucht, um auch die Meinungen und Vorschläge anderer zu berücksichtigen, einfach undenkbar. Deshalb setzt inzwischen auch eine globale Hotelkette TRICK ein, um ihre Angestellten zu trainieren und zu stärken. Das ist auch der Grund, warum sich die Gründer der weltweit verbreiteten Modekette GAP neulich mit meiner Tochter Anne und mir getroffen haben. Weil sie lernen möchten, mehr erfolgreiche Geschäftsführer auszubilden. Es ist auch der Grund, warum so viele Großkonzerne – darunter die Topberaterfirma Deloitte; Mercado Libre, Lateinamerikas beliebteste Verkaufsplattform im Internet; die Bäckerei- und Kaffee-Kette Panera Bread; ja sogar Walmart und McDonald's – TRICK-ähnliche Philosophien einführen und die Selbstständigkeit und Team- und Innovationsfähigkeit ihrer Angestellten fördern.

Als ich auf der Conscious Capitalism Conference 2017 vor einem Saal voller Topmanager einen Vortrag hielt, waren die Besucher dermaßen begeistert von TRICK, dass sie mich kaum von der Bühne gehen ließen. Ich sprach mit CEOs wie John Mackey von Whole Foods und Daniel Bane von Trader Joe's, die beide erfolgreiche Lebensmittelketten leiten und dafür bekannt sind, dass sie ihre Angestellten fördern. Ich unterhielt mich mit Amit Hooda, der CEO von Heavenly Organics, einer Biolebensmittelmarke, und mit Jeffrey Westphal von Vertex, dem Steuer-Software-Unternehmen, und noch viele mehr haben mir versichert, dazu beitragen zu wollen, meine Philosophie weltweit bekannt zu machen. Die Werte von TRICK haben alle Diskussionen auf dieser Konferenz geprägt, weil wir die Menschen fördern müssen, mit denen wir zusammenarbeiten und uns zusammenschließen, um wirklich etwas zu verändern. Die Manager, die ich getroffen habe, wollten ihre Angestellten fürs 21. Jahrhundert fit machen, und zwar durch praxisorientiertes, projektbasiertes Lernen – so wie ich das in meinem Unterricht an der Palo Alto High School mache.

Das eigentliche Ziel von TRICK besteht darin, verantwortungsbewusste Menschen hervorzubringen – in einer Welt, in der jeder für sich selbst Verantwortung tragen muss. Genau das tun wir nämlich als Eltern, Lehrer und Angestellte – nicht nur Kinder großziehen, Unterricht leiten und Vorstände managen, sondern das Fundament für die Zukunft der Menschheit legen. Wir entwickeln das menschliche Bewusstsein weiter, und zwar schneller als je zuvor.

In diesem Buch geht es darum, wie man erfolgreiche Menschen großzieht. Es ist kein weiterer langweiliger Elternratgeber und hat auch keine Standardlösung auf Lager, wie man sein Kind zum Einschlafen bringt. Stattdessen zeigt es Eltern, wie sie sich eine universelle Philosophie menschlichen Verhaltens zunutze machen können, um mit heutigen Problemen umzugehen und unsere Kinder auf die vielen unbekannten Herausforderungen vorzubereiten, die noch vor uns liegen. Es stellt keine neuen Lerninhalte vor, sondern eher eine neue Herangehensweise, diese Inhalte zu vermitteln; eine neue Unterrichtsmethode (für zu Hause und für die Schule), die Kinder selbstbewusst und selbstständig macht – und das alles auf der Grundlage von Vertrauen und Respekt. In den nächsten Kapiteln werde ich die wichtigsten Prinzipien erläutern, die Ihnen dabei helfen sollen, ein Zuhause (oder eine Unterrichtsumgebung) zu schaffen, das Sie und Ihre Kinder dazu befähigt, Erfolg zu haben und zu wachsen.

Was ich als Mutter gemacht habe, ist nichts anderes als das, was Eltern in der gesamten Geschichte der Menschheit gemacht haben, als sie gezwungen waren, auf sich zu vertrauen, die Selbstständigkeit ihrer Kinder zu fördern und Erziehung als Gemeinschaftsaufgabe zu betrachten. Dass diese Methode funktioniert, kann man daran ablesen, dass sie wissenschaftlich untersucht wurde und sich weltweit bewährt hat, aber auch an den vielen positiven Erfahrungen zahlreicher Eltern. Sie wurde in den letzten 36 Jahren in meinem Unterricht angewendet und bei meinen eigenen Kindern schon vor 50 Jahren. TRICK funktioniert wirklich bei jedem – unabhängig von Alter, kulturellem Umfeld oder äußeren Umständen. Und es ist nie zu spät, damit loszulegen. Sie können frühere Erziehungsfehler und Missgriffe korrigieren, sowohl Ihr Leben als auch das Ihres Kindes verbessern. Aber das Tollste ist, dass Sie mithilfe von TRICK zu den Eltern werden können, die Sie schon immer sein wollten, ein Kind großziehen können, mit dem Sie gern zusammen sein wollen – und das auch gern mit Ihnen zusammen ist. Die Sorte Kind, die auch andere sich wünschen, die sie brauchen und respektieren, die Sorte Kind, die sich den Herausforderungen stellt, vor denen wir als Gemeinde, als Land und als Welt stehen.

Es ist mir eine Freude und ich betrachte es als Privileg, die Geschichten und Prinzipien, auf denen TRICK beruht, mit Ihnen teilen zu dürfen. Ich hoffe, sie werden Sie (wieder) in die Lage versetzen, auf sich und Ihr Kind zu vertrauen. Und ich hoffe auch, dass sie sich Ihnen so nachhaltig einprägen, dass Sie sich selbst daran orientieren. Sie sind genau die Eltern, die Ihr Kind braucht, und mithilfe Ihres Vertrauens und Ihres Respekts wird Ihr Kind sich genau zu dem Menschen entwickeln, der einmal aus ihm werden soll.

1

Die Kindheit, die Sie gern gehabt hätten

Wir alle neigen dazu, so zu erziehen, wie wir selbst erzogen worden sind. Doch wenn ich zum Zeitpunkt, als ich Mutter wurde, etwas wusste, dann dass ich die Fehler meiner Eltern nicht wiederholen wollte. Jeder von uns schleppt Traumata und Probleme aus der Kindheit mit sich herum, die sich auf die Beziehung zu unseren Kindern auswirken. Und wenn wir diese Traumata nicht verstehen, uns nicht gründlich darüber klar werden, was schiefgelaufen ist, sind wir dazu verdammt, die Fehler unserer Eltern zu wiederholen. Nichts unterläuft unsere aufrichtigsten Bemühungen, Kinder mithilfe von TRICK großzuziehen, so sehr wie das Versäumnis, sich mit unbewussten Verhaltensmustern auseinanderzusetzen. Wie Sie meiner Lebensgeschichte gleich entnehmen werden, bin ich nicht mit diesen grundlegenden Werten großgezogen worden. Ich musste sie auf die harte Tour lernen. Indem ich Ihnen meine Kindheitserfahrungen und meine Erziehungsvorstellungen schildere, werde ich Sie hoffentlich dazu inspirieren, sich mit Ihrer eigenen Geschichte auseinanderzusetzen, damit Ihnen klar wird, was Ihnen vorgelebt wurde und inwiefern es mit TRICK zu tun hatte oder nicht.

Die Geschichte meines Erziehungskonzepts beginnt in einem Mietshaus auf der Lower East Side in New York. Dort wohnte ich in einem kleinen Einzimmerapartment zusammen mit meinen Eltern, jüdischen Einwanderern aus Russland, die mit nichts in diesem Land ankamen. Meine Mutter Rebecca stammte aus Krasnojarsk, Sibirien, aus einem Ort, der mir als kleinem Mädchen unvorstellbar kalt und weit weg vorkam. Ihren Schilderungen zufolge schneite es dort so stark, dass ihr gesamtes Haus unter dem Schnee begraben wurde. Ihre Familie musste Tunnel graben, um es verlassen zu können. Meine Mutter war unglaublich schön – das sagen alle, sobald sie Fotos von ihr sehen – und hatte einen schwer zuzuordnenden Akzent, eine seltsame Mischung aus Jiddisch und Russisch, den ich übernahm, aber ablegte, als ich begann, zur Schule zu gehen. Mein Vater Philip war Künstler und hatte sich auf Aquarelle und Kohlezeichnungen spezialisiert, er bekam sogar ein Stipendium vom Rensselaer Polytechnic Institute. Leider konnte er es nicht antreten, weil er meine Mutter und mich ernähren musste. Er war mit seiner Familie vor den Pogromen in und um Czernowitz geflohen, zu Fuß bis nach Wien gelaufen, wo man sich um eine Einreisegenehmigung in die Vereinigten Staaten bewerben konnte. Jahrelang nahm ich ihnen die Geschichte, so weit gelaufen zu sein, einfach nicht ab. Er erzählte oft, wie sie ihre gesamte Habe auf einem Karren verstaut und ihn gezogen hätten, bis ihre Hände bluteten. Ich hielt das für schwer übertrieben – bis ich über die syrische Flüchtlingskrise las, darüber, dass diese Menschen Hunderte von Kilometern marschiert sind, um dem Krieg zu entkommen. Ich bedaure immer noch, dass ich mich bei meinem Vater nie dafür bedankt habe.

Wir standen immer vor dem Ruin. Neben seiner Kunst hatte mein Vater nicht viel anzubieten, sodass wir nicht gerade den amerikanischen Traum lebten. Als die Gelegenheitsjobs versiegten, die uns über Wasser hielten, folgte er dem damals so beliebten »Go West!«-Aufruf und beschloss, sein Glück in Kalifornien zu versuchen. Dieser Bundesstaat versprach Sonne, Spaß und jede Menge Möglichkeiten, es sah so aus, als könnten wir dort ein ganz neues Leben beginnen. Leider lief es nicht so wie geplant.

Ich habe bis heute nicht verstanden, warum sich meine Eltern für Sunland-Tujunga entschieden, eine von der Landwirtschaft lebende Gemeinde ganz im Nordosten des San Fernando Valley. In der Ferne ragten die San Gabriel Mountains auf, und die Straßen waren breit und unasphaltiert. Ein paar Jahre später gründeten mein Bruder und ich eine Firma, die Autos befreite, die im Sand stecken geblieben waren. Das geschah oft, und ich war begeistert, jedes Mal einen Dollar zu verdienen. Überall gab es Weinstöcke und graue Steine, die von den Ausläufern der Berge herunterkullerten. Wir lebten in einem kleinen Haus, das aus ebenjenen Steinen errichtet worden war, und gleich dahinter floss der Tujuna Canyon Wash, ein Nebenfluss des Los Angeles River, zwischen dessen riesigen Uferfelsblöcken Klapperschlangen lauerten.

Mein Vater versuchte sich als Gebrauchsgrafiker und probierte sogar, in der Unterhaltungsindustrie Fuß zu fassen – leider ohne Erfolg. Irgendwann sah er sich gezwungen, einen Job als Steinmetz anzunehmen, den er sein Leben lang behielt. Noch heute stehen Hunderte Grabsteine, die er auf Friedhöfen in ganz Los Angeles geschaffen hat – sein einziges künstlerisches Vermächtnis. Die Arbeit war hart und schlecht bezahlt. Wenn er abends nach Hause kam, knallte er die Tür zu und stampfte wortlos in unserem kleinen Haus herum. Damit jagte er mir immer wieder aufs Neue Angst ein. Ich lernte, mich von ihm fernzuhalten, denn sonst landete ich im Auge eines Orkans. »Wer mit der Rute spart, verzieht das Kind« lautete ein Spruch, den er mir gegenüber häufig erwähnte, und das war sein voller Ernst. Meine Mutter tat ihr Bestes, mich vor seinen Wutanfällen in Schutz zu nehmen, und manchmal kaufte sie mir sogar meine Lieblingssüßigkeiten, grüne Götterspeise und Dosenaprikosen – seltene Belohnungen, die unser kleines Geheimnis blieben. Abends saß ich auf meinem Zimmer und hörte, wie sie sich stritten. Jedes, aber auch jedes Mal ging es um Geld.

Am schwersten fiel es mir, mit der orthodoxen Tradition zurechtzukommen, der zufolge Männer die wichtigsten Mitglieder einer Familie sind. Und nicht nur der Familie: Männer sind die wichtigsten Mitglieder der Gesellschaft. Das ganze Gemeindeleben dreht sich ausschließlich um Männer. Das *Thora Kaddisch*, das Totengebet, darf nur von Männern gesprochen werden. Die Thora, unsere Heilige Schrift, darf nur von Männern gehalten und gelesen werden. Wollte man also mit Gott reden, musste man ein Mann sein. Das ist vermutlich auch der Grund, warum orthodoxe Männer Gott jeden Morgen nach dem Aufwachen dafür danken, nicht als Frau geboren worden zu sein.

Ich verbrachte die Samstage in einer kleinen Synagoge, wo ich oben auf der Galerie mit den Frauen und Kindern zusammensaß. Dort war es immer sehr warm, trotzdem trugen die Frauen, wie von der Religion vorgeschrieben, langärmelige Kleidung und Kopfbedeckungen – konservativ und alles andere als bequem. Mir gefiel es da trotzdem, weil ich mit den anderen Kindern tuscheln konnte, während die Männer unter uns beteten. Sie schienen in einer ganz anderen Welt zu leben, eine, die mir für immer verwehrt bleiben würde.

Frauen haben nach jüdisch-orthodoxer Tradition eine ganz bestimmte Rolle zu erfüllen: die der Mutter. Das bedeutet, dass Frauen keine Bildung brauchen. Sie müssen nur wissen, wie man Mann und Kinder versorgt, wie man einen Haushalt führt. Mit zunehmendem Alter fiel mir auf, dass alle Frauen in meinem Umfeld eine untergeordnete Position innehatten. Meine Mutter musste stets auf meinen Vater hören. Die Frauen in der Synagoge gehorchten folgsam ihren Männern. Benjamin, mein Großvater väterlicherseits, ein Rabbi, bestimmte über die ganze Familie. Meine Aufgabe war es, mit achtzehn einen reichen Juden zu heiraten und viele Kinder zu bekommen. Dass ich andere Pläne hatte, führte zu einem Bruch mit meinem Großvater, der bis zu seinem Tod anhielt.

Die Bedeutung der Männer wurde mir höchst drastisch vor Augen geführt, als am 23. Mai 1945 mein Bruder Lee zur Welt kam, drei Tage vor meinem fünften Geburtstag. Meine Eltern brachten ihn an meinem Geburtstag mit nach Hause, und ich war wahnsinnig aufgeregt, als mein Vater meiner Mutter die Tür öffnete. Er hielt einen Korb, in dem mein frischgebackener kleiner Bruder lag. Ich hielt ihn für mein Geschenk, rannte auf ihn zu und wollte ihn aus der Nähe betrachten, als mein Vater mich an der Schulter packte und zurückstieß. »Komm dem Baby bloß nicht zu nahe!«, schimpfte er. »Du könntest es krank machen.« Ich erstarrte, war eher verwirrt als verletzt. Meine Mutter stand schweigend daneben. Dann sagte mein Vater etwas, das mich bis heute schockiert. »Dein Bruder Lee ist ein Junge«, bemerkte er nur, »und in unserer Familie sind Jungen wichtiger.« Er überbrachte mir diese Neuigkeit ohne Rücksicht auf meine Gefühle. Noch heute ist es für mich schwer vorstellbar, einem kleinen Kind so etwas zu sagen. Zunächst verstand ich gar nicht richtig, was er meinte – nämlich, dass ich von nun an nur noch an zweiter Stelle stand –, doch ich ahnte, dass es nichts Gutes bedeutete. Vor Lees Geburt war ich der Liebling der Familie gewesen, das Einzelkind im Zentrum der Aufmerksamkeit, auch wenn diese Aufmerksamkeit manchmal unerwünscht war. Doch nun sollte ich merken, was dieses Gefühl, unerwünscht zu sein, bedeutete. Lees Bedürfnisse gingen stets vor. Er bekam Dutzende von Spielsachen und ich nichts. Er bekam neue Anziehsachen, während ich die unserer New Yorker Cousinen auftragen musste. Er konnte so viel essen, wie er wollte, während ich gerügt wurde, sobald ich mir zu viel nahm.

Rückblickend wird mir klar, dass mir das weniger zu schaffen machte, als man denken könnte. Was mir half, damit klarzukommen, war die nie nachlassende Liebe meiner Mutter. Sie hatte viel Geduld, kritisierte mich nie und gab mir das Gefühl, wichtig zu sein, auch wenn mein Vater etwas ganz anderes sagte.

Außerdem liebte ich Lee aufrichtig. Er war ein unheimlich niedliches Baby, und es machte Spaß, mit ihm zu spielen. Er war so etwas wie eine lebensgroße Puppe für mich, und ich genoss es, meiner Mutter zu helfen und mich in der Familie nützlich zu machen. Als ich älter wurde, erwartete man von mir, dass ich fast alles selbstständig tat, denn die Ressourcen waren begrenzt, und alle Aufmerksamkeit galt Lee. Doch selbst das war insgeheim ein Segen, weil mich so viel Selbstständigkeit unbewusst stärkte. Ich lernte, Wäsche zu waschen, das Geschirr zu spülen, das Haus zu putzen, für Lee zu kochen, Besorgungen zu erledigen, die Betten zu machen und die Böden und Teppiche zu reinigen (wir hatten keinen Staubsauger). Ich wuchs mit dem Gefühl auf, alles zu können, Lee dagegen wuchs in dem Glauben auf, bei allem Hilfe zu brauchen. Er wurde so sehr verwöhnt, dass er fast wie gelähmt war – eine unbeabsichtigte Folge von so viel Hingabe.

In der Schule wusste man meine Selbstständigkeit allerdings gar nicht zu schätzen. Gelernt wurde unter Zwang, wir hatten strikt zu gehorchen. Ich war von Anfang an eine rebellische Schülerin und wurde sogar manchmal von der Direktorin geschlagen. In 19 US-Bundesstaaten ist die Prügelstrafe nach wie vor legal, außerdem an sämtlichen Privatschulen mit Ausnahme der in New Jersey und Iowa (die meisten Leute wissen das gar nicht, aber das sollten sie!). Ich war also nur eines von vielen Kindern, die unter diesen unmenschlichen Erziehungsmethoden zu leiden hatten. Oft schienen die Lehrer keine Ahnung zu haben, was sie mit mir anstellen sollten. In der zweiten Klasse stieß mich meine Lehrerin unter ihr Pult, als sie mich dabei erwischte, wie ich, nachdem ich meine Aufgaben gelöst hatte, anderen Schülern half, statt blöd ins Leere zu starren. Und als ich meinen Klassenkameraden von unter dem Pult zuwinkte, wurde sie erst recht wütend. Ich bekam ein »Ungenügend« in »Betragen« – die einzige Note, auf die mein Vater wirklich Wert legte.

Wie man sich sicherlich vorstellen kann, war er alles andere als begeistert.

Die Stadtbücherei war mein Zufluchtsort. Ich liebte es, mir meine Rollschuhe anzuziehen und zur winzigen Sunland-Tujuna-Bücherei zu sausen, mich dort hinter einem riesigen Stapel Bücher zu verkriechen. Das Lesen schulte meine Fähigkeit zu eigenständigem Denken und gab mir Einblick in neue Welten, die so ganz anders waren als meine. Eines Sommers gewann ich sogar einen Preis dafür, mehr Bücher gelesen zu haben als jeder andere Schüler der Stadt. Ich hatte keinerlei Wahlfächer, Nachmittagskurse oder sonstige Veranstaltungen, aber die Schule lieh mir eine Geige, und ich übte brav jeden Abend auf meinem Zimmer. Musik war und ist eine große Leidenschaft von mir. In der fünften Klasse war ich gut genug fürs Schulorchester und hatte das Glück, alle vier Highschool-Jahre dabei sein zu dürfen. Schon damals schien ich zu begreifen, dass Musik wertvoll ist, wenn man arm ist.

1948 bekamen meine Eltern einen weiteren Sohn, David, der für noch mehr finanziellen Druck sorgte. Er war ein wunderschönes Baby mit hellblondem Haar und knallblauen Augen. Ich weiß noch, dass er sehr neugierig war und viel weinte. Meine Mutter hatte mit drei Kindern alle Hände voll zu tun und konnte sich nicht immer um Davids Bedürfnisse kümmern. Ich tat mein Bestes, um ihr zu helfen. Ich spielte mit ihm, trug ihn in Haus und Garten herum. Ich zeigte ihm meinen Lieblingspfefferbaum am Bach und versprach, ihm bald beizubringen, hineinzuklettern.

Als David sechzehn Monate alt war, spielte er eines Tages auf dem Küchenboden und fand ein Fläschchen mit Aspirintabletten. Er hielt es für ein Spielzeug und begann, es zu schütteln. Dutzende von Tabletten kullerten heraus (damals stellte Bayer noch keine Sicherheitsverschlüsse her). Er schluckte sie, noch bevor meine Mutter eingreifen konnte. Sie rief den Hausarzt an, und die Sprechstundenhilfe sagte ihr, sie solle David ins Bett legen und nach ein paar Stunden nach ihm schauen (wir hatten nur ein Auto, mit dem mein Vater bei der Arbeit war). Ich fürchte, die Sprechstundenhilfe hatte deshalb keinen besseren Vorschlag, weil wir einen Klinikaufenthalt nicht hätten bezahlen können. Meine Mutter tat wie geheißen. Wenige Stunden später wurde David wach und übergab sich.

Wir brachten ihn dann ins nächstgelegene Krankenhaus, wo er den Magen ausgepumpt bekam und gleich wieder entlassen wurde. Sein Zustand verschlechterte sich. Wir fuhren noch mal hin. Es hieß, es seien keine Betten mehr frei (mit anderen Worten, wir waren nicht kreditwürdig). Dann brachten wir ihn ins Huntington Memorial, wo man ebenfalls behauptete, kein Bett frei zu haben, und anschließend in ein weiteres Krankenhaus, ins St. Luke's. Da war er schon in so einem dramatischen Zustand, dass die Ärzte einwilligten, ihn zu behandeln. Doch es war bereits zu spät, David sollte noch in derselben Nacht sterben. Wenn ich an meine Kindheit zurückdenke, ist da vor allem dieser heftige Schmerz über seinen Verlust, der wie eine dunkle Wolke über unserer Familie hing. Meine Eltern sollten sich nie mehr richtig davon erholen, am allerwenigsten meine Mutter. Davids Tod hat mich geprägt wie nichts sonst in meiner Kindheit. Mit einer Ausnahme.

Wenige Monate nach Davids Tod wurde mein Bruder Lee, der damals fünf war, ohnmächtig und brach auf dem Wohnzimmerboden zusammen. Meine Mutter hob ihn hoch und schüttelte ihn, doch er wachte nicht auf. Innerhalb weniger Minuten wurde mir ebenfalls schwummrig. Da war meine Mutter klug genug, aus dem Haus zu rennen, befahl mir allerdings, zu bleiben, wo ich war. »Leg dich aufs Bett, ich komm' gleich und hole dich«, sagte sie und eilte mit Lee nach draußen. Mir war schwindlig, doch ich weigerte mich, auf sie zu hören. Schon damals war ich misstrauisch. Ich stützte mich an den Wänden ab, um nicht das Gleichgewicht zu verlieren, und kaum hatte ich das Haus verlassen, legte ich mich auf den Kies im Vorgarten und kam langsam wieder zu mir. Ich sah, wie meine Mutter mit Lee auf unserer betonierten Auffahrt saß. Auch er war wieder aufgewacht. Trotzdem wussten wir immer noch nicht, was los war. Meine Mutter rief einen Nachbarn an, und nach einigen Stunden stellte sich heraus, dass Kohlenmonoxid aus unserer kaputten Gastherme gekommen war. Lee war der Kleinste und Empfindlichste, sodass er zuerst das Bewusstsein verloren hatte. Ich wäre die Nächste gewesen, und wäre ich auf dem Bett liegen geblieben wie befohlen, hätte ich nicht überlebt.

Dieser Vorfall sowie Davids tragischer Tod haben mich einen Weg einschlagen lassen, der mein weiteres Leben stark geprägt hat. Dieser Weg hat mich in meinem Entschluss bestärkt, in jedem Fall eigenständig zu denken. Von da an stellte ich stets logische Fragen, wenn mir etwas komisch vorkam, auch wenn das bedeutete, dass ich meinen Eltern oder Lehrern widersprechen musste. Ich konnte einfach nicht anders. Denn tat ich das nicht, bestand die Möglichkeit, dass mir etwas passierte, ja dass ich im schlimmsten Fall sogar starb. Ich warf meiner Mutter ihren Gehorsam nicht vor. Es war nicht ihre Schuld, dass David gestorben ist, genauso wenig, dass sie in einem Moment offensichtlicher Gefahr nicht daran gedacht hat, uns alle aus dem Haus zu bringen. Auf eine gewisse Art war sie aber doch schuldig – zumindest als Kind sah ich das so. Sie war ein Opfer von Armut, eine ungebildete Einwanderin. Sie hatte nie gelernt, etwas zu Ende zu denken, und den Autoritäten blind vertraut. Sie war in dieser Tradition erzogen worden – wie so viele Menschen damals. Aber bloß zu gehorchen, ohne das, was man gesagt bekommt, kritisch zu hinterfragen, hat zum größtmöglichen Verlust geführt, den man als Eltern erleben kann. Ich beschloss, ein anderes Leben zu führen. Ich wünschte mir ein Leben, in dem Jungen und Mädchen gleichberechtigt sind. Ich wünschte mir ein Leben, in dem ich informierte Entscheidungen fällen könnte und nicht ständig Geldsorgen haben müsste. Ich wollte der Welt, in die ich hineingeboren worden war, entfliehen, und nahm mir vor, das zu schaffen, indem ich eigenständig dachte.

Acht Jahre später konnte ich ihr tatsächlich entfliehen. Ich bekam ein Stipendium für die UC Berkeley – ansonsten hätte ich mir das College niemals leisten können, da mein Vater mir sämtliche Zuwendungen gestrichen hatte. Ich sollte einen reichen jüdischen Mann heiraten und nicht studieren. Im August 1959 bestieg ich mit zwei Koffern einen Greyhound-Bus nach Berkeley und schaute nie mehr zurück. In meinem ersten Studienjahr lernte ich meinen späteren Mann Stan kennen, einen Experimentalphysiker. An einem Abend wie jedem anderen im Sherman-Hall-Mädchen- und Jungenwohnheim fiel ich eine Treppe hinunter – und landete rein zufällig auf seinen Füßen. Wir verliebten uns. Mir fiel auf, dass er die Welt ebenfalls mit einem gewissen Misstrauen betrachtete. Er war während des Zweiten Weltkriegs in Warschau aufgewachsen, direkt neben den Gleisen, auf denen die Juden nach Auschwitz transportiert wurden. Die Nazis beschlagnahmten einen Teil der Wohnung seiner Familie und zwangen sie, in zwei winzigen Zimmern zu leben. Sein Bruder, seine Mutter und er überlebten nur, weil sie Katholiken waren. Sein Vater arbeitete für die polnische Exilregierung in London. Nach dem Krieg floh Stan mit seiner Mutter und seinem Bruder nach Schweden, indem sie sich unter Kohlekisten auf einem Frachtschiff versteckten. Aufgrund von tragischen Verwicklungen sagte man seinem Vater, es sei nicht mehr genug Platz auf dem Schiff, er solle das nächste nehmen. Doch es sollte kein nächstes Schiff für ihn geben. Er wurde noch am Hafen von den inzwischen an die Macht gelangten Kommunisten verhaftet und war bis 1955, als Stalin starb, in politischer Gefangenschaft. So gesehen war es nicht weiter verwunderlich, dass Stan ein gesundes Misstrauen gegenüber Behörden und Regierungen hegte und historische Dokumente mit großer Skepsis betrachtete – etwas, auf das ich so nie gekommen wäre. Er wusste aus Erfahrung, wie Regierungen die Geschichte umschreiben, um die Perspektive des Siegers zu verbreiten. Kein Wunder also, dass er sein Leben der Erforschung von Neutrinos, kleinster Elementarteilchen, widmete und Einsteins Theorien hinterfragte. Er erforschte die Entstehung des Universums, bemühte sich, irgendwie aus der Welt schlau zu werden.

Nach unserer Hochzeit bekam Stan ein Stipendium der National Science Foundation, sodass wir einige Jahre in Genf und Paris lebten. Ich schrieb mich erst an der Genfer Universität für das Studium Internationale Beziehungen ein und dann in Paris an der Sorbonne. Ich fand es herrlich, in Genf und Paris zu leben, Französisch zu lernen und zu sprechen. Dann zogen wir zurück nach Berkeley, und ein Jahr später, als Stan Hilfsprofessor für Physik in Stanford wurde, nach Palo Alto. Wir rechneten gar nicht damit, länger zu bleiben, weil es keine unbefristete Position war, doch 1967 bekam er eine Festanstellung angeboten. Wir waren überglücklich. 1968 wurden wir Eltern. Keiner von uns ahnte wirklich, was da auf uns zukam. Es war natürlich unglaublich, Mutter zu werden, aber auch viel schwieriger als gedacht. Stan konzentrierte sich auf die Ernährerrolle, darauf, seiner Familie Halt und finanzielle Sicherheit zu geben. Seine Tätigkeit als Stanford-Professor verlangte ihm so einiges ab. Er stand ständig unter Druck, etwas zu veröffentlichen oder aber in der Bedeutungslosigkeit zu verschwinden, deshalb arbeitete er ununterbrochen. Außerdem reiste er für Konferenzen und Präsentationen um den kompletten Globus. Seine ganze Leidenschaft galt der Physik hochenergetischer Teilchen, und das bedeutete, Forschungslabore in Brookhaven und New York sowie das Fermi Lab in Chicago und das CERN (die europäische Organisation für Kernforschung) in Genf zu besuchen. Wir haben noch heute eine Weltkarte im Wohnzimmer hängen, auf der

Stecknadeln sämtliche Orte markieren, an denen Stan bereits war. Es sind Hunderte von Stecknadeln. Wenn er zu Hause war, war er ein guter Vater – aber er war nur selten zu Hause. Obwohl mich das frustrierte und ich mir manchmal mehr Unterstützung gewünscht hätte, lernte ich, es zu akzeptieren.

Meine Aufgabe bestand darin, unsere drei Töchter großzuziehen. Von meinen Ärzten am Kaiser Hospital in Redwood City, Kalifornien, bekam ich viel Unterstützung ... aber keine Erziehungsratschläge. Tipps von Freunden bezogen sich nicht auf das, was ich wirklich brauchte. Keines der Bücher, die ich las, half mir weiter, bis ich Dr. Spock, den Erziehungsguru der 1960er-Jahre, und seine Kultbibel *Säuglings- und Kinderpflege* entdeckte. Seine Botschaft stieß bei mir sofort auf offene Ohren. Er erklärte mir und Tausenden anderen frischgebackenen Müttern: »Sie wissen mehr, als Sie glauben ... Sie wollten die bestmöglichen Eltern sein, aber es ist nicht immer ersichtlich, was das Beste ist. Egal, wohin Sie sich wenden, immer gibt es andere Experten, die Ihnen sagen, was zu tun ist. Das Problem ist nur, dass sie sich nicht unbedingt einig sind. Die Welt ist nicht mehr so wie vor zwanzig Jahren, und die alten Antworten funktionieren möglicherweise nicht mehr.« Ich las diese Passage und fühlte mich auf Anhieb angesprochen. Für mich funktionierten die alten Antworten nicht mehr. Das religiöse und kulturelle Umfeld, in dem ich aufgewachsen war, nahm mich als Menschen nicht ernst. Experten und Autoritätsfiguren hatten nicht unbedingt mein Bestes im Sinn. Ich war die Einzige, die wusste, was gut für meine Töchter und was gut für mich ist.

Viele Mütter lasen Dr. Spock, doch nur wenige erzogen ihre Kinder so wie ich. Ich ging meinen eigenen Weg – in erster Linie deshalb, weil ich gegen meine Kindheit rebellierte. Ich hatte Angst, in alte Muster zurückzufallen. Ich war mir sicher: Wenn ich nicht aufpasste, würde ich meine Töchter mit genau den Verhaltensweisen und Werten konfrontieren, unter denen ich als

Kind so gelitten hatte. Ich wollte dieselbe starke seelische und körperliche Bindung aufbauen, die mich mit meiner Mutter verband ... aber da endeten die Gemeinsamkeiten auch schon. Aus irgendeinem Grund wusste ich, dass ich mich ernsthaft mit meiner eigenen Kindheit auseinandersetzen musste, wenn ich es wirklich anders machen wollte. Ich habe nichts Entsprechendes gelesen. Dr. Spock hat es mir nicht beigebracht und auch sonst niemand. Ich fand es einfach nur einleuchtend: Um etwas anders zu machen, durfte ich nicht automatisch handeln, nicht die Erziehungsmethoden verwenden, die mir vorgelebt worden waren. Ich würde mir etwas überlegen müssen, statt einfach nur zu reagieren. Ich würde viel Geduld und einen starken Willen brauchen.

Wie ich heute weiß, lässt sich meine intuitive Vorgehensweise durch die Bindungsforschung erklären. Bindung wurde zuallererst von John Bowlby, einem britischen Kinderpsychiater, beschrieben, dessen Forschungsergebnisse in den 1950er-Jahren das Verständnis von menschlichen Beziehungen revolutioniert haben. Bowlbys Bindungstheorie geht davon aus, dass unser Verhältnis zu den Eltern im frühen Kindesalter unsere zwischenmenschlichen Beziehungen im Erwachsenenalter stark mitprägt und so die Beziehungen zu anderen Menschen, vor allem aber zu unserem Partner und unseren Kindern, drastisch beeinflusst.

In den 1970er-Jahren begann L. Alan Sroufe, ein Psychologe an der University of Minnesota, Daten von Eltern und Kindern für die Minnesota-Längsschnittstudie zu sammeln. Sroufe war von Bowlbys Forschung inspiriert und wollte wissen, ob frühe Bindungsmuster das Verhalten der Probanden als Erwachsene vorhersagen konnten. Die Ergebnisse dieser immer noch weitergeführten Studie legen nahe, dass frühe Bindungen unser Verhalten als Erwachsene tatsächlich beeinflussen, und zwar vor allem was Selbstvertrauen, Gefühlsregulierung und Sozialkompetenz betrifft. Sroufe und seine Kollegen stellten fest, dass »Bindungserfahrungen für grundlegende Einstellungs-, Motivations- und Emotionskomponenten sorgen, die eine Plattform für den Einstieg in die Welt von Gleichaltrigen, für die Art, wie diese mit Herausforderungen umgehen, bilden«.[2] Mit anderen Worten, frühe Bindungserfahrungen geben einem eine Art Kompass für das ganze weitere Leben in die Hand. Nehmen wir das Thema Eigenständigkeit. Sroufes Studie hat gezeigt, dass Kindergartenkinder mit unsicher-vermeidenden Bindungsmustern deutlich abhängiger von ihren Lehrern waren. Eine weitere Analyse im Rahmen derselben Längsschnittstudie ergab, dass Kinder mit sicherer Bindung bei ihren Grundschullehrern als sozialer galten, dass sie mit 16 mehr Freunde hatten und als Erwachsene besser in der Lage waren, Konflikte in Paarbeziehungen zu lösen.[3]

Diese Erkenntnisse bestätigen nur, was wir alle wissen: Kindheitserfahrungen prägen uns bis weit ins Erwachsenenalter hinein. Aber jetzt wird es erst richtig interessant: Eine weitere Entwicklungspsychologin, Mary Main, fragte sich, ob sich diese Muster im Lauf unseres Lebens ändern lassen – und wenn ja, wie. Um das herauszufinden, entwickelten sie und ihre Kollegen einen Fragebogen namens »Adult Attachment Interview«. Bei diesem Bindungsinterview sprach ein Erwachsener mit einem Forscher über die eigenen Kindheitserfahrungen und beantwortete Fragen wie »Welchem Elternteil standen Sie näher und warum?«, »Was hat Sie als Kind verstört, wie sind Sie damit umgegangen, und was ist dann passiert?« sowie »Wie glauben Sie, ist Ihre Erwachsenenpersönlichkeit von Ihren frühen Kindheitserfahrungen geprägt worden?«. Die Ergebnisse dieser Befragungen waren bahnbrechend. Main fand heraus, dass sich Erwachsene tatsächlich ändern, ihre Bindungsmuster ein Leben lang beeinflussen können. Wir können unsichere Bindungen durch sichere ablösen. Nur wie?

Positive Beziehungen zu Menschen, die nicht unsere Eltern

sind (und uns neue Bindungsformen zeigen), haben sich als hilfreich erwiesen, aber genauso wichtig ist ein bewusstes Hinterfragen der eigenen Kindheit. Mains Analysen haben ergeben, dass die Probanden, die ein kohärentes Narrativ von dem hatten, was ihnen als Kind widerfahren war, die sich Gedanken über ihre Eltern und ihre persönlichen Kämpfe gemacht hatten, sichere Bindungen hatten – und zwar unabhängig davon, ob sie als Kind Probleme oder Traumata gehabt beziehungsweise Verlusterfahrungen gemacht hatten. Diejenigen, deren Narrativ als weniger kohärent, widersprüchlich oder als unwichtig angesehen wurde, hatten eher unsichere Bindungen, was sich bis ins Erwachsenenalter fortsetzte.

Ich glaube, wir alle wissen das instinktiv. Wir neigen dazu, unsere Kinder so zu erziehen, wie wir selbst erzogen worden sind, ganz einfach, weil wir nichts anderes gelernt haben. Die familiären Werte, die wir als Kinder vermittelt bekommen, können uns so tief prägen, dass wir nicht immer in der Lage sind, das Ausmaß dieses Einflusses wahrzunehmen oder zu begreifen. Häufig ertappen wir uns dabei, dasselbe zu sagen oder zu tun wie unsere Eltern, und fragen uns dann, wie diese uns bloß dermaßen fernsteuern, uns dermaßen tief unter die Haut gehen können. In manchen Familien besteht ein regelrechter Teufelskreis aus Gewalt und generationsübergreifendem Missbrauch. In ihnen scheinen die Menschen über Generationen hinweg immer wieder in die Falle gleicher dysfunktionaler Verhaltensmuster zu tappen. Eine Studie ergab, dass ein Drittel aller missbrauchter Kinder den eigenen Nachwuchs später ebenfalls vernachlässigt oder missbraucht.

Das Erste, was Eltern tun sollten, ist, die eigenen Erfahrungen zu hinterfragen. Das klingt einfach, trotzdem vergessen wir es oft. Daniel J. Siegel, Psychiater und Forscher an der UCLA, schreibt dazu in seinem Buch *Mindsight – Die neue Wissenschaft der persönlichen Transformation:* »Der beste Vorhersage-Indikator für die Bindungssicherheit eines Kindes ist nicht etwa, *was* seine Eltern im Kindesalter erfahren haben, sondern *welchen Sinn* die Eltern in diesen Kindheitserfahrungen sahen.« Siegel, Main und andere haben diskutiert, wie die Erfahrung, das eigene Leben zu begreifen, zu einer »erworbenen sicheren Bindung« führen kann. Wir alle besitzen die Fähigkeit, mithilfe bewusster Selbstreflexion Sicherheit zu »erwerben«, die wir dann an unsere Kinder weitergeben können.

Ich wünschte, ich hätte das schon früher gewusst. Ich wünschte, jemand hätte mir gezeigt, *wie* diese Selbstreflexion aussehen soll, welche Fragen man sich stellen, um welche Antworten man sich bemühen sollte. Irgendwie habe ich es selbst herausgefunden. Auch weil ich auf eigene Erfahrungen zurückgreifen konnte. Egal, was ich getan habe – es hat funktioniert: Meine Töchter waren glücklich und haben sich hervorragend entwickelt. Doch es gab viele Herausforderungen, die ich so nie hätte vorhersehen können.

Was mir durch diese anstrengende Selbstreflexion allerdings klar geworden ist, ist, dass Kindererziehung einem vielleicht die größte Chance gibt, sich als Mensch weiterzuentwickeln. In *Gemeinsam leben, gemeinsam wachsen: Wie wir uns selbst besser verstehen und unsere Kinder einfühlsam ins Leben begleiten können* warnt Dr. Siegel: »Wenn Eltern nicht die Verantwortung für ihre eigenen nicht zu Ende gebrachten Dinge übernehmen, verpassen sie nicht nur die Gelegenheit, einfühlsamere Eltern zu werden, sondern auch, sich selbst weiterzuentwickeln.« Mit anderen Worten: Wenn Sie sich nicht selbst therapieren und nicht mit der eigenen Kindheit befassen, können Sie nicht die bestmögliche Mutter oder der bestmögliche Vater sein.

Die Elternperspektive erlaubt es Ihnen, die Herausforderungen zu erkennen, denen sich Ihre Eltern gegenübersahen und die Ihnen als Kind vermutlich noch nicht so klar waren. Die Perspektive eines Kindes ist äußerst beschränkt, als Kind können wir unmöglich alle Faktoren erkennen, die das Verhalten unserer Eltern beeinflussen.

Unsere Kindheitserinnerungen können verzerrt sein. Als Erwachsene bin ich in das Steinhaus in Sunland zurückgekehrt. In meiner Erinnerung war es ein großes Haus mit einem Garten, der bis an den Fuß der Berge reichte. Doch als ich es wiedersah, erschrak ich, wie klein es war. Ich konnte nicht fassen, dass wir zu fünft darin gelebt hatten. Der Garten war gerade mal ein handtuchschmaler Streifen, der nur bis zur nächsten Zeile eingeschossiger Häuser reichte. Die tragischen Ereignisse, die sich hier abspielten, waren so wichtig für mein Leben und mein Selbstverständnis, dass ich in meiner Fantasie ein riesiges Haus daraus gemacht habe, obwohl dort in Wahrheit bloß ein äußerst bescheidenes Steinhaus für eine Familie mit einem äußerst bescheidenen Einkommen stand. Das Haus wiederzusehen hat mir dabei geholfen, zu begreifen, wie sehr meine Eltern zu kämpfen hatten. Ich erkannte, dass auch mein Vater ein Opfer der Umstände war wie so viele nicht perfekte Eltern. Sein Leben bestand aus schwerer körperlicher Arbeit, hinzu kam die Wut auf eine Welt, in der ihm nie was geschenkt wurde. Uns zuliebe hat er seinen Traum von einem Leben als Künstler aufgegeben. Er kam aus einem kulturellen Umfeld, das für sein autoritäres Verhalten verantwortlich war. Nachdem ich all das verstanden habe, konnte ich ihm vergeben. Ich hatte Erfolg, trotz seiner Vorstellungen für mein Leben, und tief in meinem Innern wusste ich, dass ich mich erst weiterentwickeln konnte, wenn ich ihm vorher vergab.

Bei der Kindererziehung geht es auch darum, wie eine bestimmte Erziehungskultur von einer Generation an die nächste weitergegeben wird. Dabei haben Sie die Chance, Ihre wichtigsten Werte und Prinzipien weiterzugeben, all Ihr Wissen und all Ihre Erfahrungen zu nutzen, um das Leben eines anderen Menschen zu verbessern. Sie haben sogar die Chance, die Zukunft zu beeinflussen. An dieser Stelle fällt mir eines meiner Lieblingszitate zur Kunst des Unterrichtens ein: »Lehrer beeinflussen die Zukunft. Sie können nie wissen, wann ihr Einfluss endet.« Dasselbe gilt beim Thema Kindererziehung: Man kann nie wissen, wie sie sich auf zukünftige Generationen auswirken wird.

Die wichtigste Frage, die wir uns stellen sollten, finde ich, ist die, ob die Prinzipien und Werte, die wir an unsere Kinder weitergeben, moralisch vertretbar sind, ob es Überzeugungen sind, die unsere Gesellschaft beibehalten sollte. Wir alle sind Teil einer größeren Gemeinschaft, eines Landes, dieser Welt. Bringen Sie Ihren Kindern das bei, was diese auch ihren Kindern beibringen sollten? Wird es ihr Leben verbessern, ihr kulturelles Umfeld, ihre Welt?

Auch nachdem ich die jüdisch-orthodoxe Tradition verlassen hatte, habe ich Geschlechterdiskriminierung erlebt. Als Reporterin hatte ich beispielsweise keinen Zutritt zum San-Francisco-Presseclub, weil der nur Männer aufnahm. In den 1970er-Jahren konnte ich keine Kreditkarte auf meinen Namen ausstellen lassen. Es war nicht schwer, mir für meine Töchter etwas anderes zu wünschen: ein Leben, in dem sie werden konnten, was sie wollten, ohne hinter irgendwelchen Ehemännern zurückzustehen. Ein Leben, in dem sie auch eine Stimme haben und eigenen Neigungen nachgehen durften. Ich wollte, dass meine Töchter schon früh Verantwortung übernehmen, und hatte fest vor, ihnen beizubringen, wie man intelligente Entscheidungen trifft. Ich fragte immer: »Wollt ihr Trauben oder einen Apfel?«, »Wollt ihr etwas basteln oder draußen spielen?« Ich unterstützte sie von klein auf, reflektierte Entscheidungen zu fällen, und jetzt, gute vierzig Jahre später, staune ich, welch hochkomplexe, weitreichende Entscheidungen sie im Internet- und Gesundheitssektor treffen. Und was hat das alles mit Ihnen zu tun? Ich möchte Ihnen mit diesem Buch vor allem dabei helfen, sich über Kindererziehung Gedanken zu machen und effektive Erziehungsstrategien anzuwenden, die Sie, Ihre Kinder, Ihre Familie, unsere Gesellschaft und auch die zukünftigen Generationen positiv beeinflussen werden.

Ich wusste, dass es nicht leicht sein würde, das zu erreichen – es kann sehr schwer sein, eine Familienkultur zu ändern, aber ich wollte es zumindest versuchen. Auch nur ein einziges selbstbewusstes Kind, das sinnvolle Ziele verfolgt, wirkt sich positiv auf einen selbst, auf die eigene Familie, das persönliche Umfeld, ja die ganze Welt aus. Das Ganze ist ein mächtiger Dominoeffekt, der zu Hause beginnt.

TRICK-FRAGEBOGEN

Ich mag so einiges allein herausgefunden haben, bin aber die Erste, die zugibt, dass mir die Kindererziehung mit ein bisschen mehr Anleitung deutlich leichter gefallen wäre. Und genau das möchte ich Ihnen hiermit an die Hand geben – eine kleine Anleitung. Weiter unten finden Sie ein paar Fragen, die Ihnen dabei helfen sollen, Ihre eigenen Erfahrungen zu hinterfragen, darüber nachzudenken, wie sich diese mit den Werten vertragen, die zu lebenslangem Erfolg führen. Sie werden sich auch mit dem Wertekanon Ihres Partners und mit dem Ihres persönlichen Umfelds beschäftigen, denn beide werden die Erziehung Ihrer Kinder stark beeinflussen.

Diese Beschäftigung kann Ihnen in jeder Phase der Kindererziehung helfen – egal, ob Sie gerade Ihr erstes Kind erwarten, Probleme mit einem rebellischen Teenager haben oder daran arbeiten, Ihre Beziehung zu einem bereits erwachsenen Kind zu verbessern. Sie kann Ihnen auch helfen, wenn Sie Lehrer oder Großeltern sind beziehungsweise sonst irgendwie mit Kindern zu tun haben. Wir alle wünschen uns Vertrauen, Respekt, Selbstständigkeit, Zusammenarbeit und Freundlichkeit, und wir alle müssen diese wichtigen Werte verinnerlichen, um sie verkörpern zu können.

Bitte greifen Sie auf diese Fragen zurück, wenn Sie die folgenden Kapitel durcharbeiten. Meine Hoffnung ist, dass Sie sich bei ihrer Beantwortung bewusst machen, was Sie aus Ihrer Kindheit mitnehmen und was Sie hinter sich lassen wollen. Vielleicht möchten Sie ja gründlich darüber nachdenken, sich Notizen dazu machen und sich mit Ihrem Partner oder einer guten Freundin darüber austauschen.

1. IHRE HERKUNFTSFAMILIE

Wie sind die TRICK-Werte in Ihrer Herkunftsfamilie gefördert oder verhindert worden? Was könnte man noch verbessern oder korrigieren?

VERTRAUEN – War Ihr Zuhause von gegenseitigem Vertrauen geprägt? Haben Sie Ihren Eltern als Kind vertraut? Haben Ihre Eltern Ihnen vertraut? Wie kam dieses Vertrauen in Ihrer Familie zum Ausdruck? Ist es je zu einem Vertrauensbruch gekommen? Wenn ja, wie wurde damit umgegangen? Wie könnte man das, was Sie als Kind zum Thema Vertrauen gelernt haben, verbessern? Welches von Vertrauen geprägte Umfeld wollen Sie für Ihr Kind schaffen? Mit welchen ganz einfachen Schritten könnte man das Vertrauen zwischen Ihnen und Ihren Kindern stärken? Machen Sie sich eine Liste.

RESPEKT – Haben Sie als Kind gespürt, dass man Ihnen mit Respekt begegnet ist? Wurden auch Ihre Vorstellungen und Meinungen berücksichtigt? Haben Sie sich als vollwertiges Familienmitglied gefühlt? Haben Sie sich je nicht respektiert gefühlt? Wenn ja, konnten Sie sich wieder Respekt verschaffen? Wie? Wie könnte man das, was Sie als Kind zum Thema Respekt gelernt haben, verbessern? Mit welchen ganz einfachen Schritten könnte man den Kindern noch besser zeigen, dass man sie respektiert? Das kann so etwas Banales sein wie sie selbst entscheiden lassen, was sie zu einem besonderen Anlass anziehen möchten, oder ihnen erlauben, das Menü für eine Essenseinladung zu gestalten. Machen Sie sich eine Liste.

SELBSTSTÄNDIGKEIT – Hatten Sie als Kind das Gefühl, selbstständig zu sein, oder waren Sie im Alltag beim Kochen, Putzen und Hausaufgabenmachen auf Ihre Eltern angewiesen? Was haben Ihre Eltern unternommen, um Ihre Selbstständigkeit zu fördern? Wie könnte man das, was Sie als Kind über Selbstständigkeit gelernt haben, verbessern? Was könnten Sie unternehmen, um die Selbstständigkeit Ihres Kindes zu fördern?

ZUSAMMENARBEIT – War Ihr Zuhause von Miteinander geprägt? Wie haben Ihre Eltern dieses Miteinander gefördert? Hatten Sie das Gefühl, dass Ihre Familie ein Team ist, oder hatte in der Regel eine Person das Sagen? Wie könnte man das, was Sie als Kind zum Thema Zusammenarbeit gelernt haben, verbessern? Welche ganz einfachen Schritte könnte man unternehmen, um eine Zusammenarbeit zu fördern? Wie wäre es, wenn Sie Ihre Kinder bitten, ein Gemeinschaftsprojekt vorzuschlagen?

FREUNDLICHKEIT – Wie wurde bei Ihnen zu Hause Freundlichkeit gezeigt? Hat man Ihnen beigebracht, dankbar für das zu sein, was Sie haben, es zu schätzen? Sind Sie dazu erzogen worden, anderen zu helfen? Wie könnte man das, was Sie als Kind zum Thema Freundlichkeit gelernt haben, verbessern?

2. IHR KULTURELLES UMFELD

Ihr persönliches, kulturelles und religiöses Umfeld hat ebenfalls großen Einfluss darauf, wie Sie Ihr Kind erziehen.

- Was versteht man in Ihrem persönlichen und religiösen Umfeld (falls vorhanden) unter Kindererziehung?
- Welche dieser Einschätzungen teilen Sie? Und welche nicht?
- Wo besteht noch Verbesserungsbedarf, und was sollte man lieber hinterfragen? Sogenannte »Schneepflug-Eltern« beispielsweise räumen ihrem Kind sämtliche Hindernisse aus dem Weg, um es nur ja keinerlei Risiko auszusetzen. Wie könnten Sie für Erfahrungen sorgen, die Selbstständigkeit und Durchhaltevermögen bei Kindern fördern? Was in Ihrem kulturellen Umfeld könnte das verhindern?
- Welche Überzeugungen und Verhaltensweisen vertragen sich mit den TRICK-Werten und welche nicht?

3. DIE FAMILIENKULTUR IHRES PARTNERS

Wenn Sie die Kinder mit einem Partner großziehen, sollten Sie diese Fragen gemeinsam beantworten, um zu schauen, ob Sie als Team funktionieren. Ich schlage vor, dass Sie die Vor- und Nachteile der verschiedenen Erziehungsmethoden diskutieren (aber bitte ohne darüber zu streiten) – und das möglichst bald. Was hat Ihnen an der Art, wie Sie erzogen wurden, am besten gefallen? Welche Ideen und Verhaltensweisen Ihres Partners könnten Ihrem Kind helfen, Erfolg zu haben? Können Sie sich eine Erziehungsphilosophie vorstellen, die die Vorteile beider Methoden miteinander verbindet? Stan und ich hatten nicht die leiseste Ahnung, zu welchen Eltern wir uns entwickeln wollten. Wie sich herausstellte, wendeten wir sehr unterschiedliche Erziehungsmethoden an, was nicht weiter verwunderlich ist, wenn man bedenkt, dass sein Vater in London im Exil war. Seine Mutter, sein Bruder und er lebten auf dem polnischen Land in der Hoffnung, dort vor den Bomben in Sicherheit zu sein. Als wir dann Eltern wurden, hatte Stan recht rigorose polnische Auffassungen davon, wie sich unsere Töchter benehmen sollten. Dass man seine Kinder schlug, war in der polnischen Kultur gang und gäbe. Aber da ich als Kind geschlagen worden war, fand ich das weder akzeptabel noch hilfreich. Ich weiß, wie schwer es ist, nicht zu schlagen, denn selbst ich, mit meiner positiven Einstellung, konnte diesem Impuls manchmal nur schwer widerstehen. Doch ich wünschte mir eine tiefe emotionale Bindung zu meinen Kindern. Ich wollte ihnen mit Freundlichkeit begegnen. (Ich setzte mich letztlich durch – aber auch weil Stan so oft fort war.) Unterschiedliche Vorstellungen in Erziehungsfragen sind einer der Hauptgründe für Beziehungsprobleme und können sogar zur Scheidung führen. Versuchen Sie, Verständnis für Ihre jeweiligen Werte aufzubringen, zu verstehen, wie sie genau in Ihrer jeweiligen Kindheit und Kultur begründet liegen. TRICK ist keine Erziehungsmethode, die in einer bestimmten Kultur zu verorten wäre. TRICK steht vielmehr für universelle Werte, die es in jeder Kultur gibt und die zunehmend als unabdingbar für Gesundheit, Glück und Erfolg in der Welt von heute, aber auch in der von morgen gelten.

NEHMEN SIE SICH SO AN, WIE SIE SIND – NIEMAND IST PERFEKT

Eltern sind auch nur Menschen: Trotz gründlicher Überlegungen und Vorsätze werden auch Sie Fehler machen. Ich habe haufenweise Fehler gemacht. Ich habe das falsche Kind bestraft, für etwas bestraft, was das andere getan hat. Ich bin grundlos wütend geworden. Oder ich habe das falsche Shampoo benutzt; eines, das meinen Töchtern in den Augen gebrannt hat. Bei einem

Wohnwagentrip von Palo Alto nach Chicago hatte Anne so was wie lauter Mückenstiche an Rumpf und Beinen. Ständig sprühte ich sie mit Insektenschutzmittel ein, weil ich dachte, sie würde von Mücken gestochen, und das tagelang – bis ich begriff, dass sie Windpocken hatte.

Als Anne noch ein Säugling und Janet gerade mal drei war, zogen wir mit der ganzen Familie nach Genf in die Schweiz. Janet hatte Schwierigkeiten damit, sich an ihre neue Schwester zu gewöhnen – ständig fragte sie, wann wir Anne wieder ins Krankenhaus zurückbrächten. »Ich habe genug davon, mit ihr zu spielen, Mommy«, klagte sie. Außerdem fand sie sich in einer völlig neuen Kultur wieder (in der der Schweiz), in einer völlig neuen Sprachumgebung (in einer französischen). Was sie damals am dringendsten brauchte, war Geborgenheit, trotzdem hatte sich ihre Welt von jetzt auf gleich total verändert. Ich habe unterschätzt, was diese Herausforderung für sie, ja für uns bedeuten würde. Doch wie alle Familien trafen wir die für uns damals bestmögliche Entscheidung. Und vielleicht ist es sogar so, dass diese Entscheidung ihr dabei geholfen hat, sich zu einem durchsetzungsstarken, selbstständigen Menschen zu entwickeln?

Meine erwachsenen Töchter reißen heute noch Witze über das, was Stan und ich bei der Kindererziehung alles falsch gemacht haben. Anne hätte mehr Tennisunterricht, Susan mehr Malkurse und Janet mehr Klavierstunden bekommen müssen. (Zugegeben, das sind Witze von glücklichen, erfolgreichen Erwachsenen. Ich habe aber auch schwerer wiegende Fehler begangen, glauben Sie mir!)

Unser Ziel sollte nicht darin bestehen, für unsere Kinder eine völlig stressfreie Umgebung ohne Probleme zu schaffen. Oft wachsen wir an schmerzhaften, schwierigen Erfahrungen. Unser Ziel sollte nicht darin bestehen, unseren Kindern jedwede Herausforderung und die damit einhergehende Weiterentwicklungsmöglichkeit vorzuenthalten – der größte Fehler von Helikoptereltern –, sondern darin, unsere Kinder zu unterstützen, sobald sie sich einer Herausforderung gegenübersehen. Wir müssen nicht perfekt sein, aber wir müssen darauf achten, dass unsere Kinder sich auch dann an die TRICK-Werte halten, wenn es schwierig wird.

Es gibt keine perfekten Eltern, ebenso wenig wie es den perfekten Partner oder das perfekte Kind gibt. Wir tun alle, was wir können. Orientieren Sie sich einfach stets an den TRICK-Werten, und geben Sie nicht auf. Machen Sie sich bei Fehlern keine Vorwürfe. Zuallererst müssen Sie sich selbst vergeben. Das Leben kann ziemlich kompliziert und schwierig sein. Wenn Sie als Vater oder Mutter etwas Kontraproduktives tun, machen Sie es sich einfach bewusst und versuchen Sie, es in Zukunft zu vermeiden. Gut möglich, dass Sie denselben Fehler noch mal machen. Und anschließend noch einmal. Lernen dauert seine Zeit – bei Erwachsenen wie bei Kindern. Konzentrieren Sie sich darauf, eine enge Bindung zu Ihren Kindern aufzubauen, und erziehen Sie sie nach den TRICK-Werten, damit Sie stolz auf die Menschen sein können, zu denen sie sich entwickeln. Wir alle wollen gute Menschen großziehen.

Jeder von uns hat seine Geschichte. Wir haben alle Traumata erlebt, in vielen Fällen echte Tragödien. Ich habe beschlossen, zu tun, was ich kann, damit sich meine Kindheit nicht wiederholt. Aber mir war immer klar, dass meine Kinder Probleme haben werden – egal, was ich tue. Es war nicht meine Aufgabe, eine perfekte Mutter zu sein oder ihnen ein perfektes Leben zu bieten. Sondern mir Gedanken zu machen, wie ich ihnen unnötiges Leid ersparen kann. Wir werden uns in diesem Buch noch näher mit den einzelnen Werten beschäftigen, und ich möchte Sie ermutigen, Ihre eigenen Erfahrungen zu hinterfragen, sich damit auseinanderzusetzen und zu überlegen, was sich noch verbessern ließe und wie. Anschließend sollten Sie bereit sein, etwas zu ändern: als Geschenk an sich selbst, an Ihre Kinder und die Welt.

VERTRAUEN

2

Glauben Sie an sich selbst und Ihr Kind

Es ist nicht leicht, Eltern zu sein. Aber es ist auch nicht immer leicht, Großeltern zu sein.

Es war noch früh am Morgen in San Francisco, und es herrschte viel Verkehr. Ich passte in dieser Woche auf die Enkel auf, während sich meine Tochter Janet in Ruanda und Kenia mit Kinderernährung beschäftigte. Als Erstes hatte ich die Aufgabe, meine Enkel zur Schule zu bringen, was eigentlich recht simpel klingt, wenn man den Verkehr in der Bay Area außer Acht lässt und die Tatsache, dass sie auf Schulen gehen, die sich jeweils am entgegengesetzten Ende der Stadt befinden. Es kam noch erschwerend hinzu, dass ich gerade erst ein Kind abgesetzt hatte, als ich merkte, dass ich noch einmal zu seiner Schule fahren musste, um Hausaufgaben abzugeben, die er aus Versehen in seinem Zimmer vergessen hatte.

Gegen zehn war mein Fahrdienst zu Ende, doch da wurde es bereits Zeit, den Hund auszuführen, den beiden Familienkatzen Antibiotika zu verabreichen, da sie sich vor Janets Abreise irgendeine Infektion eingefangen hatten, und den Frühstückstisch abzuräumen. Ich fragte mich, wie Janet das alles täglich bewältigte. Allein der Verkehr machte mich fertig. Das dürfte der Grund sein, warum die meisten Leute aus der Bay Area meditieren, denn sonst würden sie vermutlich wegen Verkehrsdelikten längst im Gefängnis sitzen.

Meine Kinder gingen früher allein zu Fuß zur Schule, aber die Zeiten haben sich geändert.

Am nächsten Tag, einem Samstag, herrschte ein noch größeres Chaos, wenn auch ein ganz anderes: Ich kümmerte mich nicht nur um Janets Kinder, sondern unterstützte auch noch meine Tochter Susan. Susan hatte mich gebeten, mit ihren Töchtern zu Target, dem Discountladen, zu fahren, um dort Schulsachen für sie einzukaufen. Und Janets Sohn sollte zum Friseur.

Es wurde auch höchste Zeit, er sah aus wie ein struppiger Köter.

Der Verkehr war nicht ganz so schlimm wie in der Peripherie von Los Altos, aber angesichts der vielen Besorgungen beschloss ich, diesen Chauffiersamstag lieber in einen Lerntag umzuwidmen.

Wieso sollte ich den Kindern nicht zeigen, dass ich ihnen vertraute? Weniger Autofahren, mehr Vertrauen, mehr Spaß für die Kinder – die reinste Win-win-Situation.

Ich brachte meinen zwölfjährigen Enkel zum Friseur und ließ ihn seinen Termin allein wahrnehmen. Er ging schon seit einem Jahr zu diesem Friseur und wusste genau, welche Frisur er wollte. Dann fuhr ich meine beiden Enkelinnen (beide acht Jahre alt) zu Target. Unterwegs gingen wir die Einkaufsliste für die Schulsachen durch, die sie brauchten, und sie speicherten sie auf ihren Handys. Mein Plan sah vor, dass sie in einer Stunde an der Kasse stehen und mich anrufen würden. Dann würde ich reinkommen und mit meiner Kreditkarte zahlen, doch sie mussten vorher sicherstellen, dass sie alles im Wagen hatten, was auf der Liste stand. Wenn sie mich brauchten, konnten sie mich anrufen. Aber ich war mir sicher, dass sich meine Enkelinnen wacker schlagen würden. Ich war schon x-mal mit ihnen einkaufen gewesen. Ich hatte ihnen gezeigt, wie man sich im Laden verhält, wie man einen Einkaufswagen benutzt, dass man zusammenbleibt und wie man findet, was man braucht. So wie ich es meinen Töchtern auch beigebracht hatte. Die hatten von klein auf gelernt, wie man in Patterson's Dime Store auf der California Avenue, der ungefähr anderthalb Kilometer von unserem Haus in Palo Alto entfernt ist, einkauft. Sie pflegten mit dem Rad dorthin zu fahren, um sich dann stundenlang den Kopf darüber zu zerbrechen, welches Spielzeug oder welche Süßigkeit sie sich von ihrem Taschengeld kaufen sollten. Sie mussten darauf achten, dass die Ware nicht mehr als einen Dollar kostete, was komplexe Rechenkünste und schwierige Entscheidungen beinhaltete. Wenn sie dann nach Hause kamen, strahlten sie vor Stolz und schleppten kleine Papiertüten mit Süßigkeiten an. Vielleicht liegt es daran, dass ich mit Leib und Seele Lehrerin bin, aber ich habe das Einkaufen immer als Chance betrachtet, das Selbstbewusstsein von Kindern zu stärken und Spaß zu haben. Warum sollte man sie nicht dabei unterstützen, sich solche Alltagsfähigkeiten so früh wie möglich anzueignen? Und wozu sich mit Besorgungen stressen, wenn man jede Einkaufstour in ein kleines Abenteuer verwandeln kann?

Ich sah zu, wie meine Enkelinnen durch die Schiebetüren verschwanden, und war genauso stolz auf sie wie Jahre zuvor auf meine Töchter. Ich fuhr zurück zum Friseur. Dort wartete mein Enkel wie vereinbart auf mich. Sein langes Strubbelhaar war einem Kurzhaarschnitt gewichen, der ihn in einen attraktiven jungen Mann verwandelt hatte. Kaum waren wir wieder unterwegs, hörten wir Beyoncé im Radio, und im Stillen plante ich schon das Abendessen. Wir hatten den Target-Discounter fast erreicht, als mein Handy klingelte.

Susan war dran. Ich erzählte ihr von der schicken neuen Frisur meines Enkels, und sie fragte, wo denn die beiden Mädchen seien.

»Die sind bei Target einkaufen«, sagte ich.

»Du hast sie dort allein gelassen? Wie konntest du nur!«

Ich staunte über ihre Panik. Sie tat ja gerade so, als wäre der

Target ein gefährlicher Ort, an dem man Kinder nie unbeaufsichtigt lassen sollte.

»Ich rede hier vom Target!«, sagte ich. »Das ist ein gut geführter Laden.«

»Aber, Mom …«

»Und die Mädchen wissen, wie man Einkäufe erledigt. Sie werden mir eine SMS schicken, sobald sie fertig sind.«

Susan blieb höflich – sie riss sich zusammen, sollte ich vielleicht eher sagen –, aber sie war eindeutig stinksauer. Ich parkte und sah meine Enkelinnen bereits warten. Während ich den Motor abstellte, sagte ich Susan, es gehe ihnen bestens.

»Du hättest sie nicht dort allein lassen dürfen«, sagte sie. »Dort sind sie nicht in Sicherheit.«

»Na ja«, sagte ich, während ich mit meinem Enkel dem Eingang zustrebte, »so wie ich das sehe, sind sie eindeutig in Sicherheit.«

Am Ende ist alles gut gegangen. Susan war ein paar Minuten gestresst – richtig gestresst –, aber ich rief sie an der Kasse noch einmal an, um ihr zu bestätigen, dass ihre Kinder in Sicherheit sind und ihre Einkaufsliste ganz toll abgearbeitet haben. Meine Enkelinnen waren übrigens begeistert von der Sache. Sie hatten jede Menge Spaß dabei, allein einzukaufen, und fühlten sich in ihrem Selbstbewusstsein gestärkt. Auch Susan hatte eine Art Aha-Erlebnis: Ihre Kinder konnten viel mehr als gedacht.

Ich will damit nicht sagen, dass alle ihre Kinder von heute auf morgen in irgendwelchen Läden aussetzen sollten, denn die Frage, wo Kinder in Sicherheit sind und wo nicht, ist von elementarer Bedeutung. Genauso wie die, inwieweit wir ihnen wirklich vertrauen können. Das Einkaufen von Schulsachen nach den großen Ferien (das die meisten Eltern unglaublich stresst) ist jedenfalls ein wunderbarer erster Schritt.

VERTRAUENSKRISEN

Alle Eltern sollten eines wissen: Das digitale Zeitalter und die Leichtigkeit, mit der Informationen übermittelt werden können, haben zu einer Vertrauenskrise geführt, die unseren Lebens- und Erziehungsstil drastisch beeinflusst. Wir trauen uns und unserem Bauchgefühl nicht mehr, wir tun uns schwer, unseren Partnern und unseren Kindern zu vertrauen, und viele von uns leben in ständiger Angst vor Nachbarn und Mitbürgern. Aber ein Leben ohne gegenseitiges Vertrauen ist doch kein Leben! Es macht uns dysfunktional. Wir werden dadurch ganz ängstlich und angespannt – und dann? Dann geben wir genau diese Angst und Anspannung an unsere Kinder weiter. Sie wachsen so nervös und verängstigt auf wie wir, und dann fragen wir uns, warum sich immer mehr Kinder so schwer damit tun, wirklich erwachsen zu werden. Wenn Sie glauben, dieses Thema beträfe nur Familien, dann täuschen Sie sich. Der weltweite Vertrauensverlust ist schlecht für unsere Psyche, für Paar-, Geschäfts- und Auslandsbeziehungen, vor allem aber für die Demokratie.

Ein allgemeines Misstrauen hat heutzutage jeden Lebensbereich erfasst. Das Edelman Trust Barometer 2018, welches das durchschnittliche Vertrauen der Bürger in ihre Institutionen misst, zeigt an, dass die Vereinigten Staaten auf der globalen Vertrauensskala um neun Punkte abgesackt sind, die größte Talfahrt in Sachen Vertrauen, die in diesem Land je gemessen worden ist. Italien ist um fünf Punkte abgesackt, während Irland, Südafrika, Japan und Russland das Schlusslicht bilden, wenn es um das Vertrauen in öffentliche Institutionen geht. Dasselbe geschieht in unserem Umfeld. Eine Umfrage des amerikanischen Meinungsinstituts Pew Research ergab unlängst, dass nur 52 Prozent der Amerikaner sagen, dass sie all ihren Nachbarn oder zumindest den meisten vertrauen. Noch verstörender ist, dass nur 19 Prozent der Millennials der Auffassung sind, dass man den meisten Menschen trauen kann – ein deutlich geringerer Prozentsatz als in allen anderen Bevölkerungsgruppen.

Hier in Palo Alto – zweifellos einer von Amerikas sichereren Städten – sehe ich nur selten Kinder auf der Straße spielen oder auch zu Fuß zur Schule gehen. Damals, als meine Töchter noch klein waren, hat es von Kindern nur so gewimmelt. Wir hatten ein Straßenschild installiert, auf dem stand: »Langsam fahren – hier spielen Kinder«, um Autofahrer zu warnen. Diese Schilder sind heute längst verschwunden. Die Kinder bleiben in ihren Gärten oder noch häufiger in ihren Zimmern, wo sie am Handy kleben. Wenn es um unseren Nachwuchs geht, trauen wir unseren Nachbarn nicht mehr über den Weg, schon gar keinen Kinderkrippen. Deshalb finden sich in Elternblogs auch jede Menge Posts wie »Kann man seinem Babysitter wirklich trauen?« und »Zehn Dinge, die Ihre Kinderkrippe macht, die Sie gar nicht erst wissen wollen«. Wir müssen Kameras installieren, um die Situation unter Kontrolle zu behalten. Dasselbe passiert sogar Hundesittern!

Die Auswirkungen auf Schulen sind genauso verstörend. Lehrer dürfen mit einem Schüler nicht mehr allein im Klassenzimmer zurückbleiben. Wir sind angehalten, Schüler nicht zu umarmen. Einmal bekam ich an der Highschool von Palo Alto beinahe Schwierigkeiten, weil ich einen Schüler mit dem Auto mitnahm – bis ich beweisen konnte, dass das fragliche Kind mein Enkel war, der an diesem Tag mit in meinen Unterricht gekommen war. Wir vertrauen nicht mehr darauf, dass Lehrer ihre Arbeit richtig machen. Hat ein Kind in einer Prüfung schlechte Noten, heißt es, der Lehrer ist schuld und nicht etwa veraltete Lehrpläne oder fehlendes Wissen. Eltern haben das Gefühl, niemandem an der Schule mehr trauen zu können – weder Personal noch anderen Schülern und deren Eltern. Fast 50 Prozent aller Lehrer schmeißen ihren Job nach fünf Jahren hin. Als Hauptgründe nennen sie fehlendes Vertrauen und zu wenig Respekt.

In vielen Bundesstaaten herrscht erheblicher Lehrermangel, der sich noch zu verschlimmern droht.

Nun, wie alle anderen bin auch ich rund um die Uhr Nachrichten ausgesetzt. Mir kommen ständig Dinge zu Ohren, die mich verängstigen, und ich kann gut verstehen, dass auch Eltern verängstigt sind. Es ist normal, Angst zu haben, vor allem in einer Welt, in der so viel Misstrauen und Verunsicherung herrschen.

Erst neulich habe ich eine ehemalige Schülerin und ihr zwei Monate altes Baby getroffen. Sie erwähnte, wie sehr es sie beunruhige, in so einer gefährlichen Welt ein Kind zu haben. Unser Gespräch fand in Palo Alto statt, verdammt noch mal! Wir alle ziehen Schlussfolgerungen aus dem, was wir im Internet lesen. Wir lesen viel zu viele Gruselgeschichten, schauen uns zu viele schreckliche Nachrichtenclips an. Da ich in Frankreich und in der Schweiz gelebt habe, in der ganzen Welt herumreise und Vorträge halte, habe ich den Eindruck, dass Amerikaner ängstlicher sind als die meisten Menschen. Deshalb ist es wichtig, dass wir uns die Statistiken genauer anschauen und unsere Annahmen, wie sehr unser Leben bedroht ist, hinterfragen. In seinem höchst aufschlussreichen Buch *Aufklärung jetzt: Für Vernunft, Wissenschaft, Humanismus und Fortschritt. Eine Verteidigung* spricht Steven Pinker dieses Problem direkt an. Zur Angst, die Welt würde immer unsicherer, immer weniger vorhersehbar und immer unwirtlicher, sagt er:

> Anders als der Eindruck, den die Zeitungslektüre erweckt – nämlich, dass wir in Zeiten von Epidemien, Kriegen und Kriminalität leben –, zeigen die Kurven, dass die Menschheit Fortschritte macht, dass wir länger leben, weniger Kriege führen, und dass in diesen Kriegen weniger Menschen sterben. Unsere Mordrate ist gesunken. Gewalt gegen Frauen hat abgenommen. Mehr Kinder gehen zur Schule, auch Mädchen. Die Alphabetisierungsrate ist gestiegen. Wir haben

> mehr Freizeit als unsere Vorfahren. Krankheiten werden ausgerottet. Hungersnöte werden seltener – sprich, so gut wie alles, das sich messen lässt und das man als menschliches Wohlergehen bezeichnen könnte, hat sich in den letzten zweihundert Jahren, aber auch in den letzten Jahrzehnten verbessert.[4]

Unsere eigenen Institutionen sagen dasselbe: Daten des FBI und des Bureau of Justice Statistics belegen, dass die Gewalt- und Eigentumsdelikte seit 1990 zurückgegangen sind, obwohl die meisten – sechs von zehn Amerikanern – glauben, dass die Kriminalitätsrate Jahr für Jahr steigt. Das Office of Juvenile Justice and Delinquency Prevention gibt an, dass zwischen 1999 und 2013 sowohl die Anzahl vermisster Kinder als auch die Zahl der bei der Polizei als vermisst gemeldeten Kinder gesunken ist. Den Berichten des National Crime Information Center zufolge sank die Anzahl vermisster Jugendlicher unter 18 Jahren von 33.706 im Jahr 2016 auf 31.121 im Jahr 2017. Außerdem bestätigt das National Center for Missing and Exploited Children, dass Entführungen durch Familienangehörige und Fälle von Ausreißertum viel verbreiteter sind als die am meisten gefürchteten Entführungen durch Fremde.

Was Steven Pinker auf Hunderten von Seiten darlegt und was all diese Daten zeigen, ist, dass im Lauf der Geschichte ein eindeutiger Abwärtstrend in Sachen Gewalt zu beobachten ist. Ja, ich weiß, dass wir ständig mit neuen Geschichten über Schießereien an Schulen und Kindesmissbrauch sowie mit jeder Menge Nachrichten zugeschüttet werden, die einem als Eltern eine Heidenangst machen. Doch schlechte Nachrichten verkaufen sich nun mal besser als gute, und in der Echokammer der sozialen Medien wird jede Schießerei schnell ein Riesenthema. Wenn wir eine beängstigende Anekdote nach der anderen hören, fällt es schwer zu akzeptieren, dass die Welt sicherer ist denn je. Aber es ist die Wahrheit. Wir sollten alle mal tief durchatmen. Hier ein paar einfache Sätze, die Sie lesen und sich immer wieder laut vorsagen sollten:

Die meisten Menschen sind vertrauenswürdig.

Das Letzte, was Sie Ihren Kindern beibringen sollten, ist, dass man den Menschen generell nicht trauen kann. Ebenso wenig sollten Sie sie dermaßen überbehüten, dass ihnen die Selbstständigkeit fehlt, sich frei entwickeln zu dürfen. Wollen wir nicht vielmehr, dass unsere Kinder neugierig auf die Welt sind, statt ihnen jeden unbeschwerten Zugang zum Leben zu verbauen?

Mit irgendetwas müssen wir anfangen. Wir alle müssen diese Angst bekämpfen und erneut lernen, Vertrauen in uns und unsere Umgebung zu haben. Die Lösung für dieses Problem beginnt zu Hause, mit anderen Worten bei uns selbst.

VERTRAUEN SIE AUF SICH

Eine Vertrauenskultur innerhalb der Familie bereitet den Boden für alle Werte, mit denen wir uns noch beschäftigen werden. Wie bereits gesagt, kann es sehr gut sein, dass wir der Konditionierung durch unsere Eltern nicht alle trauen können. Unter Umständen wollen wir die Erziehung, die wir genossen haben, nicht eins zu eins wiederholen. Aber wenn Sie (und Ihr Partner) sich die Mühe machen, sich ausgiebig mit Ihrer Vergangenheit zu beschäftigen, und wenn Sie die menschlichen Grundwerte des TRICK-Konzepts teilen, dürfen Sie Ihrem Bauchgefühl bei der Kindererziehung ruhig trauen.

Sie sollen es sogar! Warum? Weil Sie die Einzigen sind, die wirklich wissen können, was für Ihre Familie funktioniert. Genau wie ich stellen Sie vielleicht fest, dass die Erziehungsphilosophie Ihrer Familienkultur ungeeignet ist. Oder aber das, was Ihnen der Kinderarzt erzählt, was die Nachbarn praktizieren. Sie sind die besten Experten, was Ihre Familie angeht, und das bedeutet, dass Sie es besser wissen als jeder andere, einschließlich mir. Ich schreibe ein Buch über Kindererziehung, kenne aber weder Sie noch Ihre Kinder. Nur Sie können wissen, wie sich die von mir vorgeschlagenen allgemeingültigen Prinzipien am besten anwenden lassen. Mein Ziel ist es, Ihnen eine gewisse Orientierung an die Hand zu geben und keine fest vorgeschriebenen Ratschläge. Ich erlaube Ihnen ausdrücklich, sich auf Ihre Erfahrungen zu verlassen, denn wenn Sie kein Vertrauen zu sich selbst haben, können Sie auch Ihren Kindern kein Vertrauen mit auf den Weg geben.

Gleichzeitig weiß ich, wie schwer das alles ist. In sozialer Hinsicht kann es eine große Herausforderung bedeuten, sich nicht an die Regeln zu halten, nicht das zu tun, was alle anderen tun, weil Ihren Kindern mit diesen Regeln nicht gedient ist. Erst recht, wenn Probleme auftauchen. Wir haben Angst, unsere Kinder könnten scheitern, Angst, dass dieses Scheitern unsere Schuld ist. Wir sterben schier vor Angst, nicht zu wissen, was wir tun, sind uns sicher, alles zu vermasseln – egal, was wir tun.

In unserer Kultur haben wir gelernt, dass wir für jedes Problem, ja bei der kleinsten Herausforderung, einen Spezialisten zurate ziehen sollten. Wenn es um Kinder geht, gibt es ADS- und ADHS-Spezialisten, Kinderpsychologen, Kinderpsychiater und alle möglichen Ärzte. Manche Familien haben für jedes Kind, für jedes Unterrichtsfach, für jede Jahrgangsstufe eigene Nachhilfelehrer. So viel hoch spezialisiertes Fachwissen verhindert, dass wir uns als Eltern selbst Gedanken machen, dass wir darauf vertrauen, selbst am besten zu wissen, was unseren Kindern guttut. Aus irgendeinem Grund bilden wir uns ein, dass all diese Leute besser Bescheid wissen als wir.

Aber dem ist nicht so.

Sie müssen einfach nur darauf vertrauen, dass Sie schon wissen, was für Ihr Kind, für Ihre Familie das Beste ist.

AUF WORTE TATEN FOLGEN LASSEN

Mit zweieinhalb Jahren sprach mein Enkel Ethan immer noch nicht. Er konnte laufen, schlief nachts durch und wusste genau, was sein Leibgericht war, aber er weigerte sich zu sprechen. Es kann nervenaufreibend sein, wenn das Kind hinter die normale Entwicklungskurve zurückfällt, und es ist wichtig, dem nachzugehen und Fragen zu stellen.

Trotzdem ist es einfach eine Tatsache, dass manche Kinder bestimmte Fähigkeiten später erlernen als andere. Genau wie manche Erwachsene. In den meisten Fällen sagt das nichts über unsere Intelligenz oder unsere Fähigkeiten aus – es ist einfach so. So sah das auch meine Tochter Janet – zumindest anfangs. Doch je mehr Zeit verging, desto häufiger fragten wir uns, wann Ethan endlich anfangen würde zu sprechen. Wir waren ein wenig besorgt. Deshalb ging Janet schließlich mit ihm zum Kinderarzt, der einen Spezialisten empfahl. Gleichzeitig sagte er, das sei nichts, worüber wir uns Sorgen machen müssten, viele Kinder bräuchten Sprachförderung. Wir suchten also den Spezialisten auf. Ethan verhielt sich mehr oder weniger kooperativ, doch auch nach mehreren Sitzungen konnte er nach wie vor nicht sprechen.

Daraufhin wurden seine Eltern selbst aktiv. Sie lasen ihm jeden Abend, an jedem Wochenende und nach jedem Nickerchen vor. Sie kauften ihm einen Kassettenrekorder, große Kopfhörer und mehrere Kinderhörbücher (ja, nahmen sogar selbst eigene Geschichten auf). Ethan war begeistert davon. Er saß gern mit seinen Kopfhörern im Wohnzimmer und hörte anfangs einfach nur zu. Er liebte es, Auto zu fahren und spazieren zu gehen – immer mit Kopfhörer. Wir machten uns Mut, indem wir uns sagten, dass es keine fest vorgeschriebene Entwicklung bei Kindern gibt – nur in Erziehungsratgebern, die Kinder nun mal leider nicht lesen.

Ich erfuhr, dass Albert Einstein kein Wort gesagt hat, bis er drei Jahre alt war.

Ethan befand sich also in guter Gesellschaft.

Nach mehr als drei Monaten Sprachförderung begann Ethan endlich zu sprechen, und gleich in ganzen Sätzen. Er ist seit jeher fasziniert von Aufzügen, und mit das Erste, was er zu mir sagte, war: »Ich will Aufzug fahren.« Noch jahrelang hörte er sich die eigens für ihn aufgenommenen Geschichten an, er liebt bis heute Hörbücher. Inzwischen ist er ein begeisterter Leser, Klassensprecher und Mitglied eines Rhetorikklubs.

Manchmal stellt man die Fähigkeiten eines Kindes infrage, weil es sich nicht so entwickelt wie gewünscht. Etwas, das ich beispielsweise versäumt habe, ist, meinen Kindern von klein auf ordentliche Tischmanieren beizubringen. Ich schob diese Lektion immer weiter hinaus. Wann war der richtige Zeitpunkt, Manieren zu lernen? Ich hatte keine Ahnung. Nun, wie sich herausstellte, lernt man gute oder schlechte Manieren von Anfang an. So etwas wie »Baby-« oder »Kindermanieren« gibt es nicht, und wenn man den Kleinen erlaubt, sich danebenzubenehmen, glauben sie, dass man sich bei Tisch einfach so verhält. Schlechte Angewohnheiten abzulegen ist deutlich schwieriger, als sich von Anfang an gute anzueignen. Ich wünschte, ich hätte vorher gewusst, wie wichtig es ist, schon früh auf gute Manieren zu achten, denn es hat lange gedauert, bis ich diesen Fehler beheben konnte.

Unsere Abendessen in den 1970er-Jahren waren total chaotisch. Ständig wurde gequengelt, ich wurde fast wahnsinnig! Am schlimmsten war es im Restaurant, vor allem, als wir in der Schweiz und in Frankreich lebten. Ich sah zu den anderen Tischen mit den sich perfekt benehmenden Kindern hinüber und dachte: Was habe ich bloß getan? Die Schweizer und Franzosen ließen ihren Kindern nichts durchgehen. Die Kids warteten geduldig auf den nächsten Gang. Die anderen Eltern hatten eindeutig nicht so zu kämpfen wie ich. Jahre später, in einem italienischen Lokal in Mountain View, begannen meine Töchter, sich gegenseitig mit Erbsen zu bewerfen. Eine Erbse prallte von Stans Stirn ab, und ich beging den Fehler, laut zu lachen – es war einfach zu komisch! Daraufhin wurden wir vor die Tür gesetzt. Wir gingen jahrelang nicht mehr in das Lokal. Irgendwann lernten meine Töchter dann doch noch, sich zu benehmen, und mir wurde klar, dass ihr Verhalten kein Grund war, meine Eignung als Mutter anzuzweifeln. Es war nur ein Hinweis darauf, dass *sie* noch einiges zu lernen hatten.

Und hier kommt noch eine Herausforderung: Wie viele von uns sind in einem von gegenseitigem Vertrauen geprägten Umfeld aufgewachsen? Nicht sehr viele, ich schon gar nicht. Wie bereits geschildert, hatte mein Vater das Sagen, und meine Mutter und ich lebten in ständiger Angst, ihn zu verärgern. Viele von uns tun sich schwer damit, Vertrauen aufzubauen. Solche Menschen sind unter Umständen empfänglicher für Wut, Frust und Depressionen. Manchmal ist es einem unmöglich, an sich zu glauben – geschweige denn an die eigenen Kinder.

Sollte Ihnen das bekannt vorkommen, schlage ich vor, dass Sie alles Negative, was Ihre Eltern gesagt haben, alle Vertrauensbrüche, die Sie erlebt haben, allen Schmerz und alle Wut aufschreiben. Um dann jeden einzelnen Punkt zu analysieren. Leicht ist das nicht, aber es wird Ihnen helfen. Fragen Sie sich, ob das, was Ihre Eltern damals gesagt haben, überhaupt der Realität entsprach. Oder war es eher eine emotionale Bemerkung während eines Wutausbruchs, die gar nichts mit Ihnen zu tun hatte? Sind Sie für das, was in Ihrer Kindheit schiefgelaufen ist, verantwortlich, oder waren Sie einfach nur Teil eines dysfunktionalen Familiensystems, für das Sie überhaupt nichts können? Wie kam es zu diesen Vertrauensbrüchen? Liegt es daran, dass Ihre Eltern selbst in einem Umfeld groß geworden sind, das nicht von gegenseitigem Vertrauen geprägt war? Als Erwachsene können wir im Rückblick erkennen, wie lächerlich manche Behauptungen unserer Eltern gewesen sind. Dann wird uns auch bewusst, wie sehr wir uns von den emotionalen Problemen anderer haben vereinnahmen lassen. Allein dadurch, dass wir uns näher mit diesen schmerzlichen Momenten beschäftigen, können wir die Vergangenheit klarer sehen und deutlich mehr Vertrauen in unsere Fähigkeiten als Eltern haben.

Es ist hilfreich, eine Liste mit allen Dingen zu erstellen, die man gut kann. Das klingt lächerlich, aber es aufzuschreiben kann das Selbstbewusstsein im Nu stärken. Jeder ist in irgendetwas gut – und zwar ohne Ausnahme. Ich mache diese Übung immer mit meinen Schülern ganz am Anfang des Schuljahres. Sie befragen sich gegenseitig und haben die Aufgabe, herauszufinden, was das Besondere an ihrem Gegenüber ist, worin er herausragend ist. Zunächst sind die Kinder eher schüchtern – sowohl die Befragten als auch diejenigen, die sie befragen. Manche sind fest davon überzeugt, in gar nichts gut zu sein, was auf tragische Weise ihre Erfahrungen mit Schule und Elternhaus widerspiegelt. Doch wenn die Befrager hartnäckig bleiben und anfangen, kreative Fragen zu stellen, können sie alle möglichen besonderen Begabungen entdecken: jonglieren, Hunde sitten, eine gute Schwester sein, zuhören.

Solche Gespräche schaffen ein Klima gegenseitigen Vertrauens und sorgen dafür, dass sich die Schüler besser akzeptieren können, mehr an sich und ihre Fähigkeiten glauben. Auch Eltern kann es unheimlich helfen, Menschen zu finden, die an sie glauben, genau wie meinen Schülern das Wissen, einander vertrauen zu können, wahnsinnig hilft. Wer unterstützt einen? Wer versteht, dass man nur das Beste für die eigene Familie im Sinn hat? Umgeben Sie sich mit Menschen, die Ihr Selbstvertrauen stärken, auch wenn etwas schiefgeht – was unweigerlich passieren wird.

Egal, welchen Herausforderungen wir uns als Eltern gegenübersehen, ob wir sie meistern, bekommen wir unmittelbar vor Augen geführt. Schauen Sie sich Ihre Kinder an. Beobachten Sie sie. Reden Sie mit ihnen. Sind sie glücklich? Entwickeln sie sich positiv? Wir sind so vielen Einflüssen ausgesetzt – vor allem fremder Leute Meinungen –, dass wir ganz vergessen, einfach mal hinzuschauen, zu gucken, was funktioniert und was nicht. Funktioniert etwas nicht, können Sie es ändern. Beurteilen Sie die Situation aufrichtig, ohne sich mit Selbstvorwürfen zu quälen, ohne sich verunsichern zu lassen. Alle Eltern haben zu kämpfen. Aber deswegen muss man noch lange nicht das Vertrauen in sich verlieren, sondern ganz im Gegenteil umso mehr an sich glauben.

LERNEN SIE, IHREM KIND ZU VERTRAUEN

Alles, was man braucht, ist eine Person, nur eine einzige Person, die einem vertraut und einem glaubt. Dann hat man das Gefühl, einfach alles schaffen zu können. Leider haben viele Kinder keine einzige solche Person. Michael Wang, ein ehemaliger Schüler von mir, war auch so ein Fall. 2013 war er Chefredakteur des *Campanile*, Palo Altos Highschool-Zeitung, und seine Kämpfe stehen für die vieler meiner Schüler, ja für die von Schülern im ganzen Land, in der ganzen Welt. Michael sah sich schon früh einem hohen Erwartungsdruck ausgesetzt.

»Ich hatte sehr strenge Eltern«, erzählt Michael. »Wenn ich keine guten Noten schreibe, lande ich unter der Brücke, haben sie immer gesagt.«

Auch seine Grundschullehrer waren nicht besonders hilfreich. Michael weiß heute, dass er müde und zappelig gewirkt hat, aber es fiel ihm einfach sehr schwer, um sieben Uhr morgens aufzustehen. Er hatte immer das Gefühl, sein Gehirn würde noch nicht richtig funktionieren. Dann starrte er auf sein

Blatt und wusste, dass er nichts von dem, was da stand, in sich aufnehmen konnte, und fand sich damit ab, dass er scheitern würde. Dass Leute sein Verhalten und dessen Ursachen fehlinterpretierten, kam in seinem Leben ständig vor.

»Ich bin ermahnt worden«, sagt er. »Meine Klassenkameraden und Lehrer haben immer gesagt, ich bräuchte mich bloß an die Regeln zu halten, bräuchte bloß aufzupassen, um bessere Noten zu schreiben. Ich hatte mich mehr oder weniger damit abgefunden, dass ständig auf mir herumgetrampelt wird. Alles, was ich tat, war irgendwie Mist.«

Als er in meine Klasse kam, beschrieb sich Michael »als völlig ausgebrannt, als bloßes Häuflein Asche«. Die Schülerzeitung war das Einzige, was ihm etwas bedeutete. Trotzdem schaffte er es nur mit Mühe, zu den Sitzungen zu erscheinen. Doch er schaffte es. Ich lernte ihn als ein wirklich intelligentes, aber etwas verwirrtes Kind kennen: Er kam in den Unterricht ohne die geringste Vorstellung, worüber er schreiben wollte. Er war 1,83, ein Riesenjunge, und man fällt auf, wenn man so groß, aber nicht besonders selbstbewusst ist.

Ich habe viele Schüler wie ihn erlebt. Sie haben Angst, rebellieren aber auch. Sie weigern sich mitzuarbeiten, sind schwierig, manchmal sogar aggressiv, und zwar weil jeder Einzelne von ihnen sich unwohl in seiner Haut fühlt. Sie haben ein so geringes Selbstwertgefühl, dass sie zurückschlagen, ganz einfach, weil sie sich selbst beweisen wollen, dass sie besser sind, als alle glauben.

Während einem unserer Redaktionsabende kämpfte Michael mit Hausaufgaben zum Thema Musiktheorie. »Ich war völlig erschöpft und versuchte verzweifelt zu begreifen, was man von mir wollte«, erzählt er. »Ich war erst halb fertig. Ein paar Schlaumeier meinten, mir ein paar kluge Sprüche mitgeben zu müssen, die ich natürlich noch nie in meinem Leben gehört hatte: ›Lies dir alles gründlich durch und lerne mehr.‹«

Andere zogen ihn wegen seiner Schwierigkeiten auf, und da dachte er wie so oft: *Stimmt, ich kann das einfach nicht.*

Ich sah, was los war, ging zu diesen Kindern und sagte: »Er braucht einfach länger, weil er so intelligent ist.« Michael war ein talentierter Autor – er brauchte nur mehr Zeit, um sich auf seine Arbeit zu konzentrieren. Und ich wusste instinktiv, dass er es richtig machen und nicht hudeln wollte.

Zum ersten Mal hatte ihm ein Erwachsener gesagt, dass er seine Fähigkeiten und seine Intelligenz wahrgenommen hatte, ihn respektierte. »Von jemand anderem zu hören, dass er an mich glaubt, und das vor Schülern, die es nicht taten, war einfach fantastisch«, sagt Michael. »Es hat mir geholfen, nicht aufzugeben.«

Dieser Tag war ein Wendepunkt für Michael. Er war nämlich wirklich schlau, er stand sich bloß selbst im Weg.

Zum ersten Mal begann er, an sich zu glauben, und konnte auch während seiner Studienzeit an diesem neuen Selbstvertrauen festhalten, sobald er auf Hindernisse oder irgendjemanden traf, der behauptete, er werde es ohnehin nie schaffen. Irgendwann machte er einen Abschluss in Neurowissenschaften an der Johns Hopkins University, wo er jetzt im Bereich der Neuropsychiatrie forscht. Rein zufällig hat er den einen Menschen gefunden, der an ihn glaubt, und das hat für ihn alles verändert.

Eltern und Lehrer sollten wissen, dass sie ein Kind mit nur einem Wort, einem einzigen Satz oder Spruch aufbauen, ihm das Leben retten oder aber sein Selbstvertrauen völlig zerstören können. Wir vergessen oft, welch enorme Bedeutung wir im Leben unserer Kinder haben, wie viel von uns abhängt, wenn es um ihr Selbstbewusstsein, ihr Selbstbild geht. Alles beginnt mit Vertrauen – damit, an die Fähigkeiten des Kindes zu glauben, und das trotz aller Rückschläge, Überraschungen und Komplikationen, die bei seinem Aufwachsen nun mal an der Tagesordnung sind.

Vertrauen heißt Selbstbewusstsein stärken – in der Schule ebenso wie im Leben, und dieser Prozess beginnt früher, als Sie denken. Kleinkinder, die eine sichere Bindung zu ihren Eltern haben – also Kleinkinder, die spüren, dass sie ihren Eltern vertrauen, sich auf sie verlassen können –, haben später nicht die Verhaltens-, sozialen und psychologischen Probleme wie viele andere. Ob Ihr Kind ein grundlegendes Geborgenheitsgefühl hat, hängt auch davon ab, ob Sie ihm ausreichend Vertrauen entgegenbringen.

Deshalb sind Kinder auch so sehr von ihrer Umgebung abhängig. Sie wollen instinktiv herausfinden, wem sie vertrauen können, und suchen nach dem Menschen, der sie wirklich wahrnimmt und ihre Bedürfnisse erkennt. Studien haben gezeigt, dass Vierjährige vertrauenswürdige Erwachsene eindeutig identifizieren und sie ganz bewusst aufsuchen können. Das merke ich auch an meiner vierjährigen Enkelin Ava. Sobald ich zur Tür hereinkomme, strahlt sie mich an, doch manchmal rennt sie auch davon und versteckt sich vor mir. Sie kennt mich, testet aber jedes Mal aufs Neue, ob man mir vertrauen kann oder nicht.

Vergessen Sie nicht: So stark wie das Vertrauen Ihrer Kinder in Sie ausgeprägt ist, ist auch ihr allgemeines Vertrauen. Wenn Kinder nicht vertrauen und sich in der Welt nicht aufgehoben fühlen können, sehen sie sich zahlreichen Schwierigkeiten ausgesetzt. Studien belegen, dass Kinder, die von Lehrern als nicht sehr vertrauenswürdig eingeschätzt werden, ein höheres Aggressionsniveau haben und kein so stark ausgeprägtes »Sozialverhalten« aufweisen, also weniger gern mit anderen zusammenarbeiten oder teilen. Misstrauen bei Kindern konnte auch mit sozialem Rückzug und Einsamkeit in Verbindung gebracht werden.

Wenn wir als Kind das Gefühl haben, dass man uns nicht vertraut, oder wenn niemand greifbar ist, dem wir vertrauen können, werden wir nie darüber hinwegkommen. Dann wachsen wir in dem Glauben auf, nicht vertrauenswürdig zu sein, akzeptieren das als Charaktereigenschaft. Unsere Beziehungen werden gründlich beschädigt, und wir werden zu denen, für die wir uns halten, und leiden darunter.

Wie stellen wir es also an, vertrauenswürdige Menschen aus unseren Kindern zu machen? Was das Vertrauen in unser Kind angeht, denken wir gern an das Überlassen von Autoschlüsseln, daran, einen Zwölfjährigen erstmals allein zu Hause zu lassen. Doch wir unterschätzen die Fähigkeiten von Kindern – vor allem von Kleinkindern. Vertrauen sollte man einem Kind schon gleich nach der Geburt. Wir sind es nicht gewohnt, Babys Vertrauen entgegenzubringen, doch das sollten wir. Sie sind viel klüger und können deutlich mehr wahrnehmen, als wir glauben. Ihr Kind beobachtet Sie vom ersten Tag an.

Vertrauen Sie mir: Ihr Baby bekommt alles mit, was Sie machen. Es lernt, was es tun muss, um das zu bekommen, was es von Ihnen braucht. Es weiß genau, was es tut. Jedes Mal, wenn Sie ungeschickt mit einer Windel hantieren, kriegt es das mit. Babys wissen, wie sie Ihnen ein Lächeln entlocken und wie sie Sie zum Weinen bringen können. Sie mögen in allem von uns abhängig sein, sind jedoch weitaus intelligenter, als wir ihnen das zugestehen. Sie müssen auf ihre Bedürfnisse eingehen, und zwar von klein auf, damit sie spüren, dass Sie und ihr Umfeld vertrauenswürdig sind. Gleichzeitig ist das ein sehr guter Moment, um damit anzufangen, Ihrem Kind eine der wichtigsten Lebenslektionen beizubringen:

Lassen Sie uns übers Einschlafen reden.

Und über Vertrauen.

Darüber, wie Sie sich als Eltern Vertrauen zunutze machen können, um die ständigen Einschlafprobleme zu lösen.

Schlaf war meinen Töchtern sehr wichtig, als sie noch klein waren – so wie meinem Mann und mir. Wir wussten, dass wir Jahre ohne Schlaf nicht überleben würden. Wir sind schließlich keine Vampire! Schlaf ist für alle Eltern wichtig, und Schlafprobleme sind inzwischen ein internationales Problem. Es gibt Bücher, die nur davon handeln, wie man ein Kind zum Schlafen bringt. Aus meiner Sicht geht es dabei hauptsächlich um Vertrauen, und das ist etwas, das man anderen beibringen kann. Babys lernen von Anfang an und entwickeln einen Schlaf- und Wachrhythmus. Meine Töchter schienen ihre innere Uhr allerdings auf eine falsche Zeitzone eingestellt zu haben. Die für sie als Kleinkind wichtigste Fähigkeit mussten sie erst noch lernen, nämlich selbstständig ein- und durchzuschlafen. Ich selbst wäre nie auf die Idee gekommen, dass sie nach den ersten sechs Lebenswochen Einschlafprobleme haben könnten. Wieso sollten sie nicht schlafen können? Das ist eines der Dinge, die sie von Geburt an können: Trinken, Kacken, Schlafen. Sie wachsen, während sie schlafen, und ihre Gehirne entwickeln sich, während sie schlafen. Schlaf ist ein vollkommen natürlicher Zustand für Babys und Kleinkinder. Ich vertraute darauf, dass das Wissen, wie man selbstständig einschläft, angeboren ist. Sollten sie Bestärkung brauchen, war ich für sie da.

Wir hatten nicht viel Geld, als die Mädchen noch klein waren. Susan besaß ein Gitterbett sowie ein kleines Bettchen, das ich aus einem Wäschekorb und einer hübschen kleinen Matratze gebastelt hatte (Susan benutzt den Korb heute noch, wenn auch nicht zum Schlafen). Es ging darum, dass sich meine Kinder geborgen fühlten und in unserer Nähe waren. Sie schliefen von Anfang an in ihren eigenen Bettchen und in ihren eigenen Zimmern (außer damals, als wir die kleine Wohnung in Genf hatten und es einfach nicht genügend Zimmer gab – da schlief Anne neben uns in einem mit Decken ausgelegten Karton). Wir hatten das Glück, nicht mit Koliken oder Krankheiten konfrontiert zu werden – solche Eltern müssen stärker reagieren, um ihren Kindern das Gefühl von Geborgenheit zu geben. Trotzdem bin ich fest davon überzeugt, dass das, was ich getan habe, in den meisten Fällen funktioniert: Ich habe meine Kinder einfach auf den Bauch gelegt und ihnen vorsichtig den Rücken getätschelt, dann habe ich ein wenig bei ihnen gesessen und habe sie selbstständig einschlafen lassen. Wurden sie unruhig, wimmerten oder schrien, habe ich geschaut, dass sie nicht hungrig sind und frische Windeln anhaben, um sie dann erneut mit einem liebevollen Tätscheln auf den Rücken zu beruhigen. Daraufhin sind sie eingeschlafen. Natürlich wissen wir heute, dass die sicherste Schlafposition für Kinder die Rückenlage ist, Eltern können ihrem Kind also heutzutage den Bauch tätscheln. Babys haben kurze Schlafzyklen und neigen dazu, aufzuwachen, zu weinen oder zu jammern, doch meist können sie ganz von allein wieder einschlafen. Ich war immer für meine Töchter da, um sie zu trösten, aber es war nicht jedes Mal nötig, sie auf den Arm zu nehmen. Ich vertraute darauf, dass sie selbstständig einschlafen können, und das taten sie auch. Als sie drei Monate alt waren, schliefen sie mehr oder weniger durch. Als Kleinkinder schliefen sie zwölf Stunden am Stück – von sieben Uhr abends bis sieben Uhr morgens. Ihre Schlafgewohnheiten waren ein riesiges Geschenk für Stan und mich. Eltern brauchen schließlich auch mal Zeit, um ungestört zusammen zu sein.

Ich wusste intuitiv, dass ich meinen Töchtern vertrauen konnte, bin mir aber durchaus bewusst, wie schwer es für Eltern sein kann, dieses starke Vertrauen aufzubauen, das Kinder selbstständig macht. Stattdessen entwickeln sie Ängste. Sie glauben, ihr Kind fürchte sich, allein einzuschlafen, brauche seine Eltern, komme allein partout nicht zurecht. Wie lernt ein Kind Ihrer Meinung nach, Angst vor dem Schlafen zu haben? Durch genau diese Denkweise bei den Eltern.

Ich mache niemandem Vorwürfe. Ich möchte nur erklären, wie sich unser Verhalten auf Kinder auswirkt. Viele Eltern handeln aus Unsicherheiten oder Zweifeln heraus: Braucht ihr Kind sie etwa nicht? Und wenn nicht – was sind sie denn dann für Eltern? Sie werden diese Botschaft von mir in diesem Buch immer wieder laut und deutlich zu hören bekommen: Sie sollten sich wünschen, dass Ihr Kind mit Ihnen zusammen sein *möchte*, und nicht mit Ihnen zusammen sein *muss*.

Zum ersten Mal taucht dieses Dilemma beim Thema Einschlafen auf. Ihre Kinder können und werden von selbst einschlafen, wenn Sie ihnen das zutrauen, wenn Sie ihnen das beibringen. Ihre Bettchen können ein Zufluchtsort statt ein Ort zum Fürchten sein. Kinder lernen, sich selbst zu beruhigen, indem sie am Daumen oder am Schnuller lutschen, mit etwas spielen – vorausgesetzt, man gibt ihnen die Gelegenheit dazu. Meine Töchter hatten immer Stofftiere bei sich im Bett liegen. Manchmal wachte ich auf und sah, dass Susan sich mit ihrem Teddy unterhielt. Janet sang gern im Bett. Alle haben sich wohlgefühlt. Wir bauten ein Vertrauensverhältnis auf, und sie lernten, dass sie sich selbst beschäftigen, viele ihrer Bedürfnisse selbst stillen können – was bedeutete, dass Stan und ich unseren Schlaf bekamen. Eine Win-win-Situation.

Wenn die Kinder größer werden, kann man ihnen immer mehr Möglichkeiten geben, sich als vertrauenswürdig zu beweisen. Denken Sie daran: Die Entscheidungen, die Sie bei der Kindererziehung fällen, bestimmen Ihre Familienkultur. Sie sollten sich stets fragen, ob Sie damit aktiv ein Vertrauensverhältnis fördern oder Ihr Kind einschränken. Bei kleinen Kindern stärken schon winzige Erfolge das Selbstbewusstsein, den Glauben an sich selbst. Sie binden sich selbst die Schuhe ... und es funktioniert! Sie ziehen sich selbst an ... und es funktioniert! Sie gehen zur Schule, und auch das funktioniert! Ihr Verhalten wird von messbarem Erfolg gekrönt. Sie können natürlich nicht erwarten, dass ein Kleinkind komplizierte Entscheidungen trifft. Aber Sie können ihm Wahlmöglichkeiten an die Hand geben, ihm dabei helfen, die bestmögliche Wahl zu treffen. Gebe ich meinem neunjährigen Enkel einen Lutscher und verbiete ihm, daran zu lecken, muss ich davon ausgehen, dass er es trotzdem tut. Erkläre ich ihm stattdessen, warum er ihn nicht essen sollte, weil Zucker ungesund ist, ja sogar Karies verursacht, weil ihm Süßigkeiten vor dem Essen den Appetit verderben, kann er lernen, eine bessere Entscheidung zu treffen. Gut, vermutlich wird er den Lutscher trotzdem essen, aber wenn man solche Entscheidungen übt, entwickelt er irgendwann die Fähigkeit, ein gesundes Leben zu führen. Und dann kann ich darauf vertrauen, dass er gut auf sich selbst aufpasst.

In jedem Alter gibt es andere Möglichkeiten, Vertrauen zu üben. Ernährung ist eine davon. Ich habe meinen Töchtern schon früh Essen in die Hand gedrückt – sobald sie feste Nahrung zu sich nehmen konnten. Dadurch haben sie gelernt, selbstständig zu essen. Ich weiß noch, wie sie nach dem Essen »aufräumten«, was bedeutete, dass sie alles, was sie verschmäht hatten, zu Boden fegten. Es war eine Riesensauerei, aber dafür waren meine Töchter in der Lage, selbstständig zu essen, selbst herauszufinden, wann sie satt waren. Etwas später, als sie fünf waren, konnte ich sie fragen, ob sie Hunger hatten, und nahm ihre Antwort ernst. Ich hatte immer alle möglichen Snacks dabei, falls sie ihren Appetit falsch einschätzten. Ich war bekannt dafür, kleine Joghurts mitzunehmen, wenn wir das Haus verließen. Hatten die Mädchen Hunger, waren sogar lauwarme kleine Joghurts hochwillkommen. Waren wir länger mit dem Auto unterwegs und sie wollten nichts essen, erklärte ich ihnen, dass wir in den nächsten Stunden nirgendwo mehr Rast machen würden. Dann ließ ich sie selbst entscheiden. Ich vertraute ihren Essensentscheidungen.

Bei Teenagern können Eltern, wenn es um Vertrauen geht, Schritt für Schritt vorgehen. Beim Einkaufen beispielsweise, eine meiner Lieblingslernaktivitäten, würde ich die Sache so handhaben: 1. Die Eltern erledigen den gesamten Einkauf allein (Auswahl und Kauf der benötigten Kleidung). 2. Das Kind kommt mit, und Sie vertrauen darauf, dass das Kind die meisten Kaufentscheidungen trifft (wenn man den Kindern ein bestimmtes Budget gibt, kann man ihnen gleich wunderbar finanzielle Verantwortung beibringen). 3. Das Kind trägt die benötigten Dinge selbst zusammen, und Sie treffen sich – pünktlich! – an der Kasse, um den Einkauf abzurunden. 4. Nachdem Sie auf diese Weise eine Vertrauensbasis geschaffen und Ihren Kindern beigebracht haben, verantwortungsbewusst mit Geld umzugehen, geben Sie ihnen Ihre Kreditkarte und lassen sie allein einkaufen gehen (viele große Kreditkartenfirmen erlauben die Mitnutzung durch Minderjährige). Natürlich sollten Sie kontrollieren, was abgebucht wurde, und Ihrem Nachwuchs ebenfalls beibringen, die Abrechnung am Monatsende zu überprüfen.

Wie vertrauenswürdig Ihr halbwüchsiges Kind ist, merken Sie auch daran, wie sehr Sie sich auf sein Wort verlassen können. Es sollte um acht Uhr abends zu Hause sein. Und, hat das geklappt? Und wenn es sich verspätet hat – hat es dann rechtzeitig Bescheid gesagt? Erweisen sich Kinder als vertrauenswürdig, können Sie ihnen immer mehr Freiheiten und Verantwortung geben. Müssen sie dagegen noch lernen, pünktlich nach Hause zu kommen, sollten Sie mit ihnen über das, was falsch gelaufen ist, reden und einen Plan fürs nächste Mal ausarbeiten. Manchen Kindern fällt es besonders schwer, pünktlich zu sein. Geben Sie nicht auf! Schaffen Sie weitere Gelegenheiten, es zu lernen. Ein gutes Zeitmanagement ist etwas, das vielen Erwachsenen abgeht, dabei ist das einer der wichtigen Erfolgsfaktoren im Leben.

Erzieht man Kinder nicht zur Selbstständigkeit, indem man ihnen Vertrauen schenkt, fühlen sie sich nicht vertrauenswürdig und werden sich sehr schwer damit tun, selbstständig zu werden. Das Hauptproblem ist dann, dass sie nie gelernt haben, zu vertrauen, sich selbst zu respektieren. Wenn wir ängstlich sind und ständig über unsere Kinder wachen, werden sie ebenfalls ängstlich. Aber Kinder müssen Risiken eingehen dürfen. Kinder ahmen tatsächlich das nach, was wir ihnen vorleben. Ich habe Höhenangst, wollte aber sicherstellen, dass meine Kinder keine haben. Deshalb habe ich strikt darauf geachtet, mir meine Angst ihnen gegenüber nie anmerken zu lassen. Ich habe ihnen erlaubt, auf allen möglichen Klettergerüsten herumzuturnen, mich aber dabei selbst zurückgehalten. Und trotzdem waren meine Töchter völlig angstfrei.

Ich habe einen ganz einfachen Merksatz für Sie: Kinder müssen Risiken eingehen dürfen. Gut möglich, dass Sie sich das wie ein Mantra immer wieder vorsagen müssen: Zu viele Eltern schrecken instinktiv davor zurück.

GELEBTES VERTRAUEN

Sie werden staunen, was alles möglich ist. 16 Jahre lang habe ich stets Gruppen von circa 50 Schülern auf Klassenfahrt nach New York mitgenommen. Es ging darum, Redakteure der wichtigsten Zeitungen und Zeitschriften Amerikas zu besuchen und mehr über Journalismus in der wirklichen Welt zu lernen. Wir trafen uns mit Mitarbeitern der *New York Times*, des *Wall Street Journal*, der *Vanity Fair* und der *Sports Illustrated*, aber auch mit David Remnick, dem Chefredakteur des *New Yorker*, sowie weiteren wichtigen Journalisten, zum Beispiel dem Fernsehmoderator Anderson Cooper. Jedes Jahr war anders, und jedes Jahr war großartig. Die Kinder haben es geliebt, ich habe es geliebt, und in Palo Alto war es legendär. Alle wollten mit auf Klassenfahrt nach New York. Einer meiner Gründe dafür war, den Schülern Freiheiten zu geben, ihnen zu erlauben, New York City zu erkunden, eine der tollsten Städte des Landes, sie davon zu überzeugen, dass sie viel mehr können als gedacht. Das war die wichtigste Lektion, die ich ihnen mitgeben konnte, bevor sie die Highschool verlassen und aufs College gehen würden – das Selbstvertrauen, sich in einer großen Stadt ganz allein zurechtfinden zu können. Ich wollte auch, dass sie Spaß haben, und ich glaube nicht, dass sich je irgendjemand darüber beschwert hat, nicht genug Spaß gehabt zu haben.

Vormittags besuchten wir die Medien und sprachen mit den Redakteuren. Gemeinsam suchten wir die entsprechenden U-Bahn-Verbindungen heraus, vorausgesetzt, ich hatte selbst einen Überblick. Oft wusste ich nicht, wo wir eigentlich hinfuhren, aber es schenkte den Kindern Selbstbewusstsein, mir den Weg weisen zu können. Damals, in den 1990er-Jahren, konnten sie deutlich besser Karten lesen als ich, und ab dem Jahr 2000 waren sie mir, auch was die Handynutzung betrifft, eindeutig überlegen. Sie bekamen auch mit, wie ich mich verirrte und damit umging. Sich zu verirren ist kein Problem – Hauptsache, man lässt sich dadurch nicht stressen. Ich ließ mich nie stressen, nicht einmal als ich mit der einen Hälfe der Gruppe in einen Zug stieg und mit ansehen musste, wie die andere Hälfte in die Gegenrichtung davonbrauste. Es war kurz frustrierend, doch sie benutzten ihre Handys und kamen trotz des unfreiwilligen Umwegs ans Ziel. In all den Jahren ist mir kein einziges Kind verloren gegangen. Ich habe nur einmal eine Aufsichtskollegin verloren, die dann fast ihren Rückflug nach San Francisco verpasst hätte – aber kein einziges Kind.

Nachmittags durften sie die Stadt dann in Vierergrüppchen allein erkunden. Ich ging davon aus, dass ich ihnen beigebracht hatte, wie man sich zurechtfindet, und dass sie allein klarkommen würden. Und ich täuschte mich nicht. Ich gewährte meinen Schülern auch ein Mitspracherecht beim Planen unserer Ausflüge. Sie durften mitentscheiden, wie wir die Abende verbringen. Leider gestatten die meisten Highschools inzwischen keine Ausflüge mehr, die kurzfristig unbeaufsichtigt sind. Kinder müssen zwar nach wie vor lernen, wie man sich in einer großen

Stadt zurechtfindet – die Schule wird es ihnen aber nicht mehr beibringen.

ENTTÄUSCHTES VERTRAUEN

Egal, wie Sie sich als Eltern verhalten – irgendwann wird Ihr Kind Ihr Vertrauen enttäuschen. Das gehört einfach zum Leben dazu, es ist Teil des Lernprozesses. Ein Schüler erzählte mir, er helfe einem Freund, »dem es gerade sehr schlecht geht«. Ich dachte erst: *Oh, wie nett von ihm!* Doch dann fand ich heraus, dass er den Nachmittag im Shoppingcenter gegenüber der Highschool verbrachte – nicht etwa um einem Freund zu helfen und daher meinen Kurs nicht zu besuchen, sondern um Kekse zu essen.

Nun, ich musste ihn darauf ansprechen. Als er am nächsten Tag wiederkam, sagte ich ihm, ich wisse, dass er in der Mall gewesen sei. Ich sagte ihm auch, dass er mir jetzt schleunigst einen Keks kaufen müsse. Fast immer in solchen Situationen arbeite ich mit Humor – vorausgesetzt, der Regelverstoß ist nicht allzu gravierend. Es war wichtig, ihn zur Rechenschaft zu ziehen, aber auch, ihm auf nette Weise die Möglichkeit zu geben, sich zu entschuldigen. Kinder sollten von sich aus etwas tun müssen, um das enttäuschte Vertrauen zurückzugewinnen. Das hilft ihnen, sich die Konsequenzen ihres Handelns bewusst zu machen. Aber ich bin nicht nachtragend. Mein Sinn für Humor hält mich davon ab, eine Beziehung zu kappen. Ja, ich rege mich auf, und ja, es gibt eine Strafe – Vertrauen heißt nicht, Kinder aus der Verantwortung zu entlassen –, aber diese Strafe dient nicht dazu, das Vertrauen aufzukündigen. Sondern es *weiter zu stärken*.

Ich sage immer: Fehlendes Vertrauen und ein Mangel an Respekt sind die Ursache für das Problem, und diese beiden Werte sind gleichzeitig die Lösung dafür. Schenken Sie Vertrauen, um

Vertrauen zu ernten. Statt sich aufzuregen und eine Beziehung zu beenden, wenn Vertrauen enttäuscht wurde, sollten Sie es wiederherstellen. Denken Sie nur an all die Ehen, die sich retten ließen, wenn die Menschen bloß miteinander reden würden! Schüler wünschen sich, dass ich ihnen vertraue – auch wenn sie's vergeigt haben. Mit meiner Handlungsweise habe ich dem vorhin genannten Schüler gezeigt, dass mir etwas an ihm lag, auch wenn ich von seinem jüngsten Verhalten enttäuscht war. Ich habe ihm eine Möglichkeit gegeben, die Sache wieder einzurenken, damit ich weiterhin an ihn glauben konnte. Und etwas Wunderbares ist geschehen: Er hat mich nie wieder enttäuscht.

Das gilt auch für ernsthaftere Regelverstöße. Ich musste einmal feststellen, dass einige meiner Schüler Bier in der Dunkelkammer versteckten, um es auf dem Schulgelände zu trinken. Sie verbrachten Stunden darin, während ich davon ausging, sie würden Fotos entwickeln. Doch eines Tages bekam ich ein Gespräch mit und begriff, was tatsächlich los war. Nachdem ich mir die Sache ein paar Tage angeschaut hatte, orderte ich sie alle in mein Büro. Wir hatten eine ziemlich heftige Diskussion. Ich spürte ihre Angst.

Ich habe sie nicht angeschrien, ihnen aber klipp und klar gesagt, wie enttäuscht ich von ihnen sei, wie sehr sie mein Vertrauen missbraucht und die ganze Schülerzeitung gefährdet hätten. Kommt es zu gravierenden Regelverstößen wie Alkohol- oder Drogenkonsum auf dem Schulgelände, zu Mobbing oder irgendeiner Form von sexueller Belästigung, liegt die Sache leider nicht mehr ausschließlich in meiner Hand. Dann muss ich das der Schulleitung melden. Das gilt für die meisten Schulen im Land. Ich meldete die Schüler also, und sie bekamen eine Woche lang Schulverbot (was auch in ihren Zeugnissen vermerkt wurde). In der nächsten Ausgabe der Schülerzeitung wurde keiner ihrer Artikel veröffentlicht.

Zum Glück hat es keiner von ihnen noch einmal getan. Sie

waren bestürzt und bereuten ihre Tat. Sie verstanden auch, warum ich sie gemeldet hatte, denn wir hatten im Vorfeld darüber gesprochen, und ich hatte ihnen meine Lage erklärt. Wie so oft bei Teenagern, hatten sie die Situation völlig falsch eingeschätzt. Ich habe ihnen verziehen, sie haben ihre Lektion gelernt, und wir konnten das Vertrauen wiederherstellen, das mir so wichtig ist.

Eine weitere unangenehme Wahrheit in Sachen Erziehung ist die, dass auch Kinder das Vertrauen in Sie verlieren können, selbst wenn Sie sich noch so bemühen. Das ist mir auch kurz passiert und gehört zu unseren berühmtesten Familienanekdoten: Das Problem war, dass wir irgendwann drei Töchter im Teenageralter hatten, die gleichzeitig Autofahren lernen wollten. Keine einfache Situation für eine Familie mit begrenzten finanziellen Möglichkeiten. Susan erbte unseren Volvo von 1963 mit manueller Gangschaltung, den wir während unseres Europaaufenthalts gekauft und nach Kalifornien verschifft hatten. Ich hielt Volvos für die sichersten Autos überhaupt und fand ihn für die Fahranfänger in unserer Familie einfach ideal: Wer in einen Unfall mit einem Volvo verwickelt wird, zieht eindeutig den Kürzeren. Diese Autos sind gebaut wie Panzer – alles besteht aus »Schwedenstahl« statt aus Plastik. Als wir Susan das Auto schenkten, hatte es mehr als 480.000 Kilometer auf dem Tacho, funktionierte aber immer noch tadellos. Bei ihrer Fahrprüfung war der Prüfer entsetzt. Susan bestand auf Anhieb – vermutlich, weil der Mann so schnell wie möglich wieder aus dem uralten Volvo herauskommen wollte.

Susan war also versorgt – doch was war mit Janet und Anne? Wir konnten uns nicht noch zwei Autos leisten. Doch dann entdeckte ich ein Schnäppchen: noch einen zuverlässigen Volvo, diesmal einen Viertürer in einem Braunton, dem man sofort ansieht, dass er aus den 1970er-Jahren stammt. Ich liebe Schnäppchen, und ich liebe Volvos. Deshalb kaufte ich ihn und dachte mir eine kreative Lösung aus, über die ich bis heute schmunzeln muss. Zunächst einmal gab ich Janet das Auto, die gerade angefangen hatte, in Stanford zu studieren. Sie wollte es bei sich behalten, doch ich war so schlau zu sagen, dass es Parkprobleme auf dem Campus gebe, das Parken teuer sei. Sie solle den Wagen doch lieber zu Hause stehen lassen. Sie willigte ein. Aber da das Auto häufig einfach nur rumstand, beschloss ich, es auch Anne zu überlassen, die noch zur Highschool ging. Beide Mädchen glaubten, es wäre ihr Auto. Eine kleine Notlüge.

Ich weiß, es klingt verrückt, aber es hat über ein Jahr funktioniert. Bis die beiden eines Tages herausfanden, dass jede das Auto »bekommen« hatte. Wie Sie sich denken können, waren sie nicht sehr begeistert von mir. Und das ist noch schwer untertrieben! Sie waren außer sich. Ich entschuldigte mich wortreich und versuchte, es ihnen zu erklären. Irgendwann hörten sie mir zu. Ich sagte, ich verstehe durchaus, dass sie sich an der Nase herumgeführt fühlten, erklärte ihnen aber auch, dass ich ihnen beiden das ersehnte Geschenk hatte machen wollen. Irgendwann verziehen sie mir, auch weil ich in den Kauf eines weiteren alten Autos einwilligte – aber vor allem, weil ich ihnen zugehört habe. Zuhören ändert alles. Außerdem konnten wir alle darüber lachen. Irgendwann. Noch heute kommen sie immer wieder mit dieser Geschichte an. Zumindest wissen sie meine Kreativität inzwischen zu schätzen. Auf diese Form von Kreativität werde ich immer wieder angesprochen: Sobald ich Anne etwas schenke, fragt sie jedes Mal, ob es wirklich für sie ist oder ob ich es auch Janet geschenkt habe!

Wenn unsere Kinder in die Arbeitswelt eintreten, ist ihre Fähigkeit, auf sich selbst, auf ihre Ideen und ihren Mitarbeitern zu vertrauen, ein riesiges Plus. Angstfreie Kinder haben die besten Erfolgsaussichten – vor allem, wenn sie Innovatoren sind. Ich kann mich noch gut an die Anfangszeiten von Google erinnern, als Larry Page und Sergey Brin, die beiden Gründer der

Firma, Erdgeschoss und Garage in Susans Haus als ihre ersten Büroräume anmieteten. Die beiden waren zwei junge Informatiker mit einer tollen Idee, und irgendwo mussten sie ja arbeiten. Susan dagegen konnte das Geld zur Abzahlung ihres Immobilienkredits brauchen. Es schien die perfekte Lösung zu sein, und Larry und Sergey hatten eindeutig etwas wahnsinnig Interessantes am Start. Doch Susan konnte nicht ahnen, dass sie rund um die Uhr über Dutzende Computer gebeugt in der Garage hocken würden. Unmengen von Kabeln führten durch den Flur, über die ich jedes Mal stolperte, wenn ich zu Besuch kam. Ein Computer balancierte sogar auf dem Badezimmerwaschbecken!

Es war aufregend, sie im Haus zu haben, aber es hatte auch Nachteile. Einer war, dass sie nachts regelmäßig Hunger bekamen (kein Wunder, wenn sie ständig durcharbeiteten!), und die nächsten Lebensmittel befanden sich in Susans Kühlschrank. In der Miete inbegriffen waren sie allerdings nicht. Doch wenn man um zwei Uhr früh verhungert, »leiht« man sie sich einfach aus und nimmt sich vor, sie am nächsten Tag zu ersetzen. Aber wenn Susan am nächsten Tag frühstücken wollte, waren ihre Lebensmittel verschwunden. Irgendwann überließ sie ihnen den Kühlschrank und kaufte sich einen neuen. Das löste das Problem – solange sie daran dachten, ihn gut zu bevorraten. Heute steht Google-Angestellten rund um die Uhr Essen zur Verfügung – bestimmt auch wegen der durcharbeitenden Jungs in Susans Haus.

Larry und Sergey waren schlau genug zu begreifen, dass sie sich auf ihr Produkt – Google – konzentrieren mussten und dass das mehr als ein Vollzeitjob war. Als sie damit anfingen, Leute einzustellen, waren sie unglaublich wählerisch, dann aber bereit, zu delegieren und ihren Mitarbeitern große Verantwortung zu übertragen. Genau so funktionieren Start-ups: Angestellte machen mehrere Jobs gleichzeitig, weil es einfach nicht genug Leute für jedes Aufgabengebiet gibt. Das ist aufregend, aber auch anstrengend. Larrys und Sergeys Geschäftsmodell sah vor, die klügsten und besten Leute einzustellen, die sie finden konnten, und dann darauf zu vertrauen, dass sie die ihnen zugeteilten Aufgaben bewältigen konnten. Natürlich lief das oft chaotisch ab, es wurden jede Menge Fehler gemacht und Fehlentscheidungen getroffen, und es erforderte, dass sie wirklich an ihre Leute glaubten. Sie schufen etwas Neues, erkundeten noch unerforschtes Gelände. Die Vorstellung, Erfolg könnte etwas mit Perfektion, Ordnung und Gewissheit zu tun haben, wiesen sie weit von sich, und diese Einstellung änderte alles.

Als Larry und Sergey einzogen, arbeitete Susan bei Intel. Sie nutzte ihre Chance, Google als sechzehnte Angestellte zu verstärken, hatte sofort große Verantwortungsbereiche, darunter den, Google zu vermarkten und mehrere wichtige Verbrauchertools wie Google Images und Google Books zu entwickeln. Larry und Sergey konzentrierten sich währenddessen auf die Suchmaschine, darauf, weltweit verfügbare Informationen auffindbar und für alle nutzbar zu machen. Ihr Ziel bestand nicht darin, Geld zu verdienen, sondern die beste Suchmaschine zu programmieren – keine leichte Aufgabe. Susan war daran gewöhnt, auf sich zu vertrauen und große Herausforderungen zu schultern. Sie liebte die bei Google herrschende Atmosphäre von Freiheit und gegenseitigem Vertrauen – trotz des ganzen Chaos. Diese Unternehmensphilosophie hat die bekannten Firmenrichtlinien von Google hervorgebracht, darunter auch die »20-Prozent-Regel«, die auf Vertrauen auf die und Respekt vor den Interessen der Angestellten beruhte: Angestellte durften sich 20 Prozent ihrer Arbeitszeit persönlichen Projekten widmen, vorausgesetzt, sie hatten in irgendeiner Form mit Googles Firmenzielen zu tun. Sie konnten sich irgendetwas aussuchen, das sie begeisterte. Gmail ist beispielsweise aus so einem 20-Prozent-Projekt entstanden, und ebenso viele andere innovative Programme und Konzepte. Die Anfangszeit von Google ist ein perfektes Beispiel für die Bedeutung von Vertrauen für Innovationen. Google gilt noch heute als einer der beliebtesten Arbeitgeber überhaupt. Und die Firma macht uns auch weiterhin vor, dass ein Arbeitsumfeld von gegenseitigem Vertrauen und Respekt geprägt sein kann.

Wünschen wir uns dieses Vertrauen nicht auch für unsere Kinder? Natürlich möchten wir unsere Kinder auf ein Umfeld vorbereiten, in dem man ihnen Vertrauen und Respekt entgegenbringt, in dem sie nicht ständig kontrolliert werden. Wenn wir das tun, wenn wir ihnen vertrauen, sich an vorderster Front behaupten zu können, werden sie diejenigen sein, für die sich Firmen wie Google interessieren und denen der nächste große Durchbruch gelingt.

1998 flog ich um die halbe Welt nach Johannesburg, Südafrika, um dort meine Tochter Janet zu besuchen. Damals galt Johannesburg als eine der gefährlichsten Städte der Welt außerhalb von Kriegsgebieten, und zwar wegen ihrer hohen Kriminalitätsrate. Janet war ein Jahr zuvor dorthin gegangen und unterrichtete Sozialanthropologie an der Witwatersrand-Universität. Die Kriminalitätsratenstatistik schien sie nicht weiter zu beunruhigen – mich aber dafür umso mehr, typisch Mutter eben! Welche Eltern wünschen sich schon, dass das eigene Kind freiwillig in eine gefährliche, extrem risikobehaftete Umgebung zieht? Ich mir jedenfalls nicht. Offen gestanden, ich war entsetzt. Bevor Janet Kalifornien verließ, versuchte ich logisch zu argumentieren. »Warum Johannesburg? Warum ausgerechnet jetzt? Könntest du nicht irgendwo anders hingehen, wo es sicherer ist?« Gleichzeitig wusste ich, dass ich sie nicht aufhalten würde. Wenn ich versuchte, mich gegen ihre Entscheidung zu stemmen, würde ich nur den Kürzeren ziehen.

An meinem zweiten Tag in Johannesburg wollte sie wissen, ob ich zu Hause bleiben oder mit ihr zur Arbeit kommen wolle. Da ich so schnell kein Abenteuer ausschlage, willigte ich ein, sie zur Klinik in Soweto (South Western Township) zu begleiten – einem Teil von Johannesburg mit 1,8 Millionen Einwohnern, der während der Apartheid entstand, um die afrikanische Bevölkerung abgeschirmt von den Weißen unterzubringen. Erwartungsgemäß erzählte mir Janet nicht viel von Soweto, ein Viertel, in dem einst sowohl Nelson Mandela als auch Desmond Tutu zu Hause gewesen waren.

Mit Janets rotem VW fuhren wir durch die Straßen von Johannesburg, auf den Highway und dann nach Soweto. Soweto ist ein sehr heterogener Stadtteil, bestehend aus Mittelklassevierteln mit größeren Häusern, aber auch aus improvisierten Siedlungen aus verrosteten Wellblechhütten ohne fließend Wasser und Strom. Janet erklärte mir, dass die Menschen, um die sie sich kümmere, Sexarbeiterinnen und HIV-infizierte Frauen seien. In manchen Teilen Sowetos herrschte extreme Armut, und manche Frauen waren aufgrund von fehlenden Arbeitsmöglichkeiten gezwungen, sich zu prostituieren. Auch das hatte zur nach wie vor wütenden HIV-Epidemie beigetragen. Janet war geholt worden, um die Epidemie zu erforschen und etwas dagegen zu tun. Das klang natürlich lobenswert, aber eben auch gefährlich. Immer wieder dachte ich: *Worauf hat Janet sich da nur eingelassen?*

Janet begeisterte sich seit jeher für afrikanische Kultur. In Stanford hatte sie ein Auslandssemester in Kenia verbracht und außerdem einen Master in Afrikanistik an der UCLA gemacht, bevor sie als Dozentin an die University of Witwatersrand in Johannesburg gegangen war. Sie hatte ihre Berufung gefunden, eine Möglichkeit, ihre besonderen Fähigkeiten und Neigungen und Leidenschaften einzubringen. Sosehr ich mich auch um sie sorgte, so wenig wollte ich ihr im Weg stehen.

Wir parkten vor der Klinik. Kurz zögerte ich. Doch Janet bedeutete mir auszusteigen und ging auf die Tür zu. Sie sah so selbstbewusst aus, wirkte so kompetent an einem Ort, der so anders war als der, wo sie aufgewachsen war. Sie war ganz in ihrem Element. Ich verstand das immer noch nicht ganz, wollte sie aber unterstützen und mehr erfahren.

In der Klinik gab es ein großes Wartezimmer voller Frauen – manche von ihnen in traditioneller afrikanischer Kleidung, in bunt gemusterten Röcken und Turbanen –, die auf Stühlen und am Boden saßen. Dutzende von Kindern waren ebenfalls anwesend. In der Mitte stand ein großer Tisch aus einer Türplatte und Ziegelsteinen. Janet begrüßte die Frauen auf Englisch und Zulu und stellte mich, den Gast, als ihre Mutter vor. Die Frauen sprangen auf und begannen aufgeregt durcheinanderzureden. Viele von ihnen umarmten mich. Sie waren absolut reizend und wahnsinnig herzlich. Später erfuhren wir, dass das Vorstellen der eigenen Mutter in ihrer Kultur die größte Ehre überhaupt ist. Und das musste gefeiert werden! Viele der Frauen eilten zurück nach Hause und bereiteten aus den wenigen Nahrungsmitteln, die sie besaßen, etwas zu essen zu. Bald bog sich der Tisch im Klinikwartezimmer unter traditionellen südafrikanischen Speisen – Gemüseeintöpfe, gegrillter Kürbis, Bohnen und Kurkumareis. Das Essen war köstlich, und ich war vollkommen überwältigt davon, wie sehr diese Frauen meine Tochter und mich feierten. Eine Erfahrung, die mir mehr in Erinnerung geblieben ist als jeder Muttertag. Und während wir in der Klinik unser Essen genossen, wuschen die Männer draußen Janets Auto. Auch das, um mich, ihre Mutter, zu ehren!

Als ich wieder abreiste, hatte ich enormen Respekt vor den Menschen von Soweto, gleichzeitig war ich unheimlich stolz auf meine Tochter. Ich hatte ihr beigebracht, angstfrei zu sein, ein Ziel im Leben zu haben. Und hier war sie nun und leistete ihren Beitrag, um die Welt jeden Tag etwas schöner zu machen.

Ich will damit nicht behaupten, dass Janets Arbeit mich nicht nervös gemacht hat. Das tut sie nach wie vor. Aber wer bin ich, um ihr zu sagen, was sie zu tun und zu lassen hat? Meine Sorgen haben etwas mit meinen Ängsten zu tun und nicht mit ihren. Außerdem habe ich mit der Zeit gelernt, dass ich meine Ängste nicht auf meine Töchter projizieren darf, auch wenn sie mich immer wieder auf eine harte Probe stellen. Als Susan nach dem College nach Indien ging, wurde sie dort schwer krank und hatte das Glück, ein starkes Antibiotikum dabeizuhaben. Zum Glück hat es geholfen. Erzählt hat sie mir davon erst, als sie wieder zu Hause war. Aber allein das zu hören bescherte mir Albträume. Es gibt Menschen, die sterben an dieser Magen-Darm-Grippe, die sie hatte. Später wurde Janet in Kenia von einem tollwütigen Hund gebissen (auf ihrer ersten Afrikareise!). Auch davon erzählte sie mir nichts. Das wäre auch gar nicht gegangen, weil sie in einer abgelegenen Region unterwegs war und es keine Handys gab. Ich erfuhr erst später, dass sie die ganze Tollwutbehandlung allein durchgezogen hatte, und ich war beeindruckt, dass sie gewusst hatte, wie sie sich schützen muss. Meine Tochter Anne dagegen erzählte mir eines Tages, sie werde von Istanbul aus an einer Russlandrundreise mit der Transsibirischen Eisenbahn teilnehmen. Später erfuhr ich, dass die Reisegruppe aus einer einzigen Person bestanden hatte, sie also ganz allein unterwegs gewesen war. Irgendwann hatte ich schon seit Monaten nichts mehr von ihr gehört und war ganz verzweifelt. Ich wusste, dass sie Krasnojarsk, die Heimatstadt meiner Mutter in Sibirien, besuchen wollte und beschlossen hatte, dort nach ihr zu fahnden. Ich hatte schon seit Jahren kein Russisch mehr gesprochen, aber man staunt, was man alles kann, wenn man glaubt, das eigene Kind wäre in Gefahr. Ich telefonierte sämtliche Hotels in Krasnojarsk ab – und machte sie tatsächlich ausfindig.

Als sie ans Telefon ging, war sie entsetzt und sagte: »Mom! Wie hast du mich bloß gefunden?« »Es war nicht leicht«, sagte ich. »Aber ich hab' einfach nicht aufgegeben.« Sie war nicht sehr erfreut, von mir zu hören, und natürlich ging es ihr gut. Die Reisen meiner Töchter stellten mein Vertrauen wirklich auf eine harte Probe, wenn es darum ging, ihnen zuzutrauen, ihre Träume zu leben. Doch es ist alles gut gegangen, auch wenn es nicht gerade leicht für mich war. Wenn sie ihr Leben anders gestalteten, als ich mir das für sie ausgemalt hatte, konnte ich es ihnen schlecht verbieten. Ich gab es auf, sie kontrollieren zu wollen. Wir sind schließlich nicht irgendwie aneinandergefesselt. Ich konnte sie nur bei ihren Plänen unterstützen. Natürlich war ich die meiste Zeit über sehr nervös. Aber ich habe immer an sie geglaubt, und wir haben es alle überstanden.

Als Eltern müssen wir uns zusammenreißen und darauf vertrauen, dass wir unseren Kindern beigebracht haben, vernünftige Entscheidungen zu fällen. Wir müssen auf das Gute im jeweils anderen vertrauen, auf das Gute in der Welt. Und manchmal können unsere Kinder unsere größten Lehrer sein.

RESPEKT

3

Ihr Kind ist nicht Ihr Klon

LASSEN SIE DAS KIND EIGENE WEGE GEHEN

Mein erster Enkel Jacob weigerte sich zu laufen. Als er 18 Monate alt war, sah die ganze Familie erwartungsvoll zu, wie er auf dem Hintern durchs Wohnzimmer rutschte. Wir warteten und warteten, dass er sich aufrichtete und seinen ersten Schritt machte. Es war niedlich, beunruhigte uns aber. Susan, seine Mutter, war wirklich besorgt und ich ebenfalls. Aber der Arzt versicherte uns, mit Jacobs Beinen sei alles in Ordnung. Er war also ein gesundes, ganz normales Kleinkind – nur dass er eben noch nicht lief. Er wirkte zufrieden, krabbelte über den Teppich, um nach seinem Spielzeuglaster oder einem verirrten Legostein zu greifen, ganz so, als wollte er das Laufen einfach ausfallen lassen. Er begriff einfach nicht, was das Ganze sollte.

Jacobs größte Leidenschaft war damals Basketball. Ich besuchte ihn mehrmals die Woche, und am liebsten mochte er es, wenn ich ihn hochhielt, damit er in den Parks der Umgebung oder in irgendeiner fremden Auffahrt seinen Ball in den Korb werfen konnte, den er von seinem Kinderwagen aus entdeckte. Ich half Jacob, unzählige Körbe zu werfen, und seine Eltern ebenfalls. Er quietschte entzückt, sobald der Ball den Rand entlangkullerte und dann in den Korb fiel. Für ihn war das einfach das Größte. Eines Tages nahm ich ihn mit nach Gymboree, in ein Sportzentrum für Kinder, damit er dort herumkrabbeln und spielen, von jeder Menge Bällen umgeben sein konnte.

Kaum waren wir dort, entdeckte Jacob mehrere Kinder, die Basketball spielten. Er strahlte und nahm jede ihrer Bewegungen in sich auf, während sie den Ball hin und her dribbelten. Ein Kind schaffte drei Korbwürfe hintereinander. Nachdem es kurz bejubelt worden war, war das Spiel vorbei. Der Basketball lag in der Spielfeldmitte. Und ich schwöre Ihnen: Jacob stand auf und *rannte* zum Ball. Er lief nicht, er rannte! Ich sah, wie er sich vorbeugte und den Ball triumphierend an die Brust zog. Er hatte also die ganze Zeit über gewusst, wie man läuft und steht. Er hatte bloß keinen Grund gehabt, es zu tun.

Als wir wieder bei Susan waren, sagte ich, »Stell dir vor, Jacob kann laufen.«

»Wie bitte?«, meinte sie, drehte den Wasserhahn zu und sah mich an, als wäre ich vollkommen durchgeknallt.

»Er kann laufen und rennen«, berichtete ich.

Nun, es war nicht gerade eine wundersame Verwandlung: Kaum war er wieder zu Hause, schob er erneut den Hintern über den Teppich. Es dauerte noch ein paar Tage, bis er begriff, dass es Möglichkeiten gibt, schneller zu Basketballkörben zu gelangen. Welche, bei denen man den Ball gleichzeitig halten kann – eine sehr wichtige Fähigkeit. Kaum hatte er die Vorteile des Laufens erst einmal verstanden, war er ihm hoffnungslos verfallen ... und der Rest der Familie konnte sich endlich entspannen.

Ich werde das noch öfter sagen: Eltern sollten sich entspannen. Auch Ihr Kind wird laufen lernen, sprechen lernen, lernen, aufs Klo zu gehen. Es braucht einfach nur so lange, wie es eben braucht. Niemand fragt mehr, wie alt Sie waren, als Sie nicht mehr in die Windeln gemacht haben. Oder ab wann Sie keinen Schnuller mehr gebraucht haben. Das ist kein Thema auf Cocktailpartys. Mein Enkel hatte sein eigenes Tempo ... und er hat sich als hochintelligent erwiesen.

Respekt ist eine komplizierte Angelegenheit. Zunächst einmal verdient Ihr Kind Respekt als eigenständige Persönlichkeit. Beim Respektieren der Entwicklung eines Kindes geht es nicht nur ums Laufen- und Sprechenlernen. Man braucht Geduld – und manchmal sehr viel davon. Entwicklung – das heißt, sich zu dem Menschen zu entwickeln, der in uns angelegt ist. Und dieser Prozess erfordert eine weiter reichende Form von Respekt, nämlich die, das Kind so lassen zu können, wie es ist. Zuzulassen, dass es sein Leben dementsprechend gestaltet. Kinder sollten eigene Wege gehen dürfen. Und das bedeutet, dass Sie ihm *folgen*, statt vorauszugehen. Kinder wissen, wer sie sind. Ihre Aufgabe besteht darin, sie zu achten und zu respektieren.

Es lohnt sich, schon früh damit anzufangen, Kinder eigene Wege gehen zu lassen, und zwar wenn sie noch ganz klein sind. Das ist auch ein wichtiges Training für die Eltern. Es lehrt sie, mit, sagen wir mal, ganz *anderen* Herausforderungen klarzukommen, wenn die Kinder einmal älter sind. Herauszufinden, wer man ist, kann ein ziemlich chaotischer, umständlicher Prozess sein. Wenn Kinder eigene Wege gehen, gehen sie alle möglichen Umwege. Nur wenige wissen auf Anhieb, wofür sie brennen. Offen gestanden, machen die meisten Kinder eine Phase durch, in der sie keine Ahnung haben, was sie da eigentlich tun. Aber ich kann Ihnen versprechen, dass sie sie irgendwann auch wieder hinter sich lassen.

Anne war die Tochter, die mir beigebracht hat, wie wichtig Geduld für die Erziehung ist. Sie hat in Yale einen Abschluss in Biologie gemacht, kam dann zurück nach Palo Alto und beschloss, hauptberuflich als Babysitterin zu arbeiten. Ja genau, Sie haben richtig gelesen, als Babysitterin. »Wirklich?«, fragte ich. »Nachdem du dich auf dem College so angestrengt hast? Was ist mit Biologie?« Als Nächstes hängte sie einen handgeschriebenen Zettel ans Schwarze Brett unseres Schwimm- und Tennisclubs, woraufhin sie bald für zwei Familien arbeitete, die sie unheimlich gern mochte. Ein Monat verging, dann zwei. Ich versuchte, ihr Zeit zu lassen, herauszufinden, was sie wirklich machen will. Collegeabsolventen müssen erst mal Stress abbauen, sich wieder sammeln. Ich gehörte nicht zu den Eltern, die ihre Kinder schon im Abschlussjahr zu Vorstellungsgesprächen gezwungen hatten. Annes Studium war *ihre* Erfahrung. Trotzdem gelangte ich zu dem Schluss, dass sie jetzt vielleicht doch ein wenig Rat gebrauchen konnte.

Eines Morgens sagte ich: »Anne, in Santa Clara gibt es eine Stellenbörse. Solltest du da nicht hinfahren?« Ich dachte, sie könnte sich dort ja einmal ansehen, was so alles angeboten wird. Nun ja, sie ging tatsächlich hin, aber bloß mir zuliebe. Als sie wiederkam, meinte sie, das Ganze sei langweilig gewesen.

»Du hast niemand Interessantes kennengelernt?«, fragte ich. Wie sich herausstellte, hatte sie sehr wohl jemand Interessantes kennengelernt, nämlich einen Investor, der sie zum Vorstellungsgespräch nach New York eingeladen hatte. Was Anne jedoch hauptsächlich begeisterte, war weniger die Aussicht auf den ersten richtigen Job nach dem Studium, sondern die auf einen Gratisflug nach New York. Natürlich wollte ich, dass sie hinflog. Die Firma brachte sie im Helmsley Hotel an der 42nd Street unter, und am ersten Abend rief sie mich aus etwas an, das klang wie ein furchtbarer Platzregen. »Die Dusche hat Telefon«, sagte sie und fuhr damit fort, mir den Hotelkomfort zu beschreiben.

Ihr Vorstellungsgespräch lief gut, und nach einer Woche bot ihr die Firma einen Job bei ihrem Biotech-Investmentfonds an. Stan und ich waren begeistert. Was für eine tolle Chance für Anne! Es klang wie der perfekte Beginn einer spannenden Karriere. Kurz dachte ich, meine Arbeit wäre damit beendet.

»Ich weiß nicht recht«, sagte Anne immer wieder. »Ich mag die Familien, für die ich babysitte.« Damals stand ich kurz vor einem Herzinfarkt und dachte im Stillen: *Ich werde nicht zulassen, dass dieses hochintelligente Mädchen die nächsten dreißig Jahre als Baby-*

sitterin arbeitet. Trotzdem zwang ich mich, den Mund zu halten. Ich wusste, dass ich Geduld haben, ihre Entscheidung respektieren musste, auch wenn ich sie nicht teilte.

Anne dachte mehrere Tage über ihre Entscheidung nach und lehnte das Jobangebot anschließend ab.

Gut, an diesem Punkt wollte ich eine Erklärung von ihr. Sie wiederholte, dass sie die Kinder liebe, die sie babysittete, doch ich wies immer wieder darauf hin, dass man ihr gerade einen Traumjob angeboten hatte. Ich wünschte, *ich* hätte diesen Job machen können! Aber es war nicht das, was sie wollte. Deshalb musste ich mich dringend entspannen. Und das tat ich auch. Ich kaufte ihr ein T-Shirt mit dem Aufdruck BEST BABYSITTER, was ja auch stimmte. Zumindest tat sie etwas Sinnvolles.

Nach einiger Zeit – vermutlich auch nachdem sie sich so einiges von ihren Freunden, von Stan und mir angehört hatte –, begann Anne sich zu fragen, ob sie die falsche Entscheidung getroffen hatte. »Es könnte Spaß machen, in New York zu leben«, sagte ich. »Es klingt nach einem guten Job.«

Zwei Wochen später rief sie noch einmal dort an.

»Wir haben auf Sie gewartet«, hieß es da – doch sie musste noch ein letztes Vorstellungsgespräch absolvieren, diesmal in Palo Alto. Als typisch kalifornisches Mädchen trug Anne Shorts und Flip-Flops. Man muss sich das mal vorstellen, in Shorts und Flip-Flops zum Vorstellungsgespräch gehen, ohne zu wissen, wem man da gegenübersitzen wird! Das war noch vor Google, und sie hatte sich im Vorfeld nicht informiert. Aber wir mussten sie ihre eigenen Entscheidungen treffen (und Fehler machen) lassen. Wie sollte sie sonst dazulernen?

Derjenige, mit dem sie das Gespräch hatte, war kein Geringerer als Marcus Wallenberg, der berühmte schwedische Investor. Wie sich herausstellte, lief es hervorragend, trotz Annes legerer Garderobe, und so kam es, dass sie begann, für den AB Biotech Fonds und die Familie Wallenberg zu arbeiten – eine Erfahrung, die sie liebte und die für sie zu einer Wall-Street-Karriere führte.

Bei Anne hat sich am Ende alles gut gefügt, aber manche Kinder müssen ein wenig mehr an die Hand genommen werden. Heutzutage haben viele College-Absolventen keine Ahnung, was sie nach dem Studium machen sollen, deshalb kehren sie nach Hause zurück und hocken dort herum. Keine gute Idee. Woher soll man wissen, ob sie ihren Weg selbst noch finden oder ob man sich einmischen muss? Meine Herangehensweise ist folgende: Die Kinder müssen irgendetwas tun, egal, was. Nichtstun ist ein Problem. Und mit »irgendetwas« meine ich nicht Videospiele spielen – außer Ihr Kind hat ernsthaft vor, Spieleprogrammierer zu werden. Wir möchten, dass unsere Kinder etwas zu unserer Gesellschaft beitragen. Sie sollten sich ihren Lebensunterhalt verdienen oder ein Praktikum machen. Kostenloses Wohnen sollte zeitlich beschränkt sein. Natürlich darf man ihnen Zeit geben, sich zu sammeln, aber nach einem halben Jahr oder so sollten sie zum Haushaltseinkommen beitragen, und sei es zu Insider-Preisen. Auch das ist eine Form von Respekt: dass man das Kind dazu anhält, bestimmte Standards zu erfüllen. Respektvolle Erziehung fördert *und* fordert.

Als ich noch in Berkeley studierte, bestand mein wenig glamouröser Job darin, fremde Häuser zu putzen. Das war gut bezahlte Arbeit, und meine Kunden bekamen einen guten Service. Darüber hinaus war da noch der sehr wohl glamouröse Job als Laufstegmodel für Roos Atkins (ein gehobenes Kaufhaus in San Francisco) und als Katalogmodel. Damit verdiente ich gutes Geld. Ich arbeitete außerdem als Spielplatzaufsicht an öffentlichen Schulen in Berkeley. Und irgendwie hat jeder dieser Jobs zu der Welt beigetragen, in der wir heute leben. Ich habe nicht untätig herumgesessen und auf Almosen gewartet, ich war ein verantwortungsbewusstes Mitglied der Gesellschaft und habe gelernt, erwachsen zu werden.

Susan hatte einen Sommerferienjob bei den Stadtwerken von Palo Alto, wo sie die Ablage machte und das Telefon bediente. Sie stand in engem Austausch mit sämtlichen Müllwagenfahrern Palo Altos. Es fiel in ihren Aufgabenbereich, sicherzustellen, dass diese eine bestimmte Route fuhren und die Fahrzeuge nach ihrem Einsatz gewaschen wurden. Kein sehr prestigeträchtiger Job, aber ein nützlicher und wichtiger. Außerdem hatte er seine Vorteile. Ich weiß noch, wie sie mich einmal ganz aufgeregt anrief, um mir zu sagen, dass die Müllmänner eine wirklich schöne rote Couch abgeholt hätten, ob ich die nicht für die Schule brauchen könne? Natürlich konnte ich. Sie wurde sofort angeliefert und zum Lieblingsplatz in unserem Media Arts Center. Diese rote Couch hat vielen Schülern beim Schreiben vieler Artikel geholfen.

Neben dem Jobben lernen Jugendliche am meisten, wenn sie etwas von der Welt sehen. Das bringt sie auf tolle Ideen. Sie können mit Freunden unterwegs sein, sich ehrenamtlich im Ausland engagieren, ein paar Monate damit verbringen, eine Fremdsprache zu lernen, oder für eine Stiftung arbeiten, deren Ziele sie teilen. Ich bin Beraterin von Roadtrip Nation, eine Organisation, die es Jugendlichen ermöglicht, quer durch die Vereinigten Staaten zu reisen und Menschen aus allen Lebensbereichen kennenzulernen. Ich sitze auch im Beirat von Global Citizen Year, ein Programm, das Jugendliche zwischen Schule und Uni dazu ermutigt, ihren Interessen zu folgen. »Entscheidet euch für irgendetwas – Hauptsache, ihr macht was!«, sage ich meinen Schülern immer. Denselben Rat gebe ich auch Eltern: Bleiben Sie aufgeschlossen, lassen Sie Ihr Kind eigene Wege gehen.

Der 16-jährige Greg war ein Genie in Grafikdesign. Das erste Mal sah ich seine Illustrationen in den 1990er-Jahren, als er an meinem Journalismus-Kurs teilnahm, und ich merkte gleich, dass er eine besondere Begabung hatte. Er zeichnete die schönsten Landschaften sowie komplexe Architekturentwürfe, und er liebte es, die Schülerzeitung zu layouten. Damals geschah das noch auf dem Papier, aber ich ahnte, dass Computerdesign eine große Zukunft bevorstand, deshalb schlug ich Greg vor, einen Computer zum Zeichnen zu benutzen. Warum seine Kunst nicht durch technisches Know-how ergänzen? Er war begeistert von dieser Idee und griff sie sofort auf.

Das Problem war nur, dass Gregs Vater Arzt war und seine Mutter in der medizinischen Forschung. Das Letzte, was sie wollten, war einen Sohn, der irgendwas Kreatives macht, und schon gar nicht Grafikdesign. Er sollte Arzt, Anwalt oder noch besser Wissenschaftler werden. Seine Eltern verlangten, dass er an jeder Menge Univorbereitungskursen teilnahm. Er verbrachte also den Großteil seiner Zeit mit Lernen und musste sich die kostbaren Momente für die Kunst, die er so sehr liebte, hart erkämpfen. Greg war gut in der Schule, weil er sehr schlau war, aber es ging ihm schlecht. Jeder konnte das sehen. Während des Abschlussjahrgangs hatte er richtige Depressionen.

Eines Tages, irgendwann im Herbsthalbjahr, rief mich seine Mutter an, um über seine Noten zu sprechen. Ich lud beide Eltern zum Gespräch ein. Ich machte mir Sorgen um Greg und wollte helfen. Die Eltern sagten, dass ihnen Naturwissenschaften sehr wichtig seien, und ich respektierte ihren Erfolg auf diesem Gebiet. Ich verstand, warum sie sich wünschten, dass ihr Sohn in ihre Fußstapfen trat. Was Eltern für Visionen für das Leben ihres Kindes haben, spielt eine wichtige Rolle. Sie geben viel für ihre Kinder auf. Auch ich habe ein Jahrzehnt meine Karriere hintangestellt, um meine Töchter großzuziehen, während Stan Tag und Nacht gearbeitet hat, um unseren Lebensunterhalt zu verdienen (natürlich auch, weil er sich so für Physik begeisterte). Unsere Meinungen und Vorstellungen spielen eine Rolle. Aber manchmal hat ein Kind andere Träume und möchte einen anderen Weg gehen.

Gregs Eltern und ich dachten uns verschiedene Strategien aus, wie der Journalismus ihn dazu inspirieren könnte, sich mit Naturwissenschaften zu beschäftigen. »Wie wäre es, wenn er ein paar Artikel über die Forschung an der Stanford University schreibt?«, schlug seine Mutter vor. Sie waren fest entschlossen, sein Interesse für Naturwissenschaften »zu wecken«. »Mal gucken, was ich tun kann«, sagte ich, obwohl ich wusste, dass Greg bereits andere Interessen hatte. Welche, die seine Eltern einfach nicht wahrhaben wollten.

Ich schlug vor, dass Greg ein paar Artikel zu Wissenschaftsthemen schrieb, was er ohne große Begeisterung tat. Währenddessen zeichnete er weiter ... ununterbrochen. Er besaß unzählige Skizzenbücher. Das Zeichnen war ihm in die Wiege gelegt, es war Teil seiner DNA. Ich musste wieder an meinen Vater denken, daran, was für ein toller Künstler er war, doch auch daran, wie arm wir waren. Gregs Eltern hatten recht, sich Sorgen zu machen, was nur aus ihm werden würde, wenn er den kreativen Weg einschlug. Aber ihr Kind wollte einfach kein Naturwissenschaftler werden.

Ich habe das in den sechsunddreißig Jahren, die ich jetzt als Lehrerin arbeite, schon so oft erlebt. Eltern neigen dazu, ihren Kindern Ziele zu setzen, die ihre eigenen Interessen und Erfahrungen widerspiegeln – ganz einfach, weil sie unbedingt wollen, dass ihre Kinder Erfolg haben. Das kann ich gut verstehen, und es ist auch gut gemeint. Eltern neigen auch dazu, ihre Ängste und Sorgen auf die Kinder zu projizieren, vor allem, wenn es um ungewöhnlichere Berufs- und Lebensentscheidungen geht. Besser, sie machen was Sicheres, statt Neuland zu betreten, so ihr Gedanke. Ich habe Eltern von Grundschülern erlebt, die Freizeitaktivitäten für sie planen, die sie sich selber wünschen, aber nicht das Kind. Das Kind möchte nach Hause kommen, mit Freunden zusammen sein und draußen spielen. Mit anderen Worten, Kind sein. Später, als Highschool-Eltern, werden sie nervös, weil ihre Kinder »so distanziert« sind. Nun, sie sind distanziert, weil sie es satthaben, ständig gesagt zu bekommen, was sie tun sollen. Sie wollen ihren eigenen Interessen nachgehen, ihr eigenes Leben leben. Stattdessen fühlen sie sich nicht respektiert und unverstanden.

Keines dieser Argumente verfing sich bei Gregs Eltern. Die Mutter begann, mich wöchentlich anzurufen, um »nachzuhaken«. Immer wieder sagte sie: »Sehen Sie zu, dass Sie seine Haltung ändern.« Dann beschlossen seine Eltern, dass er einen Therapeuten brauchte. Greg ging zwar zu den Sitzungen, doch ansonsten änderte sich nichts. Auf seine höfliche Art und Weise rebellierte er weiterhin. Er machte seine Hausaufgaben in den Naturwissenschaften, ging aber ganz in Grafikdesign auf. Er weigerte sich, mit seinen Eltern zu streiten, weigerte sich jedoch auch, das zu tun, was sie von ihm wollten. Sein ganzes Leben kreiste ausschließlich darum, kein Arzt werden zu müssen.

Meine Strategie besteht darin, die Schüler zu unterstützen, mich aber auch um die Bedürfnisse der Eltern zu kümmern. Leicht ist das nicht. »Ich weiß, dass wir mit deinen Eltern reden müssen«, sagte ich zu Greg. »Mach dir keine Sorgen, ich werde dir helfen.« Und das tat ich auch. Ich sagte ihm, dass er sich in meinem Kurs nur auf das konzentrieren müsse, was er einmal machen wolle. In all den Jahren als Lehrerin habe ich gelernt, dass es meist die Eltern sind, die ausflippen, wenn sie nicht bekommen, was sie wollen – und nicht die Kinder.

Mein Kurs wurde zu Gregs absoluter Leidenschaft, zum Ausgleich für seine langweiligen Universitäts-Vorbereitungskurse.

Er verbrachte Stunden damit, Entwürfe für die Schülerzeitung zu machen, entwickelte ein sensationelles Logo für die Rückseite unserer T-Shirts und half dabei, die Seiten so umzugestalten, dass sie professionell aussahen.

Er beschäftigte sich viel mit Zeitschriften, um sich davon inspirieren zu lassen. Ich habe ungefähr zwanzig Zeitschriften abonniert, und wenn ich sie gelesen habe, landen sie alle in meinem Klassenzimmer – sogar heute noch.

Etwa zwanzig Jahre später ist Greg ein bekannter Grafiker und Webdesigner mit einer erfolgreichen Firma in Los Angeles. Er hat auf dem College ein paar Medizinfächer belegt, um seine Eltern zufriedenzustellen, dann aber seinen Traum weiterverfolgt.

Eine weitere Schülerin, Lisa, hatte weniger Glück. Sie war ein wunderschönes Mädchen, kommunikativ und sozial, eine Schülervertreterin und geborene Führungskraft in meinem Journalismus-Kurs. Ihr Traum war es, Lehrerin zu werden, aber ihre Eltern wollten etwas Prestigeträchtigeres für sie: Medizin. Und weil sie ihre Eltern als brave Tochter nicht enttäuschen wollte, tat sie, was diese von ihr verlangten. Sie belegte Medizin auf einem Elite-College und besuchte dann eine angesehene Medizinhochschule. Sie machte das toll, schaffte ihren Abschluss und heiratete – und zwar genau in dieser Reihenfolge. Alle gingen davon aus, dass sie Kinderärztin werden würde, weil sie Kinder liebte. Doch sie beschloss, ihre Berufsausübung hinauszuschieben. Das hat sie nun seit zwanzig Jahren getan. Sie hat nie als Ärztin gearbeitet. Sie hat beschlossen, dass sie diesen Beruf nicht ausüben möchte – komme, was wolle.

Lisa ist jetzt Anfang fünfzig. Sie hat anderen einen wertvollen Medizinstudienplatz weggenommen, jahrelang etwas studiert, was sie nie studieren wollte – und das alles nur, um ihren Eltern zu gefallen. Letztlich wollte sie Hausfrau und Mutter sein, und genau das ist sie heute. Sie ist glücklich – endlich!

Die Lektion, die wir daraus lernen sollten, ist folgende: Kinder werden auf Sie hören – sie sehnen sich nach Ihrer Liebe und Anerkennung. Aber wenn sie glücklich werden sollen, müssen sie vor allem auf sich selbst hören.

Eine andere Schülerin von mir hatte ständige Auseinandersetzungen mit ihrem Vater, der wollte, dass sie in der Schule ein Kopftuch trug. Die Familie war aus Kairo nach Palo Alto gezogen, und obwohl sie sich in den USA ein neues Leben aufbauen wollte, wollte der Vater unbedingt, dass seine Tochter den religiösen Normen seiner Heimat entsprach. Die meisten Einwanderer wollen, dass ihre Kinder die Kultur des Herkunftslandes beibehalten, und das aus verständlichen Gründen. Traditionen sind wichtig, sie trösten uns und definieren, wer wir sind. Gleichzeitig wünschen sich diese Eltern, dass ihre Kinder »Amerikaner« werden. Für ein Kind ist das alles ziemlich verwirrend.

Auch die Eltern sind verwirrt. Sie geben vieles auf, um ihrem Kind ein besseres Leben zu schenken. Doch oft tun sie sich schwer damit, die Kultur der neuen Welt zu respektieren. Ich weiß noch, wie sehr meine Großeltern damit zu kämpfen hatten, mich als Amerikanerin aufwachsen zu sehen. Sie lebten gleich nebenan in Sunland-Tujunga und erwarteten, dass ich mich benahm wie eine junge religiöse Jüdin aus Czernowitz in der Ukraine. Als ich ein Teenager war, gab es ständig Spannungen wegen dem, was ich tat und sagte. Ich verhielt mich eindeutig nicht wie jemand, der in der Ukraine aufwächst. Vor allem zwei Dinge schockierten sie: erstens meine Größe. Ich bin 1,78 und komme aus einer Familie, in der die Frauen ungefähr 1,57 und die Männer 1,70 sind. Jeden Sonntag fragte jemand aus der Familie: »Ist Esther diese Woche noch ein Stück gewachsen?« Als Teenager mit angeschlagenem Selbstbewusstsein fand ich das ziemlich schrecklich. Immer hatte ich Angst, man hätte mich im Krankenhaus vertauscht ... bis mein Bruder Lee 1,88 wurde. Mein Wunsch, Journalistin zu werden, war ebenso schockierend. Mädchen wurden keine Journalisten. »Das ist eine Karriere für intelligente Männer«, hieß es, und damals hätte die Welt des Journalismus meinen Verwandten noch beigepflichtet. In so vielen Kulturen wird erwartet, dass Kinder eine Art Klon der Eltern und Großeltern sind, dieselben Werte haben und dieselben Entscheidungen treffen – ja sogar dieselben körperlichen Merkmale besitzen. Ist das dann anders, zerbrechen Beziehungen.

Meine Schülerin aus Kairo kam lange nicht zu mir, aber als ich sie weinend im Computerraum vorfand, schlug ich ihr vor, offen mit ihrem Vater über ihre Probleme zu sprechen. Das versuchte sie auch. Ein paar Wochen klappte es ganz gut, doch dann befahl ihr Vater ihr erneut, Kopftuch zu tragen. Sie stritten und stritten. Wenn sie sich nicht an seine Spielregeln halte, so der Vater, werde er sie vor die Tür setzen.

Sie war so verzweifelt, dass sie sich bei Obdachlosenunterkünften erkundigte und Freunde fragte, ob sie bei ihnen einziehen dürfe. Können Sie sich eine 16-Jährige vorstellen, die freiwillig in eine Obdachlosenunterkunft zieht? Schließlich kam sie bei einer Freundin unter. Kaum war sie von zu Hause weg, verbesserte sich die Situation ein wenig. Sie hatte ein riesiges Glück, eine Freundin zu haben, die sie aufnahm. Das Problem war nur, dass sie ihre Familie vermisste, und die vermisste sie auch. Sie war noch ein Teenager. Sie brauchte sie. Nach einigen Monaten sagte ihr Vater, sie könne zurückkehren, doch nur wenn sie Kopftuch trage. Und da willigte sie ein. Was für eine Qual für alle Beteiligten! Diese Schülerin wurde gezwungen, sich zwischen dem, was sie für richtig hielt, und ihrer Familie zu entscheiden. Und ihr Vater, der bloß ihr Bestes wollte, begriff nicht, dass man sich, wenn man in ein fremdes Land zieht, auch an dessen Kultur anpassen muss. Die schwierigste Lektion, die Eltern lernen müssen, ist folgende: So ein Krieg lässt sich nicht gewinnen. Man kann zwar sagen »Bis du 18 bist, tust du, was ich dir vorschreibe!«, aber das Kind weiß, dass es irgendwann 18 wird, und hat das Recht auf seine eigene Meinung. Gewinnen Sie keine Schlacht, nur um den Krieg zu verlieren.

Wir neigen dazu, unser Kind als Erweiterung unserer selbst zu betrachten. Das ist einer der Hauptgründe, warum wir überhaupt Kinder bekommen – um unsere Ziele und Träume für immer weiterverfolgen zu können, eine Kopie von uns zu erschaffen, damit all das Wissen, das wir angehäuft haben, nicht verloren geht. Ist das nicht das Erste, was man bei der Geburt eines Babys hört, nämlich, dass der kleine Johnny genauso aussieht wie sein Vater? Eltern suchen ständig nach Ähnlichkeiten zwischen sich beziehungsweise zwischen anderen Familienmitgliedern und ihren Kindern, sei es, was das Aussehen oder die Persönlichkeit betrifft. Dabei ist es alles andere als ideal, wenn ein Kind genauso aussieht wie seine Eltern oder sich genauso verhält. Das kann ziemlich verstörend sein. Manche Leute bilden sich sogar ein, ein verstorbener Verwandter wäre im Körper des Kindes wiedergeboren worden. Manchmal fühlt es sich an, als wäre unser Schicksal schon mit dem Tag unserer Geburt besiegelt worden. Neulich traf ich einen Mann, der mir erzählte, in seiner Familie gäbe es schon seit zehn Generationen Ärzte, eine Tradition, die Jahrhunderte zurückreiche. Er war stolz auf seine Vorfahren, und das mit gutem Grund. Trotzdem frage ich mich, wie das für die Kinder gewesen sein muss, die einen anderen Weg einschlagen wollten.

Psychologen würden das vermutlich als »Elternego« bezeichnen. »*Ich* bin die Mutter. Das ist *meine* Tochter.« Kinder nach den Eltern oder Großeltern zu benennen ist zum Beispiel ein weitverbreitetes Symptom für dieses »Elternego«: Wir sehen das Kind als Ersatz. Manchmal versuchen wir, unser Selbstwertgefühl am Erfolg unserer Kinder zu bemessen, an der Automarke, die sie fahren, oder daran, wie viel Geld sie verdienen. Sie führen das Kind vor wie einen Hund auf der Hundeshow, nur um sich selbst aufzuwerten. »Schaut nur, was mein Kind alles kann, dabei ist es erst zwei!« Ich habe Videos von Kindern gesehen, die mit fünf Jahren aus bis zu fünf Sprachen übersetzen können. Videos von Kindern, die mit sechs Jahren ihre Stundenpläne auswendig können. Was soll das? Gut, die stolzen Eltern freut es. Aber das Kind? Haben Sie sich je gefragt, warum manche Eltern Probleme damit haben, ihre eigenen Kinder zu unterrichten? Ganz einfach, weil sie sich selbst darin wiedererkennen und damit auch all ihre Unsicherheiten und Fehler. Wenn das Kind etwas nicht gleich auf Anhieb versteht oder, was Gott verhüten möge, durch eine Prüfung fällt, werden die Eltern sofort sauer und frustriert – und das ist das genaue Gegenteil von einem guten Lehrer.

Bei näherer Betrachtung ist die Annahme, dass die Kinder in die eigenen Fußstapfen treten werden, im 21. Jahrhundert doch ziemlich problematisch. Es ist heute so viel schwerer, sich auf einen Beruf vorzubereiten – ganz einfach, weil wir gar nicht wissen, welche Jobs es morgen überhaupt geben wird. Wer hätte vor zehn Jahren schon gedacht, dass einmal so etwas wie Synthetische Biologie oder 3-D-Drucker existieren werden? Selbst scheinbar klassische Berufe wie zum Beispiel im Bereich der Medizin wandeln sich. Ärzte arbeiten heute mit elektronischen Patientenakten, verlassen sich bei Operationen auf Roboter und machen sich bei Untersuchungen Notizen mithilfe von neuartigen Technologien, zum Beispiel Google Glass. In naher Zukunft kann es sein, dass Roboter Röntgenbilder am gründlichsten auswerten. So gesehen, ist es vielleicht gar nicht so klug, Ihrem Kind zu raten, Buchhalter zu werden, auch wenn Sie dieser Beruf ausfüllt. Vielleicht gehört Buchhalter ja zu den aussterbenden Berufen. Wie Thomas Friedman so schön sagt: Das ist das Jahrhundert des lebenslangen Lernens, der Eigenmotivation. Ich glaube, es wird Zeit anzuerkennen, dass »Erfolg« auch etwas mit Eigenmotivation zu tun hat. Und wir alle wissen, dass Kinder unter Zwang keine Eigenmotivation, keine Leidenschaft für etwas entwickeln können.

Der Versuch, Kinder zu klonen, zum Ebenbild zu machen, und die Unfähigkeit, die Kinder so wahrzunehmen und zu respektieren, wie sie sind, können ein ernsthaftes Problem sein. Als Lehrerin erlebe ich mit, dass die Kinder von Jahr zu Jahr depressiver und verzweifelter werden. Laut dem Ministerium für Gesundheitspflege und Soziale Dienste der Vereinigten Staaten hatten 2016 rund drei Millionen Teenager zwischen zwölf und siebzehn Jahren mindestens eine schwere depressive Episode. Dafür gibt es viele Gründe, angefangen von den Unsicherheiten, die mit den sozialen Medien einhergehen, über den nicht mehr zu bewältigenden Lehrstoff in der Schule bis hin zum Druck, es auf das Wunsch-College zu schaffen – oder ist es vielmehr das Wunsch-College der Eltern?

Wird der Stress zu groß, kann er die Kinder im Extremfall in den Selbstmord treiben. Laut den Centers for Disease Control and Prevention (CDC, amerikanische Zentren für Seuchenkontrolle und -prävention) war Selbstmord 2016 bei Zehn- bis 14-Jährigen und bei 15- bis 24-Jährigen die zweithäufigste Todesursache. Der allgemeine Trend ist verstörend: Zwischen 1999 und 2016 stieg die Anzahl der Selbstmorde um 28 Prozent. Hier in Palo Alto hatten wir eine ganze Reihe von Selbstmorden unter Teenagern, die unsere Stadt bis ins Mark erschüttert haben. Aber die hiesigen Highschools in Gunn und Palo Alto haben ernsthafte Schritte unternommen, den Druck auf die Schüler zu senken. Die frühere Palo-Alto-Direktorin Kim Diorio hat mithilfe von Denise Pope, einer Pädagogikprofessorin der Stanford University, ein erfolgreiches Programm ins Leben gerufen. Mit dem Ziel, elterliche und gesellschaftliche Erwartungen an das Kind zurückzufahren, damit es wieder es selbst sein, sich darauf konzentrieren kann, was ihm wirklich wichtig ist, und merkt, dass die Note zwei keine Katastrophe ist. Doch wie viele andere

Schulen in den Vereinigten Staaten und auch sonst in der Welt haben solche Programme? Wie viele Kinder sind gestresst und depressiv? Wie viele fühlen sich überfordert und unverstanden? Die Antwort lautet: viele.

Despression und Selbstmord sind schwierige Themen, ich weiß. Es gibt viele Risikofaktoren. Aber geht es dabei nicht hauptsächlich darum, dass sich die Kinder wie in der Falle, zu einem Leben gezwungen fühlen, das nicht das ihre ist? Dass sie in manchen Fällen einfach keinen anderen Ausweg sehen? Als eine Forscherin der Yale University Heranwachsende aus wohlhabenden Gegenden wie Palo Alto untersuchte und versuchte, die Stressfaktoren zu ermitteln, die im Extremfall zu Selbstmord führen können, entdeckte sie zwei Hauptfaktoren: Der erste war der Stress, in den zahlreichen schulischen und außerschulischen Aktivitäten Erfolg zu haben, was nicht weiter verwunderlich ist. Aber der zweite Grund war das schlechte Verhältnis zu den Eltern. Denn dazu kommt es unweigerlich, wenn man die Vorstellungen, Neigungen oder Vorlieben der Kinder nicht respektiert. Dann lernen sie, die Eltern zu fürchten oder abzulehnen, und sämtliche Kommunikation wird eingestellt. Die Kinder werden abgewiesen, wenn sie am meisten Hilfe brauchen.

Respektiert zu werden, wie wir sind, ist von einer so grundlegenden Bedeutung, dass Kinder, die von jemandem – irgendjemandem – auch nur ein bisschen Respekt erfahren, gerettet werden können. Auch dann noch, wenn bereits alles verloren scheint. Wenn ich daran denke, wie wichtig es ist, zu schauen, welche Neigungen ein bestimmtes Kind hat, und sie zu fördern, es wirklich zu verstehen, fällt mir Caleb ein, ein großer, gut aussehender afroamerikanischer Schüler, der meinen Englischunterricht besuchte. Er lächelte viel, aber sein Blick war traurig. In die damalige Klasse gingen fünfzehn Jungen und drei Mädchen mit den schlechtesten Englischnoten der ganzen Schule. Ich hatte mich bereit erklärt, diese Klasse zu übernehmen. Es gab sonst nicht viele Lehrer, die sich um diese Herausforderung rissen. Aber ich wollte helfen. Außerdem wollte ich wissen, ob sich meine Methoden auch bei schlechten Schülern anwenden ließen. Diese Schüler hatten alle möglichen privaten Probleme, und das traditionelle Bildungssystem hatte so gut wie nichts dafür getan, ihnen Selbstbewusstsein mitzugeben oder sie zu motivieren.

Als Lehrerin muss ich damit rechnen, in jedem Schuljahr ein paar schwierige Schüler zu haben, und Caleb war einer davon. Er wollte nicht lernen. Ich sah, dass er Depressionen hatte, auch wenn er nicht die üblichen Symptome zeigte. Während seiner ersten acht Schuljahre hatte er sich stets in Schwierigkeiten gebracht, und er ging davon aus, dass es in diesem Jahr genauso laufen würde. Er hatte keinerlei Ziele. Doch, eines hatte er: die Klasse aufzuwühlen. Auf diese Weise sicherte er sich Aufmerksamkeit. Ein paar Wochen nach Beginn des Schuljahrs war klar, dass Caleb sich aufgegeben hatte, unmotiviert war.

Eines Tages sprach ich ihn nach der Schule an. »Caleb, du scheinst überall sein zu wollen, bloß nicht in der Schule«, sagte ich. »Stimmt das?«

»Ja«, meinte er. »Ich hasse die Schule.«

»Wirklich? Du hasst sie?«

»Ja, ich hasse sie wirklich.«

Wir redeten weiter, und wie sich herausstellte, lebte er in einer kleinen Zweizimmerwohnung im Osten von Palo Alto. Seine Mutter und seine Schwester im Wohnzimmer, er im anderen Zimmer. Es war hart für ihn, mit Kindern zur Schule zu gehen, deren Eltern viel mehr Geld hatten. Seine Mutter arbeitete als Putzfrau, und seine Familie hatte Schwierigkeiten, die Rechnungen zu bezahlen. »Es macht keinen Spaß zu hören, was die anderen am Wochenende unternehmen, wie viel Geld sie haben«, sagte er und sah ziemlich niedergeschlagen aus. Man sieht einfach, wenn ein Kind depressiv ist. Man muss ihm nur in die Augen schauen. Darin leuchtet und strahlt gar nichts. Caleb ging davon aus, dass seine Chance, älter als 25 zu werden, gleich null war. »Schwarze junge Männer sterben früh«, sagte er.

»Nicht alle schwarzen jungen Männer sterben früh«, erwiderte ich. »Und du wirst derjenige sein, der überlebt.«

Ich beschloss, herauszufinden, wofür er sich interessierte – jeder interessiert sich für irgendwas. Wie sich herausstellte, interessierte er sich ausgerechnet für Schuhe. Warum? Schuhe waren ein Statussymbol für ihn, Leute mit bestimmten Schuhen galten als »cool«.

Mein nächster Schritt bestand darin, ihn dazu zu ermutigen, zum Schuhexperten zu werden, zu einem Experten dafür, wie man Schuhe kauft. Ich bat ihn, nach den Schuhen zu suchen, die er sich wünschte, und die Preise zu vergleichen. Welche Schuhe waren die besten und warum? Welche Webseite hatte die besten Preise? Ich bat ihn weiter, seine Informationen mit Freunden zu teilen. Auch das gefiel ihm. Sobald Jugendliche Experten für irgendetwas sein können, haben sie ein gutes Selbstwertgefühl. Sie können Experten für Minecraft oder für Insekten sein, für irgendetwas, das ihnen gefällt. Was es ist, ist egal, Hauptsache, sie sind Experten dafür.

Das klingt einfach und nicht gerade weltbewegend. Doch zwei Dinge waren geschehen: Er hatte jetzt ein Thema, das nur ihm gehörte, und eine Lehrerin, die an ihn glaubte. Caleb begann, pünktlich zu erscheinen, weil er Lust darauf hatte. Sein ganzer Gesichtsausdruck änderte sich. Er lächelte und wollte jetzt ständig mit mir reden. Und er lernte.

Caleb und ich haben noch heute Kontakt. Manchmal lade ich ihn zum Mittagessen ein. Er studiert gerade an einem öffentlichen College in der Nähe und hat vor, Elektriker zu werden, eine eigene Firma zu gründen. Was mit Caleb passiert ist, kann mit allen Kindern passieren: Wir können Kinder retten, mithilfe von Freundlichkeit und Fürsorge, indem wir uns mit ihren Neigungen beschäftigen und ihnen Vertrauen und Respekt entgegenbringen. Jeder Schüler hat Potenzial, jeder Schüler ist es wert, gerettet zu werden.

WENN RESPEKT ZUR HERAUSFORDERUNG WIRD

Als Eltern wird man bei der einfachen Aufgabe, die eigenen Kinder zu respektieren, vor viele Herausforderungen gestellt. Man denke nur an die Geschwisterkonstellation. Ein Kind großzuziehen ist schwer genug, zwei noch schwerer. Und drei oder mehr bedeutet, einen ganzen Zirkus zu leiten. Sie haben nur zwei Hände, und wenn Sie drei Kinder haben – woran hält sich dann das dritte fest? Jedes Kind ist einzigartig und braucht etwas anderes. Jedes Kind muss sich von seinen Geschwistern unterscheiden, und jedes Kind muss seine Eltern provozieren, vor allem, wenn es älter wird.

Die Geschwisterkonstellation spielt eine wichtige Rolle für die Entwicklung eines Kindes, für die Art von Herausforderung, mit der es Sie konfrontieren wird. Bei meinen Töchtern hatte ich es mit drei Individuen in drei verschiedenen Entwicklungsstadien zu tun, die alle etwas anderes wollten. Das Erstgeborene unterscheidet sich dadurch, dass es das erste Kind ist, das Jüngste dadurch, dass es noch ein Baby ist. Doch was ist mit dem Mittleren? Wenn es ein anderes Geschlecht hat, kann es sich gut abheben, doch wenn nicht, ist das schwierig, aber möglich.

Alle meine Töchter wollten in den Arm genommen werden, Aufmerksamkeit bekommen, aber vor allem »der Liebling« sein. Ich erinnere mich noch gut an eine ihrer Lieblingsfragen, die immer im falschen Moment kam, zum Beispiel um halb sieben Uhr morgens: »Mommy, bin ich dein Liebling?« Solche Fragen kann man um halb sieben wirklich nicht gebrauchen. Meine Reaktion darauf war stets folgende: Noch im Halbschlaf hob ich die Hand und fragte: »Gut, welcher Finger ist mein Lieblingsfinger? Wenn ich einen abhacken müsste, welchen soll ich dann heute abhacken?« Das genügte, dass sie aufhörten zu fragen. Bis zur nächsten Woche.

Meine Erklärung hielt Janet, die Mittlere, nicht davon ab, immer die Nummer eins sein zu wollen. Jüngere Geschwister haben zwei Möglichkeiten, Aufmerksamkeit auf sich zu ziehen: mit den Geschwistern wetteifern oder rebellieren und so anders wie möglich zu sein. Janet entschied sich für Ersteres. Sie wollte Susan, die Erstgeborene, stets übertrumpfen, was ihr auch fast immer gelang. Sie wollte schneller schwimmen, schneller rennen, schneller lesen, schneller reden, mehr Umarmungen und mehr kuscheln. Sie konnte schon früh rechnen und ging bereits mit vier in die Vorschule. Ich staunte. Sie versuchte auch, größer als Susan zu sein, was zu ihrem Leidwesen allerdings nicht funktionierte. Als Anne auf die Welt kam, wollte Janet nicht nur so gut oder besser als Susan sein, sondern auch so niedlich wie Anne. Sie bekam das ziemlich gut hin, aber es war ohnehin schwer, gegen Anne anzukommen, die sich dadurch von den anderen unterschied, dass sie jeden um den Finger wickeln konnte. Das sah man bereits, als sie erst ein Jahr alt war. Ein schlaues Mädchen: Niedlichsein war ihre Methode, zu bekommen, was sie wollte.

Geburtstagspartys waren kompliziert. Ich löste das Problem, indem ich Janet an Susans Geburtstag ebenfalls ein Geschenk machte und umgekehrt Susan an Janets Geburtstag. Sie fanden das beide eine tolle Idee. Als Anne dann dazukam, bekamen eben alle drei Geschenke – ein Segen für alle Beteiligten.

Tausende von Studien haben sich mit den Auswirkungen der Geschwisterkonstellation befasst, die meisten bestätigen, was wir bereits instinktiv wissen. Es heißt, dass Erstgeborene sich in der Regel gern anpassen. Ganz einfach, weil ihre beiden Elternteile in der Überzahl sind. Aber auch, weil sie einen Vorsprung gegenüber den jüngeren Geschwistern haben, sich also am leichtesten damit tun, die Aufmerksamkeit ihrer Eltern zu gewinnen. Am besten macht man das, was Mutter oder Vater wollen. Laut Dr. Kevin Leman, Psychologe und Autor der Bücher *Geschwisterkonstellationen: Die Familie bestimmt Ihr Leben* und *The Firstborn Advantage*, gelten für Erstgeborene auch höhere Erwartungen. Nun, wie Sie sehen, war das in meiner Familie anders. Janet übertraf noch die höchsten Erwartungen. Leman sagt, das mittlere Kind neige dazu, »Familienschiedsrichter« zu sein, sei in der Regel harmoniebedürftiger und loyaler. In manchen Familien mag das so sein. Doch ich würde Janet nicht als Schiedsrichterin bezeichnen. Sie war immer wild darauf, etwas Aufregendes, Lustiges zu unternehmen. Sie war der Rebell, die Anstifterin, die Kreative. Normalerweise sind eher jüngere Geschwister »der Rebell der Familie«, wie auch Frank Sulloways Buch zum Thema so schön heißt.

Was sich hinter diesen Forschungsergebnissen auch verbirgt, aber nur selten laut gesagt wird, sind die Erwartungen, die wir an unsere Kinder haben. Wenn Erstgeborene dazu neigen, immer und überall die Ersten zu sein, dann vermutlich auch weil Eltern erwarten, dass Erstgeborene immer und überall die Ersten sind. In unserer Familie erwartete ich, dass sowohl Susan als auch Janet gut in dem waren, was sie sich vorgenommen hatten. Und wenn nicht, haben sie es eben noch einmal versucht. Es war in Ordnung, Fehler zu machen und noch einmal von vorn zu beginnen. Sie wurden sogar dazu ermutigt. Denn nur so lernen Kinder, die an sie gestellten Erwartungen zu erfüllen. Ich hatte hohe Erwartungen an Susan, schloss Janet aber nicht davon aus. Ich erwartete von beiden, dass sie meinen Erwartungen entsprechen, und als Anne zur Welt kam, hatte ich dieselben hohen Erwartungen auch an sie.

Ich möchte noch einmal hervorheben, dass Respekt und hohe Erwartungen Hand in Hand gehen. Man hat keinen Respekt vor den Fähigkeiten der Kinder, wenn man sie verhätschelt. Aber man hat auch keinen Respekt vor Kindern, wenn man sie zu Höchstleistungen auf Gebieten zwingt, die ihnen nichts bedeuten. Hohe Erwartungen zu stellen funktioniert nur, wenn die Kinder von sich aus eine gewisse Motivation dafür mitbringen. Sie möchten schließlich in etwas Erfolg haben, das sie sich aussuchen, und nicht in etwas, das Sie ihnen vorschreiben. Das ist eines der Hauptprobleme: dass Eltern etwas vorschreiben. Natürlich dürfen Sie Ihre Kinder anleiten und lenken, sollten sie aber nie zu etwas zwingen. Sonst ist die Wahrscheinlichkeit groß, dass sie depressiv werden und Sie ablehnen. Ich kann beobachten, wie Susan ihre fünf Kinder anleitet. Leicht ist das nicht, da sie sehr unterschiedliche Interessen haben, doch sie respektiert das und ermutigt sie auf ihrem jeweiligen Gebiet zu Höchstleistungen. Jacob liebt Musik, deshalb hat Susan seine Begeisterung fürs Klavierspielen gefördert. Amelia ist eine begabte Sportlerin, Susan hat sie ermutigt, in eine Fußballmannschaft einzutreten. Jedes Kind darf selbst wählen, aber es wird von ihm erwartet, dass es bestmögliche Leistungen bringt.

Manchmal kann es vorkommen, dass Ihr Kind Respekt vor Ihnen verliert – aber das lässt sich wieder einrenken. Schwieriger wird es, wenn die Kinder älter sind, doch möglich bleibt es immer noch. Eines der schwierigsten Dinge für Eltern ist es, die Privatsphäre des Kindes zu respektieren. Alle Kinder brauchen Privatsphäre – sogar Säuglinge. Als sie dreizehn war, habe ich meine Tochter Janet mehrfach gebeten, ihr Zimmer aufzuräumen. Sie hat nicht auf mich gehört, also hatte ich eines Tages die Nase voll und beschloss, es selbst zu erledigen. Und raten Sie mal, was ich unter ihrem Bett gefunden habe? Ihr Tagebuch. Ich schäme mich, zugeben zu müssen, dass ich der Versuchung erlegen bin und es gelesen habe. Es war faszinierend zu erfahren, was sie so tat und dachte, aber ich wusste sofort, dass ich ihre Privatsphäre verletzt hatte. Ich habe mich schrecklich gefühlt.

Manche Eltern hätten das Tagebuch vermutlich wieder genau so hingelegt, wie sie es gefunden hatten, und den ganzen Vorfall für sich behalten. Aber das hat sich für mich nicht richtig angefühlt. Mir blieb also nichts anderes übrig, als es ihr zu beichten. Als Janet am nächsten Tag von der Schule kam, gestand ich ihr alles und gab ihr das Tagebuch verlegen zurück. Sie schrie mich an, knallte die Tür hinter sich zu und wollte mich nicht mehr ins Zimmer lassen. Doch ich hörte nicht auf, mich zu entschuldigen. Ich erklärte ihr, dass ich die Geduld verloren und etwas getan hatte, von dem ich wusste, dass es falsch war. Ich sagte, dass ich mich schämte. Manchmal muss man seinen Kindern helfen, beide Seiten zu sehen, ihnen klarmachen, was man selbst empfindet. Ich versprach Janet, ihre Privatsphäre nie mehr zu missachten. Und sie war gütig und vergab mir. Ihre Kinder werden mitbekommen, dass Sie Fehler machen. Und sie werden mehr aus Ihrer Reaktion auf diese Fehler lernen als aus den Fehlern selbst.

Ich kann mich auch noch daran erinnern, dass meine Töchter nicht wollten, dass ich mit auf eine Party ging, an der auch andere Eltern teilnahmen. »Du redest zu viel, Mom, du bist so dominant«, sagten sie. Ich war natürlich verletzt. Gleichzeitig dachte ich: *Wenn sie mich nicht dabeihaben wollen, will ich mich nicht in ihre Angelegenheiten einmischen.* Vermutlich hatten sie recht, und ich würde die Unterhaltungen beherrschen. Also ging ich nicht hin und trug es ihnen auch nicht nach. Es ging mir gut damit. Ich respektierte sie, und es fühlte sich an, als wären wir ein großes Stück weitergekommen. Bei der nächsten Party durfte ich dann mit dabei sein. Ich bemühte mich sehr, nicht zu viel zu reden (was mir äußerst schwerfällt). Ich vermute, sie wollten damals einfach die Kontrolle behalten, und indem ich einwilligte, zu Hause zu bleiben – und sei es nur ein einziges Mal –, versicherte ich ihnen, dass sie die Kontrolle über ihr Sozialleben haben. Es reicht nicht, das nur laut auszusprechen. Taten sagen mehr als

Worte. Diese eine Party hat dazu geführt, dass sich beim nächsten Mal wieder eine Tür für mich öffnete, und mir gefällt die Vorstellung, dass ich eine ihrer Lektionen gelernt habe.

Ich muss gestehen, dass ich auch bei meinen Enkeln noch einiges zu lernen hatte. Ich ging davon aus, dass Großeltern so etwas wie Eltern sind – ein Fehler, den viele Leute machen – und dass ich genauso viel Macht über sie haben würde wie über meine Töchter. Fehlanzeige! Ich war schlimm, was den Kauf von Spielsachen, Klamotten und Süßigkeiten anbelangt. Ich überschüttete meine Enkel förmlich mit Geschenken, weil ich sie so liebe. Wie sich herausstellte, waren diese Geschenke nicht immer willkommen. Susan beäugt mich immer noch misstrauisch, sobald ich mit einer Kiste oder Tasche voller Spielsachen für die Kinder ankomme. »Sie brauchen keine neuen Sachen, Mom«, sagt sie dann. »Na gut«, erwidere ich. »Wie wär's, wenn wir sie nur eine Stunde damit spielen lassen?« Ich versuche wirklich, mich zusammenzureißen, aber es fällt mir sehr schwer.

Ich hatte mir angewöhnt, meiner Enkelin Sophie bestimmte Kekse mitzubringen, die sich in keiner normalen Verpackung, sondern in einem Plastikteddy befinden. Wenn man einen Hebel drückt, kommt ein Keks heraus. Die Kekse waren nichts Besonderes, aber die Verpackung machte sie unwiderstehlich. Was sollte ich tun? Ich kaufte immer wieder welche. Bis Anne sich eines Morgens beschwerte und sagte, Sophie habe die ganze Nacht geweint. »Sie wollte *nur dich*«, erklärte sie mir. Sie weinte nach mir – aber nicht, weil sie wirklich mich wollte, sondern diese Kekse. Da verstand ich. Ich übertrieb es als Oma, und man musste mir Einhalt gebieten. Was meine Töchter auch prompt taten. Sie sind die Eltern. Ich muss ihre Vorstellungen und Wünsche respektieren. Sie haben inzwischen ihre eigenen Familien.

RESPEKT BEIBRINGEN HEISST AUCH RESPEKT VORLEBEN

Natürlich sollten Sie Ihr Kind respektieren, und es wäre schön, wenn Ihr Kind auch Sie respektiert. Aber haben Sie sich je überlegt, wie Sie sich anderen gegenüber verhalten? Inwiefern Sie den Menschen in Ihrer Umgebung Respekt entgegenbringen? Was Sie Ihren Kindern tatsächlich vorleben? Alles – und zwar wirklich alles – ist eine Möglichkeit, dazuzulernen. Kinder übersehen nichts. Sie registrieren (und spüren), ob Sie Ihrem Partner, anderen Familienmitgliedern, Nachbarn und Freunden Respekt entgegenbringen. Sie bekommen mit, wie Sie über Ihren Chef oder Ihre Arbeitskollegen reden. Sie sehen, wie es um Ihre Selbstachtung bestellt ist. Und orientieren sich an Ihrem Verhalten, an Ihren Werten.

Respekt beibringen heißt Respekt vorleben. Und zwar Tag für Tag. Es bedeutet, die Menschen um einen herum zu respektieren. Wenn Sie das machen, werden Ihre Kinder das auch tun. Meistens zumindest. Gut möglich, dass sie ein wenig Hilfestellung brauchen. Immer wenn meine Töchter sich danebenbenahmen, ließ ich sie eine Entschuldigung schreiben und verlangte, dass sie darüber nachdächten, wie sie sich bessern könnten (da dürfte ich in guter Gesellschaft sein, denn Ruth Bader Ginsberg vergab bekanntlich Aufsatzthemen, wenn ihre Kinder sich danebenbenahmen). Ich verlangte, dass sie sich für alles entschuldigten, was problematisch war: ein Streit mit der Schwester, Unpünktlichkeit, das Versäumnis, etwas, das ich ihnen im Haushalt aufgetragen hatte, zu erledigen. Schreiben heißt denken, und denken bewirkt Veränderung.

In den letzten 36 Jahren habe ich meine Schüler genauso geführt, als wären sie Mitarbeiter einer professionellen Zeitung. So läuft das in meinem Kurs. Ich gebe meinen Schülern keine Hausaufgaben auf, bei denen sie nur so tun, als schrieben sie für eine

Zeitung. Sie müssen ganz real Verantwortung übernehmen und reale Konsequenzen tragen. Die Schülerzeitung trägt sich selbst. Das bedeutet, dass die Schüler Anzeigen verkaufen, um die Produktionskosten zu decken. Am Anfang des Schuljahres geht die ganze Klasse mit Verkaufsformularen und einem Musterexemplar in die Stadt, um die Anzeigen für das gesamte Jahr zu verkaufen. Die Schüler bestimmen die Themen – nicht ich. Einige davon sind gelinde gesagt ... fragwürdig. Aber wenn wir die Themen besprechen – auf einer Redaktionskonferenz, die von den Schülern selbst geleitet wird –, erledigen sich die absurdesten Vorschläge von ganz allein. Die Schüler merken es irgendwann selbst. Das geschieht auf eine ganz natürliche Weise, wenn sie alles gründlich durchdenken und sich das Feedback der anderen anhören.

Anschließend beschließen die jungen Redakteure, welcher Schüler welchen Artikel schreibt, was nicht immer ganz einfach ist. Manche Geschichten sind äußerst heikel. In der Vergangenheit haben wir über schlechte Leistungen bei Lehrern geschrieben, über Depressionen bei Schülern, über ihre Einstellung zu Sex, über Unregelmäßigkeiten beim Schulausschuss, um nur ein paar Beispiele zu nennen. Die letzten Themen waren die Einschränkung des privaten Waffenbesitzes, die Schießerei an der Schule in Parkland, Florida, und der Rücktritt unserer Schulleitung.

Über die Jahre konnte ich feststellen, dass wir, wenn wir unter hohem Zeitdruck arbeiten und unsere Termine halten wollen, eine von gegenseitigem Respekt geprägte Atmosphäre brauchen. Im Journalismus wird viel untereinander kritisiert und umgeschrieben. Ich verlange den Schülern so einiges ab. Und nicht nur ich – auch sie haben hohe Erwartungen an sich und andere. Sie wissen, dass sie mir vertrauen können, deshalb rede ich Klartext. Wenn es um ein bestimmtes Editorial oder um einen bestimmten Leitartikel geht, sage ich geradeheraus: »Dieses Ende muss umgeschrieben werden. Soll ich dir dabei helfen, oder möchtest du selbst noch mal darüber nachdenken?« Daraufhin diskutieren wir, wie sich der Text verbessern lässt. Man sollte einfühlsam mit Menschen umgehen, die hart gearbeitet haben. Man sollte sie und ihre Anstrengungen respektieren. Aber ich bin kein Freund davon, alles sofort gut zu finden, und das wissen meine Schüler auch. Ich sage ihnen, welche Artikel ich für welche Ausgabe am besten finde, und erkläre es ihnen im Detail. Sie tun dasselbe, und ihre Meinung ist auschlaggebend. Es ist ihre Zeitung und nicht meine. Ich habe nur eine beratende Funktion. Alle meine Schüler wissen, dass ich ihnen Effektivität beibringen möchte. Dass ich sie aufs Berufsleben vorbereite, indem ich Kritik an ihnen übe – ob es ihnen nun gefällt oder nicht. Wenn sie dann später im Job kritisiert werden, können sie sagen: »Ja, das habe ich schon mal erlebt. Ich weiß, was ich tun muss, um etwas Besseres vorzulegen. Und ich weiß, dass ich mich verbessern kann.«

Oder aber die Schüler übernehmen das Kritisieren selbst. Meine Schülerredakteure sind auch für die Moderation der Diskussionen über die Artikel ihrer Klassenkameraden zuständig. Sie müssen mit 60 Jugendlichen zurechtkommen, die ihre jeweiligen Artikel gegenseitig lesen und kritisieren. Überlegen Sie doch nur, welch großartige Lektionen sie dabei lernen – zuallererst die, wie wichtig es ist, anderen mit Respekt zu begegnen. Meine Ermahnung am Anfang eines jeden Schuljahres lautet dann auch: »Wenn ihr erwartet, dass man euch respektieren soll, habt auch Respekt vor den anderen! Beleidigt niemanden, stellt niemanden vor der ganzen Klasse bloß!« Ich weise sie darauf hin, dass es so gut wie unmöglich ist, einmal verlorenen Respekt zurückzugewinnen. Ich lasse nicht zu, dass Redakteure die Klasse anschreien oder Sachen wie »Halt's Maul« sagen. Das ist kontraproduktiv, zeugt von einem Mangel an Respekt und schafft ein negatives Arbeitsumfeld. Das verstehen die Jugendlichen auf Anhieb, ohne dass ich groß darauf herumreiten müsste. Sie arbeiten alle auf ein gemeinsames Ziel hin, nämlich eine herausragende Zeitung zu machen. Haben Sie jemals erlebt, dass mehrere Teenager dringend bis spätabends in der Schule bleiben wollen? Genau das geschieht aber, wenn sie ein Produkt ihr Eigen nennen können und um Perfektion bemüht sind. Sie spüren, wie wichtig Leidenschaft für die eigene Arbeit ist.

2016 gab es eine wichtige Wahl: die des neuen Schulausschusses. Der *Campanile*, Palo Altos Highschool-Zeitung, gibt stets Empfehlungen für Kandidaten ab, die von unserer Gemeinde sehr ernst genommen werden. Als ich mit meinen Schülern sprach, merkte ich, dass wir sehr unterschiedliche Vorstellungen davon hatten, welche Kandidaten unterstützt werden sollten. Wir trugen alle unsere Anliegen vor und erläuterten, welche Erfahrung und welches Know-how diese Leute in den Schulausschuss einbringen würden. Ich respektierte die Meinung der Schüler, und sie respektierten meine – aber es ist und bleibt ihre Zeitung. Am Ende konnten sie sich durchsetzen. Die Zeitung erschien mit den Empfehlungen der Schüler, und der Artikel hatte durchaus Einfluss auf die Wahl.

Referendare haben mir eine weitere Lektion in Sachen Respekt erteilt. Jahrzehntelang war ich eine Mentorin für angehende Lehrer, die an der Stanford University sowie am College of Notre Dame studiert hatten. Normalerweise konnte ich nach den ersten beiden Wochen einschätzen, ob sie sich schwertun würden, ein guter Lehrer zu sein, oder nicht. Am wichtigsten war mir, dass sie mit den Kindern kommunizierten, sie respektierten, sie mochten und auch über sich selbst lachen konnten. Wenn sie versuchten, sich mithilfe von strengen Noten oder Strafen durchzusetzen, würden sie es schwer haben. Strenge Lehrer verschwendeten viel Energie darauf, Kinder zu schimpfen, wenn sie nicht auf sie hörten, während sie sich gleichzeitig sklavisch an ihr Lehrbuch und daran, wie man die Kontrolle im Unterricht bewahrt, hielten. Ein früherer Marinesergeant, der nicht gut kommunizieren konnte, tat sich besonders schwer. Obwohl er viel zu bieten hatte und ein kluger Lehrer war, hassten die Kinder seinen Unterricht und wollten sich stets davor drücken. Lehrer, die hohe Anforderungen stellten, aber Kritik gegenüber offen waren, hatten hingegen gute Karten.

Was ich bei jedem versuche – sei es nun bei meinen Schülern, Referendaren, Töchtern oder Enkeln –, ist, sie so zu respektieren und zu achten, dass sie sich selbst achten können. Wenn man sich selbst respektiert, ist alles möglich. Denn dann hat man das Selbstvertrauen, Risiken einzugehen, selbstständig zu werden. Ohne Selbstachtung hat man Angst, ist regelrecht besessen davon, was andere denken könnten, anstatt sich am eigenen moralischen Kompass, an den eigenen Interessen zu orientieren. Das, was Menschen auf dem Sterbebett am meisten bereuen, ist, dass sie nicht ihre Träume verfolgt, sondern stattdessen das Leben gelebt haben, das andere von ihnen erwarteten. Das wünscht sich niemand für sein Kind.

Ich weiß noch, wie ich Anne beim Eislaufen zusah, als sie gerade einmal drei Jahre alt war. Stan und ich konnten kein bisschen Eislaufen – Stan kann nicht mal auf Eis gehen, ohne hinzufallen. Aber da war unsere Anne, die vor der Bande Pirouetten drehte, dieses winzige kleine Mädchen, das eines Tages Synchroneiskunstlauf machen und auf dem College Eishockey spielen, sich allen Herausforderungen genauso angstfrei stellen sollte wie dem Eis. Sie tat etwas, das sie liebte – und konnte ihr gesamtes Potenzial entfalten. Dasselbe geschieht bei Schülern. Sammy, Sohn mexikanischer Einwanderer und ein Schüler, der von der gesamten Redaktion der Schülerzeitung für seine außergewöhnlichen Illustrationen verehrt wird, hat sich vor meinen Augen gewandelt. Er wusste die Selbstachtung und das Selbstvertrauen zu nutzen, das er in meinem Kurs und bei einem Förderprogramm bekommen hatte, bei dem sich Schüler eine Disziplin aussuchen können, um es dann ein Jahr lang mit Unterstützung eines Mentors zu erlernen. Er ging zum Studieren an die San Francisco State University, und er ist der Erste in seiner Familie, der eine Universität besucht.

Wie schrieb der Dichter Khalil Gibran so schön? »Eure Kinder sind nicht eure Kinder. / Sie sind die Söhne und die Töchter der Sehnsucht / des Lebens nach sich selber. / Sie kommen durch euch, aber nicht von euch, / Und obwohl sie mit euch sind, gehören sie euch doch nicht.« Wir wollen unseren Kindern Respekt entgegenbringen, doch manchmal sind wir einfach zu verunsichert. Das ist das größte Hindernis, das wir als Eltern überwinden müssen. Dabei sind wir alle in der Lage, unsere Kinder mit Respekt zu behandeln, wenn wir uns das Wichtigste hinter die Ohren schreiben, nämlich ihre Wünsche und Interessen ernst zu nehmen – auch wenn sie sich unter Umständen von unseren eigenen unterscheiden. Ermutigen Sie Ihre Kinder, auf den von ihnen gewählten Gebieten Bestleistungen zu erbringen. Aber schenken Sie ihnen vor allem Liebe und Unterstützung, damit sie das Selbstvertrauen entwickeln, das sie brauchen, um ihren eigenen Weg gehen zu können.

SELBSTSTÄNDIGKEIT

4

Nehmen Sie Ihrem Kind nichts ab, was es selbst schaffen kann

Im Herbst des Jahres 2014 fand ich mich im Scheinwerferlicht einer Bühne in Puebla, Mexiko, wieder. Neben mir saß Amy Chua, Autorin von *Die Mutter des Erfolgs: Wie ich meinen Kindern das Siegen beibrachte* und eine Befürworterin von »Tigereltern«: Darunter versteht man eine strenge Erziehungsmethode, wie sie in China und anderen asiatischen Ländern verbreitet ist. Wir waren eingeladen worden, um auf dem »La Ciudad de las Ideas«-Festival miteinander zu diskutieren – ein Jahrestreffen kluger Köpfe, die sich mit Bildung, öffentlicher Ordnung und neuen Technologien beschäftigen. Im Hörsaal saßen mehr als 7000 Menschen, die es kaum erwarten konnten zu hören, wie wir unsere Töchter erzogen haben.

Es war ein wenig seltsam, vor so großem Publikum auf der Bühne zu sein, aber meine innovativen Lehrmethoden und der Erfolg meiner Töchter im Silicon Valley haben mir eine gewisse Anerkennung eingebracht. Im Jahr 2002 bin ich in Kalifornien zur Lehrerin des Jahres gewählt worden. Ich habe jahrelang das Bildungsministerium der Vereinigten Staaten, die Hewlett Foundation und das *Time Magazine Education* beraten. Es ist mir ein aufrichtiges Anliegen, Kinder zu selbstständigen Menschen zu erziehen, und ich spreche immer wieder öffentlich Dinge an, die zu Hause und in der Schule verändert werden sollten.

Nachdem ich Amy Chuas Bestseller gelesen hatte, machte ich mir wirklich Sorgen. Was sie da über ihre Töchter berichtete, verstörte mich. Sie steht für einen immer populärer werdenden Erziehungstrend, den ich … nun ja, für völlig verkehrt halte. Bestimmt haben das Buch auch Eltern gelesen, die nicht Chuas Meinung sind, doch ich vermute, viele von ihnen glauben, selbst Tigermütter sein zu müssen. Chua ist bekannt für ihren kontrollierenden, autoritären, fordernden Erziehungsstil. Im Grunde lässt sich ihre Philosophie darauf reduzieren, dass die Eltern am besten wissen, was gut für ihr Kind ist. Dass sie die Aufgabe haben, ihre Kinder nicht nur anzuleiten, sondern Verhalten, das zu Erfolg führt, regelrecht zu erzwingen. Hier nur ein paar Beispiele: Sie hat ihren Töchtern verboten, Kinderpartys zu besuchen, da diese bloß Zeitverschwendung seien. Sie hat bestimmt, welchen Hobbys ihre Töchter nachgehen sollten – und zwar völlig unabhängig von deren jeweiligen Vorlieben oder Interessen. Es hat nicht genügt, dass ihre Töchter eine Eins minus hatten oder Zweitbeste ihrer Klasse waren. Sie mussten Einser haben und die Klassenbeste sein (»in jedem Fach außer in Turnen und Theater«). Besonders spaßig klingt das nicht.

Als Chua einmal versuchte, ihrer dreijährigen Tochter Lulu das Klavierspielen beizubringen, wollte Lulu nur mit den Fäusten auf die Tasten hauen. Kein Wunder, sie war erst drei! Chua reagierte frustriert und riss die Haustür auf. Es war ein kalter Wintertag. Sie stellte ihre Tochter vor die Wahl, ihrer Mutter zu gehorchen oder vor die Tür zu gehen. Die Dreijährige dachte nach und beschloss, dass nach draußen zu gehen weniger unangenehm sei.

Ich muss sagen, ich bewundere die Haltung des kleinen Mädchens. Ich bewundere auch Chuas aufrichtige Liebe zu ihren Töchtern. Natürlich hätte sie das alles nie getan, wenn sie sie nicht genauso innig lieben würde wie ich meine Kinder. Fragt sich nur, wie viel Handlungsspielraum sie ihren Töchtern zugestanden hat – mit anderen Worten, wie viel Selbstständigkeit.

Es stimmt, dass sie schon sehr früh enorm erfolgreich waren. Eine von ihnen trat sogar als Solistin in der Carnegie Hall auf, was eine große Ehre ist. Aber wie glücklich ist das Kind dabei gewesen? Ging es nicht vielmehr um Chuas Glück? Dass Lulu rebelliert hat, dass sie bei einem Abendessen in Russland so wütend wurde, dass sie sagte, sie hasse ihr Leben, und ein Glas zu Boden warf, beweist, dass sie sich in einem Leben gefangen fühlte, das nicht das ihre war.

Chua ist mit ihrer Meinung allerdings nicht allein. Viele Eltern teilen sie. Jedes Jahr im Dezember bekomme ich Weihnachtskarten, teure Geschenke von Bloomingdale's und von Neiman Marcus sowie köstliche, selbst gemachte Leckereien von den Eltern meiner Schüler. Ich bin dankbar dafür, dankbar für das, wofür sie stehen: für aufrichtige Anerkennung der Arbeit von Lehrern. Das Problem ist nur, dass wir unterschiedliche Meinungen darüber haben, was Lehrer leisten sollten. Oben genannte Eltern sind eine kontrollierende Lernumgebung gewohnt, während es bei mir hauptsächlich um Selbstständigkeit geht.

In den Medienberichten über unsere Diskussion nannte man mich »Panda Mama«. Ich war erst nicht sehr begeistert von dieser Metapher, denn Pandas sind dafür bekannt, dass sie hauptsächlich schlafen und fressen, mehr nicht. Sie gelten als faul, was natürlich albern ist, doch das ist ihr Image. Meine Erziehungsphilosophie hat weder etwas mit Faulheit noch mit Laisser-faire zu tun. Doch als Journalistin kann ich natürlich gut verstehen, dass die Presse ein Pendant zur Tigermutter gebraucht hat.

Sowohl Tigermütter als auch »Panda Mamas« haben einen extrem ausgeprägten Beschützerinstinkt, was ihre Kinder angeht. Sie wollen und erwarten, dass ihr Nachwuchs Erfolg hat – aber sie ziehen ihn auf sehr unterschiedliche Weise groß. Die Tigermutter bewahrt die Kontrolle mit strengen Regeln und Normen, die die Kinder bis an die äußersten Grenzen ihrer Möglichkeiten bringen sollen. Kinder wachsen dabei mit hohen Erwartungen und heftigem Erfolgsdruck auf. Sie schaffen außerordentliche Dinge. Allerdings nicht aus eigener Motivation oder eigenem Willen, sondern hauptsächlich aus Furcht, ihre Eltern zu enttäuschen. Die »Panda Mama« dagegen fördert und beschützt ihr Kind mit der gleichen wilden Entschlossenheit, nur steht bei ihr die Unabhängigkeit ihrer Kinder im Mittelpunkt. Sie gibt ihnen Freiheit und die Autonomie, zu entdecken, wer sie wirklich sind. Eine »Panda Mama« sorgt für alle nötigen Lektionen und Werkzeuge, entlässt ihre Kinder dann jedoch im Vertrauen, dass diese aus sich selbst heraus Erfolg haben werden, in die Welt. Und das machen sie auch ... Auf mehr Arten, als man sich das vorstellen kann.

Ich glaube vor allem an Selbstständigkeit. Eltern sollten ihre Kinder dazu ermutigen, selbstständig zu sein, von sich aus aktiv zu werden. Eine andere Variante von Chuas Erziehungsstil praktizieren »Schneepflug-Eltern« – ein sehr einleuchtender Begriff, wie ich finde, da diese sämtliche Hindernisse oder Herausforderungen für das Kind einfach aus dem Weg räumen. Die meisten von uns dürften inzwischen auch von überfürsorglichen Helikopter-Eltern gehört haben, denen Julie Lythcott-Haims in ihrem Bestseller *How to Raise an Adult* auf den Grund geht. Sie berichtet von ihren jahrelangen Erfahrungen als Dekanin, die in Stanford für die Aufnahme neuer Studenten zuständig ist. Als solche hat sie zunehmend mit Studenten zu tun, die irgendwie unreif sind. Sie scheinen sich ständig nach Mama oder Papa umzuschauen, nicht wirklich mit beiden Beinen fest auf dem Boden zu stehen, ja hilflos zu sein.

Und die Diagnose der Autorin? Die Eltern mischten sich so sehr ins Leben ihrer Kinder ein, dass diese unfähig seien, allein klarzukommen. Das liege an einer ganzen Reihe von Gründen, auch an der zunehmenden Angstkultur, an den von den Medien an die Wand gemalten angeblichen Gefahren für Kinder, an den immer kleiner werdenden Familien und an der sogenannten Selbstwertgefühl-Bewegung. Das kann absurde Formen annehmen: Es gibt Eltern, die sich eine Wohnung in der Stadt anmieten, in der ihr Kind aufs College geht, ja die sie sogar zu Vorstellungsgesprächen begleiten. Ich wünschte, das wäre ein Witz, doch es ist bitterer Ernst.

Als ich mit Lythcott-Haims über diesen verhängnisvollen Erziehungstrend sprach, versäumte sie nicht zu betonen, dass diese übertriebene Einmischung ins Leben eines Kindes normalerweise gut gemeint ist, was ich nur bestätigen kann. Eltern wollen, dass ihr Kind Erfolg hat, es ist überaus schmerzhaft für sie, mitzuerleben, wenn sie scheitern. *Was ist denn schon dabei, wenn ich ein bisschen eingreife*, denken sie, *wenn ich dafür sorge, dass mein Kind nicht so zu kämpfen hat?* Nun, das kann schlimme Folgen haben. Wie mir Lythcott-Haims bestätigte, gibt es Kindern das Gefühl, nutzlos zu sein. Sie verhalten sich wie Riesenbabys. Sie sind ausgewachsen und hübsch anzusehen, haben aber nie erwachsenes Denken gelernt. In ihrem Buch zeigt sie auf, dass überfürsorgliche Eltern bei ihren Kindern Ängste, Depressionen und ein alarmierendes Unvermögen, mit dem Leben zurechtzukommen, bewirken.

Als Lehrerin bekomme ich mit, wie die Kinder von Jahr zu Jahr unfähiger, unselbstständiger und ängstlicher werden. Sie haben Angst, Position zu beziehen, Angst, etwas falsch zu machen, Angst, sich mit umstrittenen Themen zu beschäftigen, und vor allem Angst zu scheitern. Ihre Hauptmotivation scheint Angst zu sein: die Angst, ihre (in der Regel überfürsorglichen) Eltern zu enttäuschen. Sie haben gelernt, dass Bestnoten und das beste College alles sind, was zählt. Manche Kinder bei mir im Anfängerkurs Journalismus sind entsetzt, dass sie ihren Namen unter das setzen müssen, was sie geschrieben haben. Und warum? Weil sie Angst haben, was andere über sie denken könnten. Sie haben keinerlei Selbstbewusstsein, nicht die Fähigkeiten, die man braucht, um im 21. Jahrhundert erfolgreich zu sein. Dieser Erziehungskrise etwas entgegenzusetzen war einer der Hauptgründe für mich, das vorliegende Buch zu schreiben.

Aber zurück zu der »Podiumsdiskussion«; wirklich viel diskutiert wurde am Ende nicht. Chua sprach die erste Viertelstunde der uns zur Verfügung stehenden 30 Minuten. Sie hinterfragte ihre eigene Kindheit, erinnerte sich, wie sie mit Essstäbchen Schläge auf die Finger bekam, wenn sie zu Hause auch nur ein Wort Englisch sprach. Wie ihre Mutter, wenn sie »nur« 99 von 100 Prozent erreichte, auf ihrem Fehler herumritt, um sicherzustellen, dass sie beim nächsten Mal die absolute Bestleistung erbrachte. Folgende Passage aus ihrem Buch vermittelt einen guten Eindruck von Chuas Vater: »In der achten Klasse wurde ich bei einem Geschichtswettbewerb Zweite und kam mit meiner Familie zur Preisverleihung. Jemand anders hatte den Kiwanis-Preis als Jahrgangsbester in allen Fächern erhalten, und nach der Feier sagte mein Vater zu mir: ›Mach mir nie, nie wieder solche Schande.‹« Chua behauptete in ihrem Buch und auf der Bühne, dass die Methoden ihrer Eltern funktionieren und dass sie eine hervorragende Beziehung zu ihnen hat. Ich will gar nicht bezweifeln, dass sie in diesem strengen Umfeld viel gelernt hat. Fragt sich nur, ob man das auch wirklich genau so wiederholen muss.

Sie verwendete auch ziemlich viel Zeit darauf, sich zu verteidigen, dass sie dieselben Techniken bei ihren eigenen Töchtern angewandt hat. Irgendwann gestand Chua, Kinder zu erziehen sei das Schwierigste, was sie je gemacht habe. Für sie war diese Erfahrung ein einziger Kampf. Sie fühlte sich zwischen zwei Kulturen hin- und hergerissen, schien überzeugt zu sein, dass sie ihre Töchter kontrollieren musste, weil sie sonst riskierte, sie an das Mittelmaß zu verlieren, das mit amerikanischen Privilegien einhergeht. »Wenn man zu Hause keine Polizeimethoden anwendet, ist Erziehung gar nicht so anstrengend«, erklärte ich Chua. Ich habe nämlich völlig andere Erfahrungen gemacht. Ich erzählte dem Publikum, dass mir Erziehung Spaß mache, dass es kein grausamer Kampf sein muss. Das heißt natürlich nicht, dass es keine Herausforderungen zu bewältigen gibt, aber ich habe die Zeit mit meinen aufwachsenden Töchtern aufrichtig genossen und genieße die Zeit mit meinen Schülern ebenso aufrichtig.

Mein Hauptkritikpunkt an Chuas Methode ist der, dass sie es versäumt hat, Selbstständigkeit und individuelle Neigungen bei ihren Töchtern zu fördern. Ihre Töchter wussten nicht, wofür ihr Herz schlägt, sie waren vollauf damit beschäftigt, Erwartungen zu erfüllen. Die kamen alle von Chua, was bedeutet, dass ihre Töchter nicht eigenständig denken mussten. Nie hätte ich für meine Kinder gewollt, dass sie nur funktionieren, wenn ich alles vorgebe. Unser Ziel war keineswegs, dass unsere Töchter Klassenbeste werden sollen, denn das hätte bedeutet, dass sie rein konform denken, sich strikt an Regeln halten. Ich wollte, dass sie sich für das, was sie tun und was ihnen wichtig ist, begeistern. Ich wollte, dass sie sich mit gesellschaftlichen Problemen auseinandersetzen und innovative Lösungen entwickeln, dass sie herzliche, liebevolle Beziehungen zu den Menschen in ihrem Leben haben – auch zu ihren Eltern.

Niemand ist glücklich, wenn er etwas lebt, das ihm von anderen aufgezwungen wird. Wenn ich als Mutter und Lehrerin eines gelernt habe, dann dass Kinder aller Altersgruppen Selbstständigkeit lernen sollten.

Fragt sich nur: wie?

GRUNDVORAUSSETZUNGEN FÜR SELBSTSTÄNDIGKEIT

»Meine Mutter war entschlossen, uns zu unabhängigen Menschen zu erziehen«, schreibt Richard Branson in *Losing my Virginity: Die Autobiographie.* »Als ich vier Jahre alt war, hielt sie das Auto einige Kilometer von zu Hause entfernt an und zwang mich, selbst meinen Heimweg über die Felder zu suchen.« Mit vier? Na gut, das ist vielleicht nicht die allerbeste Lernmethode, doch was die Bedeutung von Selbstständigkeit angeht, hatte Bransons Mutter recht.

Ich als junge Mutter war ganz genauso. Vielleicht liegt es daran, dass ich in den 1950er-Jahren aufgewachsen bin, als Frauen keinerlei Rechte hatten ... wirklich gar keine. Meine Mutter hatte weder Geld noch Einfluss. Sie tat immer, was mein Vater wollte. Das ist mit ein Grund, warum sie den Rat des Arztes, der sich weigerte, meinen Bruder David zu behandeln, nicht hinterfragt hat. Sie hat sich nie getraut, Autoritätspersonen zu widersprechen, und ging davon aus, dass mein Leben genauso aussehen würde.

Doch ich habe rebelliert – ich habe gelernt, mir selbst was zu nähen, statt auf abgelegte Kleidung von anderen zu warten. Als Teenager schrieb ich Artikel für drei Cent pro Wort und träumte davon, Journalistin zu werden – angeblich ein Männerberuf. Ich wurde Model, um mir das College zu finanzieren (letztlich stellten sich diese langen dürren Beine doch noch als Segen heraus). Aber in einem Punkt erfüllte ich die Erwartungen meiner Eltern: Ich heiratete früh.

Am Abend vor meiner Hochzeit zeigte mir meine Schwiegermutter, wie ich mich um meinen zukünftigen Mann zu kümmern hatte. »So machst du sein Bett«, erklärte sie mir und faltete das obere Laken mit einer Präzision, die ich so noch nie gesehen hatte und bestimmt niemals hinbekommen würde. Dann gingen wir zur Kommode, und sie zeigte mir, wie er seine Kleidung aufbewahrte. Was er so zu frühstücken pflegte, bekam ich ebenfalls erklärt: Rührei und ein Stück Hefe-Mohnrolle, dazu starken Kaffee. Das hat sich wirklich genau so abgespielt. Da stand ich also, die Ehefrau in spe, und war im Begriff, die Versorgerrolle zu übernehmen.

Für meine eigenen Töchter stellte ich mir ein anderes Leben vor. Natürlich durften sie durchaus heiraten und Kinder kriegen, sie sollten nur nicht dadurch ausgebremst werden, dass man ihnen beigebracht hatte, eine untergeordnete Rolle zu spielen. Ihre Chancen sollten nicht dadurch beschnitten werden, dass sie von anderen abhängig waren – und schon gar nicht von ihren Eltern. Selbstständigkeit, so beschloss ich, ist von Anfang an wichtig, und zwar vom ersten Tag an, wenn sie noch Babys sind, und man meinen könnte, dass sie ständig umhegt werden müssen. Da beginnt die Erziehung zur Selbstständigkeit.

Schauen wir uns noch einmal die Sache mit dem Einschlafen an, ein Thema, das bei Eltern von Kleinkindern viel Verwirrung stiftet. In Kapitel 2 habe ich Ihnen bereits erklärt, dass das Einschlafen die erste vertrauensbildende Maßnahme ist. Es ist auch die erste Selbstständigkeit bildende Maßnahme. Beim Einschlafen bekommt Ihr Kind erstmals die Chance, sich selbst zu beruhigen, sich selbst um seine Bedürfnisse zu kümmern. Vor allem Letzteres ist entscheidend.

In Pamela Druckermans internationalem Bestseller *Warum französische Kinder keine Nervensägen sind* spricht sie von *»la pause«*, von der französischen Erziehungstradition, einfach kurz zu warten, bevor man ein Baby tröstet, das nachts aufwacht. Statt sofort in sein Zimmer zu stürzen, lernen französische Eltern, einen kurzen Moment zu warten, dem Kind Gelegenheit zu geben, sich das Einschlafen selbst anzueignen. Sogar von Neugeborenen wird erwartet, dass sie Rücksicht auf die Familie nehmen. Sie müssen lernen zu schlafen, damit die Eltern schlafen können.

Ich hatte vorher noch nie etwas von *»la pause«* gehört, aber wie sich herausstellt, ist es fast dasselbe, was ich bei meinen Töchtern gemacht habe. Sie haben ihre frühe Kindheit in Frankreich und in der Schweiz verbracht, vielleicht bin ich unbewusst von diesen Kulturen beeinflusst worden.

Neue Forschungsergebnisse bestätigen, was die Franzosen intuitiv zu wissen scheinen: Eine 2017 in *Pediatrics* veröffentlichte Studie ergab, dass Babys, die im Alter von vier und neun Monaten selbstständig (in ihrem eigenen Zimmer) schlafen, länger schlafen. [5] Leider haben das viele niemals mitbekommen.

Dr. Janesta Noland, eine bekannte Kinderärztin aus Menlo Park, Kalifornien, sagt, dass sie häufig mit Kindern zu tun hat, die mit acht, neun oder zehn Monaten nachts wach werden. Es gibt sogar Ein-, Zwei- und Dreijährige, die noch nicht durchschlafen können. Warum? Weil man es ihnen nie beigebracht hat. »Manchmal haben wir als Eltern Angst, Lernmöglichkeiten für unsere Kinder zu schaffen«, sagt sie. »Wir haben dann das Gefühl, ihnen womöglich zu schaden, sie nicht so zu unterstützen, wie wir das sollten.« Dr. Noland hat mir erzählt, dass Babys im Alter von drei, vier Monaten anfangen zu begreifen, dass sie eigenständige Wesen sind. »Plötzlich kapieren sie, dass sie von uns getrennt existieren«, so Noland, »und man sollte sein Baby aus dem eigenen Bett und tunlichst auch aus dem eigenen Zimmer bekommen, bevor sie das lernen.« Laut Druckerman haben die Franzosen eine ganz ähnliche Theorie, was vier Monate alte Babys betrifft: Wenn sie bis dahin nicht gelernt haben, selbstständig einzuschlafen, wird es äußerst schwierig, ihnen das noch beizubringen. Denn dann haben sie gelernt, dass Sie herbeieilen, sobald sie Rabatz machen. Manche Babys (vor allem solche mit Koliken) können komplizierter sein. Aber die große Mehrheit der Kinder profitiert enorm, wenn sie das Durchschlafen schon früh lernen. Und das Wichtigste dabei: Es ist ein erster Schritt auf dem Weg zur Selbstständigkeit.

Wenn sie ein größeres Kind haben, das nachts nicht durchschlafen kann, sollten Sie zuallererst mit ihm sprechen. Erklären Sie ihm, dass Schlaf Kindern beim Wachsen hilft. Das Kind wird das wahrscheinlich noch nicht richtig verstehen, aber Kommunikation ist ein wichtiger erster Schritt. Ebenfalls hilfreich ist es, ein altersgerechtes Ritual einzuführen und sich daran zu halten. Vorlesen (vor allem Bücher übers Einschlafen) und Schlaflieder sind tolle Zubettgeh-Rituale – beides macht Spaß und entspannt die Kinder. Aber vor allem sollten Sie nicht gleich zu ihnen ins Zimmer eilen, wenn sie mitten in der Nacht aufwachen. Praktizieren Sie »*la pause*«.

Wenn es beim Einschlafen darum geht, auf Distanz zu gehen, geht es bei Tobsuchtsanfällen darum, bestimmt aufzutreten. Sie wissen, worum es bei Tobsuchtsanfällen geht? Um Kontrolle. Ja genau, ein Kind will Kontrolle über sich selbst und seine Umgebung gewinnen – ein wichtiger Schritt zu mehr Selbstständigkeit. Was ein Kleinkind nicht kontrollieren kann, sind seine Gefühle. Daher das Kreischen und Um-sich-Schlagen. Aber mit etwas Zeit und Geduld kann es lernen, wie man um etwas bittet, ohne gleich einen Nervenzusammenbruch zu bekommen.

Gut, es gibt Situationen, in denen Sie Ihren Kindern einfach geben sollten, was sie verlangen, ohne groß mit ihnen herumzudiskutieren – vorausgesetzt, ihr Wunsch ist in irgendeiner Form nachvollziehbar. Wenn ein Kind schreit, weil es in die Bücherei will, würde ich ihm das durchgehen lassen, weil ich es ohnehin zum Lesen motivieren möchte (nur das mit dem Rumschreien muss anders werden). Wir waren einmal in Disneyland, als meine Töchter beschlossen, die »It's a Small World«-Themenfahrt zu machen. Immer wieder von vorn, und zwar einen Nachmittag lang. Wussten Sie, dass diese Themenfahrt nur eine Viertelstunde dauert? Wir müssen sie bestimmt ein Dutzend Mal absolviert haben. Es hat Tage gedauert, diesen Song wieder aus dem Kopf zu kriegen. Und trotzdem haben es meine Töchter geliebt, und ich fand, dass der Song eine wichtige Botschaft enthält: Die Welt ist klein, und wir sind alle gleich. Meiner Meinung nach haben sie eine wichtige Lektion gelernt. Ich hatte eine eiserne Regel, die nicht verhandelbar war, auch wenn sie für einigen Ärger sorgen konnte: Öffentliche Tobsuchtsanfälle sind strengstens verboten – besonders, wenn man etwas will, das ich für unwichtig halte. Eines Tages waren wir bei Macy's, als Janet ein Spielzeug entdeckte, das sie unbedingt haben wollte, denn sonst ... Es war klar: ich gegen sie. Sie hatte den schlimmsten Tobsuchtsanfall, den Sie sich nur vorstellen können. Sie kreischte, als würde ich mit Nadeln auf sie einstechen, und ich musste sie aus dem Kaufhaus und weit davon wegschleifen, bis sie endlich aufgab. Ich behaupte nicht, dass Eltern das vermeiden können. Aber wenn Sie zur eisernen Regel machen, dass es nicht in Ordnung ist, wird es noch das dickköpfigste Kind irgendwann kapieren.

Die ersten Tobsuchtsanfälle treten meist im Alter von ungefähr zwei Jahren auf, wenn Kinder erste Dinge allein erledigen. Sich die Schuhe anziehen, sich die Haare kämmen, sich allein anziehen. Sollten Sie es wagen, ihnen dabei helfen zu wollen, gnade Ihnen Gott! Dann bekommen sie schnell einen Tobsuchtsanfall und beharren darauf, alles noch einmal von vorn zu machen, *und zwar ganz alleine!* Darf ich Ihnen einen guten Rat geben? Geben Sie ihnen die Möglichkeit. Das dauert zwar länger und kann extrem frustrierend sein. Gut möglich, dass sie das T-Shirt verkehrt herum anziehen und sich der linke Schuh anschließend am rechten Fuß befindet und umgekehrt. Keine Ahnung, wie oft meine Töchter in einem völlig verrückten Aufzug das Haus verlassen haben, aber ich wollte ihnen das Gefühl geben, etwas allein geschafft zu haben. Das ist überaus wichtig für eine Erziehung zu mehr Selbstständigkeit. Gut möglich, dass Sie nicht jeden Tag Zeit dafür haben, aber nehmen Sie sich vor, den Kindern immer mal wieder die Zeit zu geben, die sie brauchen. Ich schlage vor, dass sich Ihr Kind in mindestens 20 Prozent der Fälle selbst anziehen und andere einfache Aufgaben übernehmen darf. Denken Sie daran: Es ist ein gutes Zeichen, wenn es nach Selbstständigkeit strebt!

Bei echt schwierigen Tobsuchtsanfällen, bei denen Sie ein um sich schlagendes und tretendes Kind durchs ganze Kaufhaus schleifen müssen, müssen Sie argumentieren. Kinder können höchst irrational sein, wirklich irrational! Manchmal kommt man mit Logik einfach nicht weiter. Schon gar nicht bei noch sehr kleinen Kindern. Aber sie müssen lernen, sich zu beherrschen, wenn sie lernen wollen, selbstständig zu sein. Ich habe meine Töchter dazu ermutigt, »Worte zu benutzen«. Ich sagte ihnen dann: »Ich weiß, dass ihr traurig seid und etwas wollt. Aber solange ihr einen Tobsuchtsanfall habt, kann ich euch nicht weiterhelfen.« Kleine Kinder sind auch Menschen (wenn auch mit sich noch entwickelnden Gehirnen). »Sag Mami einfach, was du willst«, erklärte ich mehr als einmal. Mit der Zeit lernen Kinder, über ihre Gefühle zu sprechen. Aber eines habe ich immer gewusst: dass ich nicht nachgeben darf. Denn sonst würden sie lernen, dass ich auf ihr Toben reagiere, und dann hätte ich erst recht ein Problem! Hüten Sie sich also davor, liebe Eltern! Setzen Sie klare Grenzen. Das niedliche kleine Ding im Kinderwagen weiß genau, was es tut! Auf diese Weise gelingt es Kindern, uns auf der Nase herumzutanzen – aber nur, wenn wir es ihnen erlauben.

Betrachtet man das Ganze aus einer positiveren Warte, heißt so ein Tobsuchtsanfall auch, dass Ihr Kind sich Ihrer sicher sein kann. Überlegen Sie doch mal: Bei einem Fremden oder bei jemandem, in dessen Gegenwart sie sich nicht wohlfühlen, würden sie sich niemals so aufführen. Sie warten, bis Sie nach Hause kommen, und legen dann los, weil sie Ihnen vertrauen. Das ist der Weg zu mehr Selbstständigkeit, auch wenn er sehr laut und unangenehm sein kann. Nehmen Sie es nicht persönlich.

Manchmal ist so ein kindlicher Protest auch ganz schön raffiniert. Von 1973 bis 1974 lebten wir in der Schweiz, und sowohl

Janet als auch Susan gingen auf die Internationale Schule in Genf mit angegliederter Kinderbetreuung (Susan war damals fünf und Janet drei). Sie waren beide schon recht selbstständig und aufgeweckt, aber Janet war fest entschlossen, genau dasselbe zu tun wie Susan. Sie begann sogar im selben Zeitraum zu sprechen wie Susan, so fest entschlossen war sie!

Als sie auf diese Schule kamen, gefiel es ihr gar nicht, den kleineren Kindern zugeteilt zu werden. Die Schule sah das allerdings anders. Wenn man drei war, kam man in die Gruppe für Dreijährige. Doch das konnte Janet nicht aufhalten.

Ohne Erlaubnis schmuggelte sie sich in die Gruppe der Fünfjährigen. Ich weiß heute noch nicht, wie sie das geschafft hat. Janet war sechs Wochen lang mit dabei, bis die Lehrer merkten, dass sie dort falsch war. Und das auch nur, weil jemand mitbekam, wie sie sagte, sie sei drei.

Sie steckten sie wieder zu den Dreijährigen. Janet war gar nicht glücklich. Da sie noch nie schnell aufgegeben hat, beschloss sie, überhaupt nicht mehr zur Schule zu gehen, bevor sie sich durch die Zuteilung zu den kleineren Kindern so erniedrigen ließ. Und das setzte sie auch durch. Egal, was wir sagten oder taten – sie weigerte sich, wieder dorthin zu gehen. Bis wir sie in einer französischsprachigen Kinderbetreuung anmeldeten. Sie kam in die ihr entsprechende Altersgruppe und war auch nicht begeistert. Aber wenigstens war alles auf Französisch, was eine neue Herausforderung für sie bedeutete.

Als wir im Jahr darauf nach Kalifornien zurückkehrten, beschloss sie, dass sie nun alt genug für die Grundschule wäre. Doch die öffentliche Schule nahm keine Vierjährigen. Deshalb meldeten wir sie an der Ford Country Day School (einer Privatschule) an. Sie hatte recht, und sie hatte Erfolg. Sie liebte alles außer Lesen, und am Ende der ersten Klasse beherrschte sie bereits fast den gesamten Mathelehrstoff der fünften Klasse.

Janet hat mir gezeigt, dass Kinder oft selbst am besten wissen, was gut für sie ist. Es ist die Aufgabe von uns Eltern, ihnen zuzuhören – natürlich innerhalb eines vernünftigen Rahmens. Ja, man muss einschreiten, wenn die Kinder etwas Gefährliches oder Irrationales wollen: wenn ein Kind in den Pool springen möchte, ohne schwimmen zu können zum Beispiel. Oder wenn Ihre Tochter einen Weinkrampf bekommt, nur weil ihr Eis zu kalt ist. Ist ihr Wunsch hingegen vernünftig, wenn auch unpraktisch, sollten Sie überlegen, sich auf einen Deal einzulassen: »Ich würde dich wirklich gern noch mal rutschen lassen, aber wir haben Oma versprochen, zum Mittagessen bei ihr zu sein, und wir wollen nicht zu spät kommen. Wie wär's, wenn wir morgen Nachmittag wieder in den Park gehen?« Wenn sie wirklich eine Herausforderung annehmen oder einer Neigung nachgehen wollen, würde ich sagen: Geben Sie ihnen die Gelegenheit.

Haben Kinder das Kleinkindalter hinter sich gelassen, müssen Eltern überlegen, wann sie ihr Kind unterstützen und wann sie ihm Einhalt gebieten sollen, sobald es neuen Interessen folgt. Wenn ich meine Kinder kontrolliert habe, dann immer nur aus Sicherheitsgründen. Sicherheit hatte für mich als Mutter oberste Priorität. Wir haben einen Pool im Garten – wir haben das Glück, in Kalifornien zu leben –, und als die Mädchen noch klein waren, hatte ich immer Angst, obwohl der Pool eingezäunt ist. Deshalb beschloss ich, dass sie so früh wie möglich schwimmen lernen sollen, und zwar richtig schwimmen, nicht nur herumplanschen. Ich wollte, dass sie in der Lage sind, an einem Ende in den Pool zu springen, bis ans andere Ende zu schwimmen und ohne fremde Hilfe herauszuklettern. Ich hielt es nicht für nötig, einen Schwimmlehrer zu engagieren oder sie zum Schwimmunterricht zu bringen. Ich kaufte ein Buch mit dem Titel *Teaching an Infant to Swim*. Auf den Schwarz-Weiß-Fotos sah das ziemlich einfach aus. Ich erfuhr, dass sehr kleine Kinder unter Wasser automatisch die Luft anhalten und dass ihre Einstellung zum Schwimmen, wie so vieles, von den Eltern geprägt wird. Wir haben früh mit dem Schwimmunterricht begonnen. Die Mädchen waren natürlich nicht perfekt, konnten sich aber im Wasser behaupten.

Manchmal nahm ich Janet zur Stanford Campus Recreation Association (SCRA) mit, einem Schwimm- und Tennisclub der Fakultät, um Freunde zu treffen. Eines Aprilnachmittags nutzten wir die ersten warmen Frühlingstage, und sie rannte mit Susan um den Pool herum. Ehe ich mich versah, sprang Janet ins Wasser. Ich machte mir keine Sorgen, weil sie schwimmen konnte – ich hatte es ihr selbst beigebracht –, aber ein älterer Herr, der in der Nähe saß, sprang aus seinem Stuhl in den Pool, um sie zu »retten«. Sie hätten Janets Gesicht sehen sollen! Sie war entsetzt. Schön, dass er so geistesgegenwärtig handelte, aber Janet wollte selbstständig schwimmen! Der Mann entschuldigte sich bei ihr und schwamm seines Weges. Danach achtete ich darauf, jedem, der zuschaute, zu sagen, dass Janet schwimmen konnte.

Wassersicherheit war nicht verhandelbar, aber wenn es um andere Aktivitäten ging, habe ich in der Regel meine Töchter entscheiden lassen. Und in diesem Punkt hebe ich mich wirklich von Tiger- und Helikoptereltern ab. Das Letzte, was ich will, ist, ein Kind stundenlang zu etwas zu zwingen, was es hasst. Obwohl wir Kinder ermutigen sollten, Neues auszuprobieren und nicht gleich aufzugeben, wenn ihnen etwas schwerfällt, sollten wir trotzdem ihre Gefühle respektieren. Wir sollten uns immer wieder vor Augen führen, warum wir Kinder überhaupt etwas unternehmen lassen, nämlich um ihre Interessen und ihre Eigenaktivität zu fördern, sie bei ihrer Persönlichkeitsentwicklung zu unterstützen. Was meine Töchter angeht, war jede Form von Aktivität in Ordnung – Hauptsache, sie *waren* aktiv.

Obwohl meinem Mann und mir Musik wichtig ist, hat das bei unseren Töchtern nie funktioniert. Sie hatten eine Weile Klavier- und Geigenunterricht, allerdings ohne ihn zu genießen. Ich erklärte ihnen, dass man Geigen mitnehmen kann, aber das hat nicht funktioniert – auch nicht, das Pensum von zwei Stunden Musikunterricht auf eine zurückzuschrauben. Anne wollte eislaufen, Janet schwamm gern, und Susan begeisterte sich für Tennis. Sie durften sich ihre Hobbys selbst aussuchen. Hauptsache, sie beschäftigten sich mit etwas, das ihnen Spaß machte.

Aber es ist wichtig anzuerkennen, dass es *Unterschiede* gibt. Mein Enkel Jacob ist ein begabter Musiker und Komponist. In seinem Abschlussjahr an der Highschool hat er ein fantastisches Musical mit dem Titel *Ones and Zeros* (»Einser und Nullen«) auf die Bühne der Menlo School gebracht. Er hat die Musik und den Text geschrieben, war als Regisseur und Schauspieler beteiligt. Aber das heißt nicht, dass seine Geschwister genauso sind. Jacobs Schwester Amelia spielt kein Instrument, hatte aber jahrelang Ballettunterricht. Ihr Bruder Leon ist ein Schach-Genie und Profi im Lego-Bau. Die beiden Jüngsten, Emma und Ava, lieben Ballett. Es gibt so vieles, was man machen kann!

Noch ein wichtiger Punkt ist Durchhaltevermögen. Trotzdem sollten Eltern berücksichtigen, dass sich Interessen erst einmal entwickeln müssen. Wenn das Hobby zur Pflicht wird, sollten Sie den Kindern eine Pause gönnen und das Ganze noch mal überdenken. Wenn sie danach immer noch damit aufhören wollen, würde ich ihnen erlauben, sich nach etwas anderem umzusehen. Amelia ist eine unglaubliche Tänzerin, die jahrelang nationale Wettbewerbe gewonnen hat. Sie hat abends stundenlang trainiert und ist mit ihrer Mannschaft durchs ganze Land gereist. Aber letztes Jahr hat sie beschlossen, sich lieber auf Fußball zu konzentrieren. Ihre Eltern haben sie ermutigt, das Jahr noch fertig zu machen – es war wichtig, ihr beizubringen, nicht mittendrin aufzuhören. (Das ist eine von vielen Möglichkeiten, den Charakter zu bilden.) Aber sie haben sie auch gefragt, was sie stattdessen machen möchte. Nachdem die Tanzsaison vorbei war, hat sie aufgehört. Strengere Eltern hätten vielleicht von ihr verlangt, dass sie weitermacht, mit dem Argument, sie hätte schon so viel Zeit und Energie ins Tanzen investiert (und so viel Geld der Eltern). Vielleicht werde ja noch mal eine professionelle Tänzerin aus ihr? Aber selbst wenn – wessen Leben würde sie dann leben? Wie selbstständig wäre sie, und würde sie damit glücklich?

NEHMEN SIE SICH (WENN MÖGLICH) ZURÜCK

Seit Jahrzehnten nehmen kalifornische Viertklässler am *California Mission Project* teil. Es ist Teil des Fachs Sozialkunde und soll Schülern die Geschichte ihres Bundesstaats nahebringen. Die Aufgabe ist denkbar einfach, nämlich ein Missionsgebäude aus Zuckerwürfeln zu bauen. Das klingt nach einem amüsanten Projekt, mit dem man Geschichte erlebbar machen kann, oder?

Fehlanzeige.

Sie sollten sich einmal einige dieser Bastelarbeiten ansehen. Es handelt sich um hochraffinierte Kunstwerke mit Bogengängen, Glockentürmen, geziegelten Spitzdächern. Und wer stellt sie her? Nicht etwa die Schüler, sondern in der Regel die Väter. Eltern sind heute höchst streng und ehrgeizig – unglaublich, wie sehr sie glauben, sich einmischen zu müssen. Manche Lehrer sehen von dem Projekt ab, weil sie genau wissen, dass nicht die Kinder dieses Missionsgebäude basteln. Wozu also ein Bastelprojekt für Eltern ins Leben rufen? Andere Lehrer warnen die Eltern im Vorfeld, betonen, dass die Kinder die Bastelarbeit machen sollen. Bis zu einem gewissen Grad scheint das auch zu helfen. Viele Eltern halten sich daran, aber es gibt immer noch das ein oder andere Missionsgebäude, das eigentlich ins Museum gehört. Wir alle wissen, wer es gebastelt hat. Als meine Töchter in die vierte Klasse gingen, bastelten sie ihre Missionsgebäude selbst. Es wäre mir im Traum nicht eingefallen, ihnen dabei zu helfen. Bis ich ihre Bastelarbeiten zur Schule brachte und die

Konkurrenzprojekte sah. Annes Missionsgebäude sah aus, als hätte es ein Erdbeben hinter sich. Aus meiner Sicht hatte es Extrapunkte für historische Genauigkeit verdient.

Ich war stets der Auffassung, dass ihre Hausaufgaben *ihre* Hausaufgaben sind.

Jede von ihnen hatte einen großen Schreibtisch im Zimmer, und ich wusste, dass sie an den Nachmittagen daran saßen und Hausaufgaben machten. Sie taten das völlig unaufgefordert, es gehörte zu ihrem Alltag. Natürlich gab es damals noch keine Ablenkung durch Handys und Tablets. Aber sie machten gern Hausaufgaben, weil sie auch gern in der Schule mitkommen wollten. Wenn sie keine machten, war das *ihr* Problem. Es kam auch vor, dass ich ihnen auf Nachfrage hin half, und das machte uns in der Regel allen Spaß. Im Hinblick auf irgendwelche Projekte machte ich mir keine Gedanken über andere Eltern, die sich deutlich mehr einbrachten als ich. Ich sagte meinen Töchtern immer: »Ich glaube an dich, du wirst dieses Projekt prima hinkriegen, und mir wird es so oder so gefallen.« Wenn sie Hilfe wollten, erklärte ich mich dazu bereit, aber nur, wenn *sie mich* anleiteten. Ich weigerte mich, die ganze Arbeit für sie zu machen.

In Gesprächen mit meiner Freundin Maye Musk, Ernährungsberaterin und erfolgreiches Model, außerdem Elon Musks Mutter, erfuhr ich, dass sie es genauso gehalten hat. Sie hat die Hausaufgaben ihrer Kinder nie kontrolliert. Das hätte sie auch gar nicht gekonnt: Sie hatte fünf Jobs, um irgendwie über die Runden zu kommen. Für den Fall, dass für irgendetwas elterliche Zustimmung vonnöten war, ließ sie die Kinder ihre Unterschrift üben, damit sie selbst unterschreiben konnten. »Ich hatte keine Zeit für so was«, vertraute sie mir an. »Außerdem war es ihre Sache.«

Genau das brauchen Kinder: dass sie nicht ständig kontrolliert oder überbehütet werden, sondern selbst Verantwortung für ihr Leben übernehmen dürfen.

Für Eltern bedeutet das, ihren Kindern Verantwortung zu übertragen – und das oft und schon sehr früh. Mit anderen Worten, es bedeutet, *sich selbst zurückzunehmen*. Man sollte seinen Kindern mit Rat und Tat zur Seite stehen, aber sie können mehr – und das in einem deutlich jüngeren Alter –, als Sie glauben. Als Susan achtzehn Monate alt war, war sie meine offizielle Assistentin. Damals gab es noch kein Babyphon, und wir wohnten in einem großen Haus. Ihre Verantwortung war die, das Babyphon zu sein. Wenn Janet weinte, rief Susan, »Mommy, Janet weint!«. Susan konnte noch nicht richtig sprechen, aber das spielte keine Rolle. Sie hatte die Verantwortung, und sie war sehr stolz darauf. Außerdem fühlte sie sich so als vollwertiges Familienmitglied. Sie half auch beim Windelfalten. Sie hielt es für ein Spiel. Na ja, ich tat so, als wäre es ein Spiel. Obwohl sie nicht soooo toll Windeln falten konnte, hat es meinen Ansprüchen genügt. Ich wollte einfach, dass sie stolz auf das ist, was sie tut. Es waren schließlich bloß Windeln. Ich empfehle, allen Kindern eine Aufgabe zu übertragen – eine, für die nur sie zuständig sind. Das macht sie selbstständiger, außerdem lernen sie so, im Haushalt mitzuhelfen – eine wichtige Lektion für Mädchen *und* Jungen.

Später übernahm Susan die Lehrerinnenrolle bei Janet. Sie gab Janet Spielzeug, zeigte ihr, wie Rasseln funktionieren, und achtete darauf, dass Janet immer beschäftigt war. Ein paar Jahre später in Genf war es wirklich lustig zu beobachten, wie Susan versuchte, Anne mit zerdrückten Bananen zu füttern. Das meiste davon landete in Annes Gesicht, aber Susan freute sich, wenigstens ein bisschen mithelfen zu können.

Geschirrspülen war eine weitere wichtige Aufgabe in unserem Haushalt. Alle meine Töchter standen auf einem kleinen Hocker vor der Spüle und wuschen nach dem Abendessen ab. Nicht unbedingt perfekt, aber es schulte ihr Verantwortungsgefühl. Meine Enkel setzen diese Tradition heute fort. Ava, die gerade mal vier ist, pflegt einen Hocker herbeizuziehen und ihrem Bruder Leon beim Abspülen zu helfen. Meine Töchter sollten auch morgens die Betten machen. Ha! Ein von einem Kind gemachtes Bett kann aussehen, als würde es immer noch darin schlafen. Aber ich habe sie nie gerügt. Solange sie es machten, war ich zufrieden.

Beim Lebensmitteleinkauf bat ich die Mädchen, ein Kilo Äpfel zu besorgen und sie in den Einkaufswagen zu legen. Heute gibt es extra Einkaufswägen für Kinder, aber damals noch nicht. Meine Töchter mussten mit den richtig großen Wagen zurechtkommen! Sie mussten zwei Pfund abwiegen und wissen, woran man schöne Äpfel erkennt, was ich ihnen ebenfalls beibrachte. Auch ihr Budget kannten sie. Überschritten wir das Budget, bestimmten sie mit, was zurückgelegt werden musste.

Ich achtete darauf, ihnen gewisse Freiheiten zu lassen, auch als sie noch klein waren. Zum Beispiel durften sie ihre Zimmer selbst gestalten (innerhalb eines gewissen Rahmens zumindest). Sie durften sich aussuchen, wie ihr Zimmer aussehen sollte, und damit mussten sie dann leben. Mit sechs beschloss Susan, ihr Zimmer mit einem knallrosa Wuschelteppich zu schmücken. Und musste damit leben. (Susan hat den Teppich immer geliebt – ich war diejenige, die sich schwertat zu begreifen, wie schön er ist.) Jahre später, als Susan sich ihr eigenes Haus kaufte, hatte sie schon Erfahrung mit Inneneinrichtung (und ich bin froh, dass sie sich für zweckmäßigere, neutralere Töne entschied)! Janet, die sich die Gelegenheit, ihr Zimmer zu schmücken, nicht entgehen lassen wollte, entschied sich für einen königsblauen Teppich. Der gefiel mir besser, aber es war ihr Zimmer, und nur darauf kam es an. Als Anne sechs war, durfte sie sich ebenfalls ihren ersten Teppich aussuchen: einen lindgrünen Veloursteppich.

Damit hier keine Missverständnisse entstehen: Ich rede nicht davon, Kindern Verantwortung für Dinge zu übertragen, die sie noch nicht begreifen oder beherrschen, auch nicht davon,

Kinder auf der Straße spielen zu lassen, wenn es dort nicht sicher ist, oder sie allein zum Einkaufen zu schicken, wenn das Viertel nicht sicher ist. Ich würde ein Kleinkind auch nie allein in der Obhut eines älteren Kindes zurücklassen, außer es ist mindestens ein Teenager. So eine verfrühte Selbstständigkeit kann kontraproduktiv, wenn nicht sogar traumatisierend sein. Doch manchmal kann man es auch übertreiben! In Maryland wurden eine Zehnjährige und ihr sechsjähriger Bruder in Polizeigewahrsam genommen, nur weil sie sich unbeaufsichtigt ein paar Wohnblocks von ihrem Zuhause entfernt hatten. Eine Mutter in Chicago gab an, beschimpft worden zu sein, nachdem ein Nachbar, bloß weil ihre achtjährige Tochter allein den Hund ausführte, die Polizei gerufen hatte. Ein vor Kurzem in der *New York Times* erschienener Artikel erzählt die Geschichte von einer Mutter, die verhaftet wurde, weil sie ihren vierjährigen Sohn fünf Minuten lang allein im Auto ließ (es war ein kühler Tag, die Fenster standen einen Spalt auf, die Kindersicherung war aktiviert und der Alarm ebenfalls). Sie ging nur schnell in einen Laden, um eine Kleinigkeit zu kaufen, und ein Passant wählte den Polizeinotruf. Zum Glück gibt es auch gegenteilige Entwicklungen. Im Mai 2018 verabschiedete Utah ein »Freilaufende Kinder«-Gesetz, das Kindern bis dahin verbotene Aktivitäten wie zur Schule gehen oder allein draußen spielen erlaubt. Der Staat beschloss, »Kindesvernachlässigung« neu zu definieren, damit er nicht das einschränkt, was viele Leute einfach für selbstverständliche Freiheiten in der Kindheit halten.

Für mich ist Selbstständigkeit wichtig, weil sie Halt schenkt. Wenn Kinder bestimmte Aufgaben übernehmen sollen, müssen sie sie vorher gezeigt bekommen, gleichzeitig muss nicht immer alles perfekt sein. Die Freiheit, durchs Viertel zu streifen (wenn es denn tatsächlich sicher ist), geht mit der Verpflichtung einher, sich zu melden. Meine Kinder riefen mich immer vom öffentlichen Schwimmbadtelefon an. Sie mussten sich auf die Zehenspitzen stellen, um an den Hörer zu kommen. Mit Handys ist das heute viel einfacher. Kinder sollten stets Zugang zu Notrufnummern haben – man kann sie auch an die Wand hängen, aber noch besser ist es, wenn Kinder solch wichtige Nummern genauso auswendig können wie die eigene Adresse. Sie sollten generell wissen, wie man Hilfe holt – nicht nur wenn sie allein sind, sondern auch in Gegenwart der Eltern (denn was passiert, wenn Ihnen etwas zustößt?). Vergessen Sie die Nachbarn nicht! Sie können eine große Hilfe sein, wenn Ihr Kind sich gerade Selbstständigkeit erarbeitet. Lassen Sie Ihr Kind zum ersten Mal allein, sorgen Sie dafür, dass es Ihre Handynummer hat. Machen Sie ihm Vorschläge, wie es sich beschäftigen kann, und sagen Sie ihm auch, wann Sie wieder zurück sein werden. Strukturieren Sie die Zeit für das Kind. Nach und nach wird es lernen, allein zurechtzukommen, doch anfangs braucht es ein wenig Anleitung. Nicht vergessen: Kinder sind Erwachsene in Ausbildung.

Und noch etwas sollte Ihnen klar sein: Wenn Kinder anfangen, die Kontrolle zu übernehmen, wird es zwangsläufig ein wenig chaotisch. Ich werde jedes Mal wieder daran erinnert, wenn ich das Media Arts Center in der Produktionswoche unserer Schülerzeitung betrete. Das Gebäude sieht aus, als wäre es Teil eines College-Campus, gehört aber zu einer öffentlichen Highschool in Palo Alto. Es wurde 2015 eingeweiht. Alle Lehrer des Journalismuskurses werden dem Schulausschuss und den Bürgern Palo Altos auf ewig dankbar sein, dass sie diesen Bau finanziert haben. Bevor das Media Arts Center gebaut wurde, habe ich 30 Jahre lang in einem Container mit unzuverlässiger Klimaanlage und abgewetzten Linoleumböden unterrichtet.

An einem normalen Produktionstag beginnt der Wahnsinn gegen halb vier Uhr nachmittags, sprich dann, wenn die ersten Kinder eintrudeln (falls sie nicht ohnehin schon den ganzen Tag oder die vorhergehende Nacht da waren). Sie fläzen mit ihren Laptops auf Sitzsäcken oder sind über die Rechner des Computerraums gebeugt, entdecken Fehler, die längst hätten korrigiert werden müssen, oder machen sich Sorgen wegen der Anzeige, die nicht rechtzeitig eingetroffen ist. Alle mögliche Musik wird gespielt, aber diese Teenager konzentrieren sich auf eine Art und Weise, die kein Erwachsener verstehen kann. Es gibt auch was zu essen, jede Menge zu essen. Ich achte darauf, dass sie am Nachmittag einen Snack bekommen, und verschiedene Eltern sorgen fürs Abendessen. Manchmal essen wir In-N-Out-Burger. An anderen Abenden kann es alles Mögliche sein – angefangen von indischem über ägyptisches Essen bis hin zu selbst gemachten Spaghetti- und Lasagne-Gerichten. Wir haben im Laufe der Jahre schon legendäre Mahlzeiten genossen, darunter auch die Bio-Menüs, die uns von Steve und Laurene Powell Jobs serviert worden sind, deren Tochter Lisa Mitte der Neunziger an dem Kurs teilnahm.

Das klingt nicht nur chaotisch, das sieht auch so aus! Aber es ist sehr produktiv. Ich kann mit Stolz berichten, dass in 36 Jahren noch keine einzige Ausgabe nicht erschienen ist. Gut, es ist ein paar Mal vorgekommen, dass sie mit einem Tag Verspätung erschien, weil Schüler den Redaktionsschluss verpasst hatten. Daraufhin mussten sie noch mehr Geld reinholen, um die Verspätungsgebühr der Druckerei von 500 Dollar wieder reinzukriegen, aber sie erscheint jedes Mal und sieht jedes Mal toll aus. Fast jedes Mal.

Eines Abends vor mehr als 25 Jahren fand es ein Schüler witzig, das Foto von einem Mitglied des Schulausschusses, das in der Zeitung der jeweiligen Woche erscheinen sollte, mit Hörnern und einem Bart zu versehen. Es war nur ein Witz, und er wollte beides entfernen, bevor die Zeitung in den Druck ging. Nun ... er hat es vergessen. Ich weiß noch, wie ich einen Blick auf die Exemplare warf und dachte: *Ach du meine Güte, was jetzt?* Ich fuhr zu Target und kaufte 100 schwarze Filzmarker. Die Kinder saßen den ganzen Nachmittag und Abend da, um jedes Horn und jeden Bart in allen 2500 Exemplaren zu übermalen. Das war weniger witzig, aber heute kann ich darüber lachen.

Dieser Vorfall mit den Hörnern bringt mich zu einem der wichtigsten Aspekte meiner an Eltern und Lehrer gerichteten Erziehungsphilosophie, dem »Mastery System«, das darauf beruht, wie Lernen tatsächlich funktioniert – etwas, wovon eine erstaunliche Anzahl von Eltern und Lehrern keine Ahnung hat. Das System besagt: Scheitern gehört einfach dazu! Wenn Sie etwas gleich beim ersten Mal perfekt hinkriegen, ist kein Lernprozess damit verbunden. Fehler sind zu begrüßen! Erinnern Sie sich noch an das Motto des Silicon Valley? Schnell scheitern, oft scheitern, »vorwärts scheitern«. Kinder müssen als Kinder einfach Mist bauen, um als Erwachsene weniger Mist zu bauen. Das heimische und schulische Umfeld sollte Lernprozesse unterstützen und damit auch Scheitern zulassen. Doch viel zu viele Kinder haben Angst, dass sie es, wenn sie nur bei einem Mathe-Test schlecht abschneiden, nie aufs College schaffen werden, dass sie ihre Eltern enttäuschen, wenn sie nicht zum Klassensprecher gewählt werden. So viele Kinder leiden unter dem Konflikt, etwas selbstständig und gleichzeitig perfekt erledigen zu wollen. Aber wann ist etwas wirklich perfekt? Wie perfekt muss es überhaupt sein? Wie lange wollen wir den eigentlichen Lernprozess noch hinauszögern? Wie sollen unsere Kinder Erfolg haben, geschweige denn selbstständig werden, wenn sie solche Angst vor dem Scheitern haben?

Das »Mastery System« beinhaltet, etwas so oft zu tun wie nötig – so lange, bis es klappt. Und das geht nicht über Nacht, sondern ist ein Prozess. Das habe ich bei meinen Schreibkursen gelernt. In den 1980er- und 1990er-Jahren, als ich meine Methoden entwickelte, erkannte man einen guten Lehrer angeblich nicht nur daran, dass er die totale Kontrolle über die Klasse hatte, sondern auch an seinen überzogenen Unterrichtsansprüchen, die zahlreiche Schüler scheitern ließen.

Die Qualität eines Lehrers wurde anhand der Schüler bemessen, die jedes Jahr durchfielen. Heute klingt das einfach nur absurd, aber genau so war es.

Ich konnte mich nicht damit abfinden: Das ging gegen meine innere Überzeugung, verstieß gegen mein Gefühl für Anstand. Kinder, die anfangs eine schlechte Note schrieben, konnten sich nie mehr davon erholen. Sie waren null motiviert, sich zu verbessern, da die Note sie bereits enorm benachteiligte. Ich gab meinen Schülern die Möglichkeit, ihre Arbeiten so oft zu korrigieren, wie sie wollten – das muss man sich mal vorstellen! Ihre Endnote beruhte auf ihrem Endprodukt. Ich wollte den Lernprozess und die harte Arbeit benoten und nicht, dass man es auf Anhieb schaffte.

Daraufhin verschwanden alle »Schreibblockaden« sofort. Die Schüler hatten keine Angst mehr, Fehler zu machen, und schrieben, ohne sich zu quälen. Die Englischabteilung beschuldigte mich zwar, die Latte zu tief zu hängen, und behauptete, meine Schüler lernten nicht genug. Aber als die staatlichen Prüfungen kamen, gehörten meine Schüler trotzdem zu den besten zehn Prozent.

Damals wurde mir auch bewusst, wie wichtig es für die Kinder ist, zu wissen, dass auch ich Fehler mache. Wir hören schließlich nie auf dazuzulernen. Wenn ich im Unterricht irgendetwas verwechsle, entschuldige ich mich, sage, dass ich Mist gebaut habe, und fange noch einmal von vorne an. Manchmal stellen meine Schüler meine Korrekturen oder die von mir vorgeschlagene Artikelauswahl infrage, und dann gebe ich zu, dass ich mich getäuscht habe. Über die Jahre habe ich die Kinder jede Menge Software ausprobieren lassen, die nicht funktioniert hat. Oje! Aber na und? Ich kann Ihnen gar nicht sagen, wie hilfreich es ist, zuzugeben, dass Sie auch nicht alles wissen. Kinder neigen dazu, Lehrer und Eltern auf ein Podest zu stellen, anzunehmen, wir wären perfekt und würden niemals Fehler machen.

Sie fahren deutlich besser damit, wenn sie die Wahrheit erfahren: Niemand ist perfekt, und jeder kann dazulernen.

Ja, wir machen alle Fehler, vor allem Kinder. Aber wissen Sie was? Kinder kommen auch oft mit den besten Lösungen, die besser sind als Ihre eigenen. Vor ein paar Jahren machte meine ganze Familie mitsamt allen neun Enkeln Urlaub in einer wunderschönen Ferienanlage im Napa Valley namens Carneros. Dort gab es alle möglichen Freizeitangebote für Kinder. Das Problem war nur, dass die Kinder ständig mit ihren Handys beschäftigt waren. Alle Eltern wissen, wie es ist, wenn man den Kindern etwas Besonderes bieten möchte, die aber nur an ihren technischen Geräten kleben. Das kann einen wahnsinnig machen!

Einige Familienmitglieder fanden, es wäre das Beste, ihnen die Handys wegzunehmen. Genau das, was Rio de Janeiro und ganz Frankreich an ihren Schulen eingeführt haben: 2017 verkündete die französische Regierung, Handys an Grund- und Mittelschulen komplett aus dem Unterricht zu verbannen. Obwohl ich Studien glaube, die ergeben haben, dass man Handys an Grundschulen verbieten sollte, halte ich es für keine gute Idee, älteren Kindern das Handy wegzunehmen, weil ihnen die Technik eine wunderbare Gelegenheit gibt, Selbstbeherrschung zu lernen. Wenn wir versuchen, etwas zu verbieten, wird es nur umso interessanter. Denken Sie nur an die Prohibition!

Ich beschloss, mit meinen Enkeln zu reden. »Warum denkt ihr euch nicht selbst eine Handyregelung aus?«, fragte ich. Sie hätten das Leuchten in ihren Augen sehen sollen, als ich vorschlug, sie selbst sollten das entscheiden. Sie setzten sich zusammen, redeten und stritten und legten schließlich einen Plan vor. Wollen Sie wissen, wie der aussah? Die Handys sollten den ganzen Tag über verbannt werden – von neun Uhr morgens bis neun Uhr abends! Können Sie sich das vorstellen? Das war strenger als alles, was wir vorgeschlagen hätten, und wir hielten uns alle an die Entscheidung, die sie für sich selbst getroffen hatten.

Technik ist ein Thema, zu dem mich die Eltern am häufigsten befragen. Sie machen sich mit Recht Sorgen. Eine Studie aus dem Jahr 2017 hat ergeben, dass depressive Symptome sowie die Selbstmordrate bei Heranwachsenden parallel zur Bildschirmzeit zunehmen.[6] Das ist ein Problem, das wir alle in den Griff bekommen müssen. Deshalb hoffe ich, es hilft Ihnen weiter, wenn ich Ihnen meine Zehn Gebote für den Umgang mit Technik verrate:

1. Machen Sie einen Plan *mit* Ihren Kindern, nicht *für* Ihre Kinder.

2. Keine Handys bei den Mahlzeiten, egal ob zu Hause oder woanders. Eine Studie von 2018 ergab, dass diejenigen, die beim Abendessen aufs Handy starrten, abgelenkter waren und weniger genießen konnten.[7]

3. Keine Handys nach dem Zubettgehen. Kinder müssen schlafen, und Handys sorgen für Ablenkung. Erklären Sie ihnen, wie wichtig Schlaf für die Gehirnentwicklung ist, und erinnern Sie sie daran, dass sie im Schlaf wachsen.

4. Lassen Sie bei Kleinkindern Vernunft walten: Kinder ab vier sollten wissen, wie man mit dem Handy Hilfe holt. Zeigen Sie ihnen lediglich, wie man den Notruf betätigt – sie sind schlau und wissbegierig. Ab der dritten Klasse kann man Kindern eine geeignete Verwendung des Handys zu Hause und bei den Hausaufgaben beibringen.

5. In den Ferien, an den Wochenenden oder bei irgendwelchen sozialen Aktivitäten, an denen auch die Kinder teilnehmen sollen, ist es hilfreich, wenn die Kinder eigene Vorschläge zur Handynutzung machen. Achten Sie darauf, dass sie sich

auch eine Strafe dafür ausdenken, die greift, wenn sie gegen ihre eigenen Regeln verstoßen (eine Einschränkung der Nutzungszeit ist eine gute Methode, ihnen beizubringen, sich an die Regeln zu halten).

6. Elterliche Kontrolle ist bei kleinen Kindern unabdingbar. Doch ab einem Alter von acht Jahren können Kinder Selbstbeherrschung lernen. Wenn sie Ihr Vertrauen missbrauchen oder sich nicht an die gemeinsamen Regeln halten, müssen sie sich eben wieder kontrollieren lassen.

7. Eltern sollten ihren Kindern einen gesunden Umgang mit Technik selbst vorleben. Ich habe schon Eltern erlebt, die ständig am Handy kleben und das als »Zeit für die Familie« bezeichnen. Das ist keine »Zeit für die Familie«!

8. Diskutieren Sie mit Ihren Kindern, was man fotografieren und filmen darf. Manchmal fehlt es Kindern an gesundem Menschenverstand. Erklären Sie ihnen, dass alles, was man im Internet tut (sei es in schriftlicher Form oder in einem anderen Medium), digitale Spuren hinterlässt. Und deren sollte man sich später nicht schämen müssen!

9. Erklären Sie ihnen, was Cybermobbing ist, und helfen Sie ihnen zu begreifen, dass sich das nicht nur auf andere, sondern auch auf sie selbst negativ auswirkt. Man kann nie wissen, was Kinder sich ausdenken oder lustig finden. Kindern Humor beizubringen ist schwer, aber wichtig. Meine Regel lautet: *Mit* Freunden lachen, nie *über* sie!

10. Bringen Sie Ihren Kindern bei, keine persönlichen Daten herauszugeben.

Damals in den 1980er-Jahren waren meine Töchter bei uns im Tolman-Drive-Viertel nur als die »Lemon Girls« bekannt. Irgendwann entdeckten sie den Zitronenbaum unserer Nachbarin, und die war so nett, ihrem Plan, ihn für eine Firmengründung zu nutzen, zuzustimmen. Sie dachten sich einen Preis aus (50 Cent pro Zitrone) und verkauften ihre Ware von Tür zu Tür. Sie schafften es sogar, die Zitronen an die Nachbarin mit dem Zitronenbaum zurückzuverkaufen! Als ihr Sparschwein voll war, trugen sie ihren Verdienst in ihren Lieblingskramladen, zu Patterson's auf der California Avenue.

Ich glaube, wir in unserer Familie haben alle einen gewissen Unternehmergeist, denn meine Enkelin Mia produziert und verkauft erfolgreich Schleim. Sie haben richtig gelesen, Schleim. Genau das, was Sie jetzt denken, ekligen, Fäden ziehenden Glibber. Aber Kinder lieben das, vor allem, wenn er glitzert und in allen Regenbogenfarben erhältlich ist. Mia war sehr begabt darin, neue Schleimvarianten zu kreieren. Mit ihren gerade mal neun Jahren hatte sie die großartige Idee, ihn zu vermarkten. Mein Enkel Leon begann mit 13 in einer Spielhalle in Los Altos namens Area 151 zu arbeiten. Es war seine Idee, sich einen Job zu suchen, nicht die seiner Eltern. Leon verkauft Spielmünzen an die Kunden, erklärt ihnen, wie die Spiele funktionieren, und ist sogar in der Lage, einige der Spielautomaten auf die Werkseinstellung zurückzusetzen und zu reparieren. Seine neueste Leidenschaft gilt Bitcoins. Glauben Sie mir, er ist mittlerweile ein echter Experte für Kryptowährung – etwas, das er sich ganz von allein beigebracht hat.

All diese Projekte sind aus Neugier heraus entstanden, eine natürliche Konsequenz von eigenständigem Denken. Wollen Sie wissen, was meinen Schülern am allerschwersten fällt? Sich eigene Themen auszudenken. Es ist ihnen so gut wie unmöglich, über ein selbst gewähltes Thema zu schreiben. Sie behaupten dann, sie könnten nicht beurteilen, was interessant ist. Doch in erster Linie wollen sie wissen, ob sie für ihre »interessante Idee« eine Eins kriegen. Ich erkläre ihnen, dass jede Idee die Note Eins wert ist, solange sie sich wirklich dafür interessieren, denn warum sonst sollte sich jemand anders dafür interessieren.

Diese fehlende Neugier und die Unfähigkeit, über ein selbst gewähltes Thema zu schreiben, war in den 1990er-Jahren, als ich Englischunterricht gab, weitverbreitet. Deshalb führte ich fächerübergreifend ein, dass jeder Schüler der Palo Alto High täglich etwas zu einem selbst gewählten Thema schreiben muss. Ich wartete auf die Target-Sonderangebote zu Schulbeginn und kaufte 2000 Notizbücher. Mit einem Kunden wie mir hatte anscheinend niemand gerechnet. Damals gab es noch keine Mengenobergrenze (heute schon!), und man staunte nicht schlecht, dass ich so viele wollte, und fragte, ob ich vorhabe, sie weiterzuverkaufen. »Nein«, erwiderte ich. »Ich bin Lehrerin und kaufe die für sämtliche Kinder der Highschool ein.« Als sie das hörten, überschlugen sie sich schier vor Hilfsbereitschaft.

In den ersten Wochen hätte man meinen können, ich würde sie zu komplizierten Matheaufgaben zwingen. Dabei wollte ich nur, dass sie in den ersten zehn Minuten der Unterrichtsstunde über ein frei gewähltes Thema schrieben. Wie schwer kann das sein? Richtig schwer, wie sich herausstellte. Manchmal erwähnte ich Themen aus der Zeitung. »Schaut nur, was gestern passiert ist«, sagte ich. »Was haltet ihr von dieser Geschichte?« Sie kannten die Geschichten nicht einmal. Doch plötzlich achteten sie auf solche Dinge, begannen, sich für ihre Umgebung zu interessieren, sich ihre eigene Meinung zu bilden. Sie lernten ihre Notizbücher lieben, und das tägliche Schreiben wurde zum vertrauten Ritual, das ihnen zu mehr Selbstbewusstsein und zu einem flüssigeren Schreibstil verhalf. Diese Übung markierte den Anfang ihres eigenständigen Denkens.

Schüler wissen oft nicht, *warum* sie etwas lernen. Die *Warum*-Frage ist Kindern sehr wichtig, und sie haben eine bessere Antwort verdient als »weil wir eine Prüfung darüber schreiben werden«. Wenn Kinder in die Mittelschule kommen, hören sie auf zu fragen und konzentrieren sich nur noch darauf, eine gute Note zu bekommen. Um ihre Neugier zu fördern, ist es wichtig, sich mit diesen »Warum-Fragen« auseinanderzusetzen. Warum lesen wir *Hamlet*? Warum lösen wir quadratische Gleichungen? Wenn Lehrer Kindern diese Fragen beantworten, werden sie dazu angeregt, sich selbst Gedanken über ihren Lehrstoff zu machen.

Mit ganz ähnlichen Methoden können auch Eltern die Neugier ihrer Kinder wecken. Wir müssen nicht immer eine Antwort auf alles haben, sollten unsere Kinder aber dazu ermutigen, die richtigen Fragen zu stellen. Wenn wir die Antwort nicht wissen, können wir sagen: »Komm, lass sie uns herausfinden. Googeln wir im Internet, dann sehen wir weiter.« Mein Enkel Noah will immer alles Mögliche über die Sterne, die Planeten und das Universum wissen. Er stellt so komplizierte Fragen wie »Was sind Schwarze Löcher?« und »Was ist eine Schallgrenze?«. Sie sind meist an meinen Mann beziehungsweise an Noahs Vater Sergey gerichtet.

Wenn wir Neugier fördern, fördern wir damit auch die Vorstellungskraft von Kindern. Was mich auf das Thema Kreativität bringt – ein wunderbarer Nebeneffekt von Selbstständigkeit und Neugier. Bedauerlicherweise quälen sich unsere Kinder, wenn es um Kreativität und Innovation geht. In einer Studie nutzte man einen Einstellungstest für NASA-Ingenieure und Raketenforscher, um die Kreativität und das innovative Denken bei Kleinkindern zu messen. Im Alter von fünf Jahren besaßen 98 Prozent der Kinder eine geniale Vorstellungskraft. Aber schon mit zehn ließen sich nur noch 30 Prozent der Kinder dieser Kategorie zuordnen. Wollen Sie mal raten, wie viele Erwachsene sich die Fähigkeit, kreativ zu denken, bewahrt haben, nachdem sie unser Schulsystem durchlaufen haben? Ganze zwei Prozent. Kein Wunder, dass Elon Musk sagt: »Ich habe die Schule als Kind gehasst. Es war die reinste Folter.« Er hat sie sogar so sehr gehasst, dass er, als seine Kinder ins Schulalter kamen, eine eigene Schule namens Ad-Astra-Schule gegründet hat. Wie Sie sicherlich erraten haben, legt man dort besonders viel Wert auf selbstmotiviertes Lernen, auf lösungsorientiertes und unternehmerisches Denken. Es gibt sogar das Fach Ethik in der künstlichen Intelligenz. Musks Lösung ist ganz auf seine Familie abgestimmt, andere Familien entwickeln eigene Lösungen, auch die des Heimunterrichts, der in den letzten Jahren immer beliebter geworden ist. Warum? Weil die Eltern selbst negative Erfahrungen in der Schule gemacht haben und nach einer Alternative für ihre Kinder suchen.

Eddy Zhong, der CEO von Leangap, ein einzigartiges Gründerzentrum für Teenager-Start-ups, hat seine erste Internet-Firma mit 16 Jahren für 1,2 Millionen Dollar verkauft. Als Schüler hat er ganz ähnliche Erfahrungen gemacht. Er sagt, dass Schule Kinder weniger intelligent und weniger kreativ macht. In seinem TED-Talk berichtet er: »Es ist nun einmal so, dass es im Moment viel zu viele Leute gibt, die ganz besessen davon sind, Kindern einzureden, dass sie aufs College gehen, sich einen guten Job suchen und Erfolg haben sollen. Und viel zu wenige, die ihnen sagen, dass sie auch andere Möglichkeiten in Erwägung ziehen und Unternehmer werden sollten ... Niemand hat je die Welt verändert, indem er getan hat, was die Welt ihm gesagt hat.«

Und das können Sie als Eltern tun, selbst wenn die Kreativität Ihres Kindes in der Schule nicht sehr gefördert wird: Ich habe immer allen möglichen Künstlerbedarf auf dem Küchentisch liegen gehabt. Leuchtmarker, Buntpapier, Skizzenbücher, Fimo, Flechtgarn und anderes Bastelmaterial. Wenn meine Töchter dann von der Schule kamen, durften sie damit machen, was sie wollten. Ich habe immer nach Spielsachen Ausschau gehalten, die sie selbst zusammenbauen und gestalten können. Die YouTube-Kids-App bietet inzwischen Inspirationen für alle möglichen Kreativprojekte. Meine Enkelin Emma hat ein paar ziemlich unglaubliche Tierbilder gemalt – vermutlich hätte sie sie schon mit sieben verkaufen können. Und wo hat sie das gelernt? Indem sie sich ein YouTube-Video angeschaut hat. Es herrscht auch kein Mangel an Videos, die wissenschaftliche Experimente für Kinder vorstellen, mit optischen Illusionen zum Beispiel, die mein Enkel Leon so sehr liebt. Dan Russell, ein Computerwissenschaftler, der sich bei Google um die Qualität der Suchfunktion und um die Benutzerzufriedenheit kümmert, war entsetzt, dass seine Jüngste so viel Zeit im Internet verbrachte – bis er merkte, dass sie sich fünf Sprachen beigebracht hatte!

Solche Projekte erlauben es Kindern, ihre Vorstellungskraft zu trainieren, zu experimentieren, aber vor allem zu spielen. Kreativität entspringt aus Spielfreude – etwas Leichteres kann man Kindern gar nicht beibringen. Hier noch ein Tipp: Lassen Sie sie einfach in Ruhe! Sie werden ihre eigenen imaginären Welten erschaffen, ganz ohne Ihre Hilfe. Denken Sie nur an ein Kind am Strand und die wunderbaren Spiele und Abenteuer, die es sich ausdenkt – Muscheln und Steinchen sammeln, Sandburgen bauen, Hüpfspiele machen, in den Wellen planschen ... So etwas macht Kinder am glücklichsten (und fördert die richtigen Fähigkeiten). Regeln befolgen ist etwas anderes als spielen – außer Sie spielen Polizist. Vergessen Sie nicht *mit*zuspielen. Eine meiner Enkelinnen hat mich neulich »die Verrückteste« in unserer Familie genannt, weil ich mich auf ihr Niveau begebe. Ich bin dafür bekannt, dass ich mit Kindern unterm Tisch herumkrabbele, mit Hunden belle und mich tatsächlich mit Katzen unterhalte. Sergey ist genauso verspielt, weshalb er zum Zweitverrücktesten gewählt wurde. Steve Jobs hatte eine ähnliche Lebenseinstellung. Seiner Tochter Lisa hat er sogar gesagt, dass Schule die Kreativität tötet. Ich weiß noch, wie er in unserem beengten Klassenzimmer auf dem beigen Cord-Sitzsack fläzte. Er sprach mit den Schülern, spielte auf den Computern und hing einfach mit ihnen ab. Er hörte nie auf zu spielen und zu experimentieren, und wir alle wissen, was seine unglaubliche Vorstellungskraft hervorgebracht hat.

MACHEN SIE SICH ÜBERFLÜSSIG

Ich weiß, das mag für viele verrückt klingen, aber mein wichtigstes Ziel als Lehrerin und Mutter besteht darin, mich überflüssig zu machen. Ganz genau: Ich möchte, dass die Kinder so selbstständig sind, dass sie mich nicht mehr brauchen. Traditionelle Erziehung sieht vor, dass der Lehrer über den Kindern steht und alles besser weiß. Ihre Aufgabe ist es, ihm zuzuhören. Das ist nicht mein Ziel und nicht mein Erziehungsstil. Gut, ich habe der Lehrerrolle bestimmt mehr entsprochen, als meine Kinder noch klein waren, doch selbst damals hatte ich das Ziel, sie zu eigenen Ideen anzuleiten. Passiv Anweisungen entgegenzunehmen oder zuzusehen, wie andere etwas machen, ist die schlechteste Methode, etwas zu lernen. John Dewey, der berühmte Erziehungspsychologe Anfang des 20. Jahrhunderts, hat immer gesagt: »Lernen heißt erfahren.« Deweys Ideen sind überaus einleuchtend. Wenn man etwas nicht selbst erfahren hat, kann man es nicht wirklich verstehen. *Und schon gar nicht selbstständig machen.* Deshalb leite ich die Kinder lieber von »hinter den Kulissen« an. Meine Philosophie beinhaltet nicht, dass sie mich ignorieren oder nicht respektieren, sondern, dass sie das Gefühl haben, alles selbst ausprobieren zu dürfen. Das heißt nicht, dass ich nicht an ihren Erfahrungen teilhaben möchte. Sondern nur, dass sie in der Lage sein sollen, selbstständig zu handeln. Ich unterstütze sie und ermögliche ihnen Dinge. Aber ich habe nicht das Sagen und nehme ihnen nichts ab.

Wie so etwas genau aussieht? Meine Chefredakteure leiten meine Kurse. Sie überprüfen die Anwesenheitsliste, beginnen mit der Besprechung und bestimmen, was wie gemacht werden soll. Warum auch nicht? Das können sie auch alles prima ohne mich, und es gibt ihnen Handlungsspielraum. Sie sitzen zu fünft vor der Klasse und moderieren die Diskussion. Sie entscheiden, welche Artikel genommen und welche gestrichen werden, welche kurzfristigen Änderungen noch vorgenommen werden müssen. Die Schüler sind immer ganz geschockt, wenn ihnen klar wird, wie ich meinen Unterricht gestalte.

Ich kann mich noch gut an meine ersten Chefredakteure erinnern. Das ganze Konzept war neu für meine Schüler, aber auch für mich. Eine der ersten Geschichten, die meine Schüler damals, im Jahr 1991, schrieben, handelte vom alarmierenden Anstieg von Teenagerschwangerschaften – ein Thema, das ihnen am Herzen lag. Tatsächlich ging es in einem der Artikel darum, dass Schüler lernen sollten zu verhüten. Das fühlte sich für uns alle ziemlich gewagt an, aber wir wussten auch, dass es wichtig war.

Das war kurz nachdem der Oberste Gerichtshof 1988 in der Sache *Hazelwood School District gegen Kuhlmeier* entschieden hatte, das im ersten Zusatzartikel zur Verfassung der Vereinigten Staaten garantierte Recht auf Pressefreiheit für Schüler- und Studentenredakteure zu beschneiden. Praktisch alles, was diese in einer Zeitung veröffentlichen wollten, konnte von da an ganz legal vom Dozenten oder Lehrer zensiert werden. Ich fand diese Zensur schlicht absurd und unamerikanisch. Deshalb ignorierte ich sie einfach genau wie der Bundesstaat Kalifornien. Ich war dankbar, als der Senat ein Anti-Hazelwood-Bildungsgesetz verabschiedete, das dieses Urteil für ungültig erklärte (obwohl es in 36 Bundesstaaten nach wie vor gültig ist). Warum sollten Schüler nicht dieselben Rechte haben wie alle anderen Bürger auch? Wie sonst sollen sie ihre eigene Stimme finden, einen Beitrag zur Gesellschaft leisten?

Besagte Artikel über sexuelle Aktivität hatten großen Einfluss auf die Schulpolitik. Infolge dieser Artikelreihe beschloss der Schulausschuss von Palo Alto, einen neuen Kurs für alle Schüler ins Leben zu rufen, der *Skills for Living* heißt, Alltagswissen. Dieser Kurs ist noch 30 Jahre später ein Pflichtkurs. Darin wird hauptsächlich erklärt, wie man sich vor sexuell übertragbaren Krankheiten und unerwünschten Schwangerschaften schützt, obwohl auch andere wichtige Alltagsfähigkeiten wie Kochen und der Umgang mit Geld gelehrt werden.

Und das alles nur, weil die Schüler die Freiheit hatten, über das zu schreiben, was sie wirklich beschäftigte.

Sind die Schüler erst mal mit vollem Eifer dabei und selbstbewusst genug, kennen ihre Leistungen keine Grenzen. Eines der schönsten Dinge an der Erziehung meiner Töchter war es, mitzuerleben, wie sie sich zu engagierten, kreativen Innovatorinnen entwickelt haben. Ihr Ziel besteht darin, die Welt für alle zu einem besseren Ort zu machen. Susan hat in YouTube eine revolutionäre Plattform gesehen, weshalb sie Google überzeugt hat, diese zu kaufen. Sie hat hart dafür gearbeitet, CEO zu werden. Ihre Vision ist die Demokratisierung von Videoaufnahmen, Menschen überall auf der Welt zu befähigen, aus ihrem Leben und von ihrer Arbeit zu berichten, ihre Meinungen, Ideen, Produkte und Dienstleistungen vorzustellen. Ihr Ziel besteht darin, allen Menschen eine Stimme zu geben. Die ursprüngliche Philosophie und ideale Nutzungsvorstellung von YouTube liegen darin begründet, dass die Welt zu einem besseren Ort wird, wenn wir einander zuhören, uns einander mitteilen und mithilfe von Geschichten eine Gemeinschaft gründen.

Janet dagegen befindet sich inzwischen auf einem radikalen Feldzug gegen Übergewicht bei Kindern und Erwachsenen, und ihr Hauptgegner ist die Limonadenindustrie. Sie ist auf der ganzen Welt unterwegs, unter anderem in einigen der marginalisiertesten, ärmsten Gemeinden, und warnt vor den Gefahren von Zucker. Sie konzentriert sich auf die Gesundheit von Schwangeren, Säuglingen und (Klein-)Kindern sowie auf die negativen Auswirkungen von Zucker auf die folgenden Generationen. Bis heute hat sie mehr als 100 Forschungsarbeiten zu verschiedenen Gesundheitsthemen veröffentlicht – angefangen von den Auswirkungen von Übergewicht aufs Stillen bis hin zu Arbeiten über chronische Erkrankungen in den von indigenen Völkern bewohnten Dörfern Alaskas.

Und dann ist da noch Anne, die die Männerwelt der Wall Street hinter sich gelassen hat, um mit 23andMe neue Wege im Gesundheitssektor zu beschreiten. Sie konzentriert sich darauf, Endverbraucher in die Lage zu versetzen, die Gesundheitsdaten zu bekommen, die sie brauchen, um intelligente Entscheidungen zu treffen. Eines ihrer Mottos lautet: »Niemand kümmert sich so um Ihren Körper wie Sie selbst.«

Es ist nun mal so, dass wir heute mehr denn je auf kreative, eigenständige Denker und Innovatoren angewiesen sind. Unsere Kinder werden vor so viele Herausforderungen gestellt. Sie werden experimentieren und Risiken eingehen müssen, um einfach nur überleben zu können. Aber das werden sie nicht schaffen, wenn wir sie ständig kontrollieren und überbehüten. Wir sind es unseren Kindern schuldig, ihnen die Freiheit zu geben, zu wachsen und zu gedeihen – in einem Jahrhundert, das noch nie so unvorhersehbar war wie jetzt gerade.

5

Geben Sie Ihrem Kind *grit* mit auf den Weg: Biss und Durchhaltevermögen

Gady Epstein ließ sich nicht einfach so abwimmeln. Sein älterer Bruder Amir war schon bei mir im Kurs, und Gady wollte ebenfalls teilnehmen. Das Problem war nur, dass sich der Anfängerkurs Journalismus nicht mit seinem Stundenplan vertrug. Was ihn allerdings nicht davon abhielt, *jetzt sofort* dabei sein zu wollen. Er war erst 14, aber er war wahnsinnig wissbegierig und energiegeladen. Außerdem äußerst hartnäckig. Er war mir auf Anhieb sympathisch.

Wir einigten uns darauf, einen Extra-Kurs zu machen, nur wir beide, in seiner Freizeit. Das war toll für ihn, und mir machte es Spaß. Ich liebe es, einzeln mit Schülern zusammenzuarbeiten, die so viel Eigeninitiative zeigen, weil ich sie und ihre Interessen dann wirklich gut kennenlerne. Gady kam in den Mittagspausen zu mir und fragte nach meinem Feedback zu einem neuen Absatz, den er geschrieben hatte. Er war unglaublich schnell und schaffte es, mich sogar noch vom anderen Ende des Campus aus jederzeit ausfindig zu machen. Ich war beeindruckt von seinem Engagement.

Er liebte es von Anfang an, Artikel und Reportagen zu schreiben. Er liebte es auch, Zeitung zu lesen – ich brachte mehrere Ausgaben mit zur Schule, Lokalzeitungen und manchmal auch die *New York Times*. Gady hatte jedes Mal neue Artikelvorschläge, wenn er sich mit mir traf, jede Menge Ideen. Und er war bereit, seine Texte so oft wie nötig zu überarbeiten – so lange, bis alles stimmte.

In der elften Klasse belegte Gady den Kurs Journalismus für Fortgeschrittene. Er fügte sich toll ins Team ein und beschloss im Frühjahr desselben Jahres, sich um einen der fünf Chefredakteursposten zu bewerben. Das war nur logisch – eben weil er so begeistert dabei war und so hart arbeitete. Er hatte wirklich Talent. Auch ich ging wie Gady davon aus, dass er gewählt werden würde. Der Wahlvorgang, der komplett in Händen der Schüler liegt, schließt eine Bewertung vonseiten der amtierenden Chefredakteure mit ein, und obwohl Gady von seinen Mitschülern sehr für seine Texte und seine Führungsqualitäten gelobt wurde, verlor er am Ende die Wahl.

So etwas kann passieren – unabhängig vom Talent des Schülers. Gady war sichtlich bestürzt, genau wie ich – aber ich muss das Votum der Schüler respektieren.

Mehrere Wochen lang machte ich mir ein wenig Sorgen um Gady. Er war wirklich fertig. Er wollte schließlich Journalist werden! Doch dann sagte er eines Tages zu mir: »Ich werde nach wie vor dazu beitragen, den *Campanile* zur bestmöglichen Zeitung zu machen.« »Gut«, sagte ich, immer noch beeindruckt, aber vorsichtig. Teenager ändern ständig ihre Meinung. Doch Gady hielt sein Wort. Er stürzte sich dermaßen in die Arbeit, dass das ganze Team begann, sich an ihn zu wenden. Alle wollten Rat von ihm. Er schrieb die besten Artikel und half jedem, der ihn um Unterstützung bat. Zusammen mit seinem Mitschüler Oliver Weisberg ermittelte er sogar verdeckt gegen einen örtlichen Videoverleih, der Minderjährigen Pornos auslieh. Infolge ihres Artikels durchsuchte die Polizei den Laden und schloss ihn am Ende.

Im Herbst seines Abschlussjahrs beschloss Gady, sich an der Harvard University zu bewerben. Er konnte keine Bestnote vorweisen und nein, er war auch nicht zum Chefredakteur gewählt worden. Trotzdem beschloss er, es zu versuchen. Ich hatte die Ehre, ihm ein Empfehlungsschreiben auszustellen, in dem ich seine Bewerbung um die Chefredakteursstelle und sein anschließendes Verhalten beschrieb, seine Bereitschaft, auch im Team zu arbeiten. Ich beschrieb, welche Höchstleistungen Gady trotz dieser Enttäuschung erbrachte und was für ein toller Autor er war. Meine Begeisterung muss ansteckend gewesen sein, denn Harvard rief mich an, um mit mir über Gady zu sprechen. Ich war erstaunt. Noch nie hatte mich die Kommission, die über die Aufnahme von Studenten entscheidet, angerufen. Ich schilderte noch einmal, dass Gady trotz Rückschlägen Höchstleistungen erbrachte.

Das fand Harvard gut – sehr gut sogar. Gady wurde auch ohne den Titel eines Chefredakteurs angenommen, ja sogar ohne die geforderte Punktzahl von 4.0. Ganz einfach, weil man dort mehr von seinem Charakter und seinem Durchhaltevermögen beeindruckt war.

Ich könnte so einiges über die Chefredakteurswahlen erzählen, die zu einem Lackmustest dafür geworden sind, wie Kinder mit Enttäuschungen und Rückschlägen umgehen. Jedes Jahr erzähle ich meinen Schülern von Gady Epstein. Seine Geschichte handelt davon, wie man mit Niederlagen umgeht, dass man sich nicht kleinkriegen lässt – auch wenn man nicht gewonnen hat. Aber vor allem davon, wie man es schafft, die eigenen Ziele nicht aus den Augen zu verlieren – komme, was wolle! Das ist eine Lektion für jeden von uns, weil wir ständig mit Enttäuschungen konfrontiert werden. Entscheidend ist Ihre Reaktion darauf, denn das ist etwas, das Sie in der Hand haben – offen gestanden das Einzige, was Sie in der Hand haben.

Gady ging nach Harvard, wo er einen Abschluss in Internationale Beziehungen machte und seinen Traum, Journalist zu werden, weiterverfolgte. Nachdem er einige Stellen auf diesem Gebiet innegehabt hatte, darunter bei der *Baltimore Sun* und bei

Forbes, wo er das Büro in Beijing leitete, ist er heute Medienredakteur beim *Economist*.

Gady Epstein ist kein Einzelfall. Es gibt immer wieder Schüler wie ihn in meinen Kursen, und ihretwegen bin ich nach all den Jahren immer noch so gern Lehrerin. Weil Gady ein wichtiges Ziel hatte, ist er seiner Leidenschaft für den Journalismus treu geblieben. Er hatte eine Vision – und das nötige Durchhaltevermögen.

Das sind beliebte Begriffe, wenn es um Bildung geht. Es bedeutet, an etwas festzuhalten, auch wenn es schwerfällt, allen Widrigkeiten zum Trotz. So lautet meine Definition. In ihrem Bestseller von 2014 *GRIT – Die neue Formel zum Erfolg: Mit Begeisterung und Ausdauer ans Ziel* hat sich die Psychologin und Forscherin Angela Duckworth mit West-Point-Kadetten, Schülern aus Chicago, Handelsvertretern und Teilnehmern der Endrunde im nationalen Schülerwettbewerb *Scripps National Spelling Bee* beschäftigt. Während sie der Frage nachging, was Menschen aus allen Lebensbereichen erfolgreich werden lässt, fand Duckworth heraus, »dass diejenigen, die wirklich etwas erreicht hatten, von einer wilden Entschlossenheit beseelt waren, die sich auf zweierlei Art und Weise auswirkte. Zum einen waren sie von ungewöhnlichem Arbeitseifer und weitgehend immun Rückschlägen gegenüber, zum anderen wussten sie ganz tief in ihrem Inneren sehr genau, wonach sie strebten. Nicht nur ihre Entschlossenheit war ihr Antrieb, sondern auch das Ziel, das sie deutlich vor Augen hatten. Sie wussten, wo es *langgeht*. Diese Kombination von Leidenschaft und Entschlossenheit war es, die etwas ganz Besonderes aus ihnen machte. Mit einem Wort: Sie hatten *grit*.«

In letzter Zeit haben andere Forscher argumentiert, dass *grit* eine Mischung aus Gewissenhaftigkeit und Ausdauer sei, zwei auf dem Gebiet der Persönlichkeitspsychologie gut erforschte Eigenschaften. Ich finde auch, dass Gewissenhaftigkeit und Ausdauer unabdingbar für *grit* sind, aber wenn ich an *grit* denke,

denke ich auch an Selbstbeherrschung, aufgeschobene Bedürfnisbefriedigung, Geduld, Mut und Zivilcourage – alles Aspekte, die wir uns auf den kommenden Seiten noch näher ansehen werden. Duckworths Theorie stimmt auch mit meiner überein: Die wirksamste Form von *grit*, von Biss und Durchhaltevermögen, geht mit Begeisterung einher.

Manchmal kommt diese Begeisterung, dieser innere Antrieb wie von selbst. Denken Sie nur an Einwanderer, wie meine Eltern es waren, die bekannt für ihren enormen inneren Antrieb sind. Hinter diesem besonderen »Einwanderer-Biss« steckt die Vorstellung, dass diejenigen, die dafür gekämpft haben, ihre Heimat zu verlassen, sich anderswo ein neues Leben aufzubauen, von Natur aus sehr entschlussfreudige und zielorientierte Charaktere sind. Amy Chua hatte Angst, ihre Töchter könnten den Biss verlieren, der ihr selbst zum Erfolg verholfen hat. In *Die Mutter des Erfolgs* schreibt sie über die Einwanderer der dritten Generation:

> Dank der enormen Anstrengung ihrer Eltern und Großeltern wird diese Generation in die Annehmlichkeiten des gehobenen Bürgertums hineingeboren. Schon als Kinder besitzen sie zahlreiche gebundene Bücher (aus der Sicht eingewanderter Eltern ein fast schon krimineller Luxus): Ihre Freunde sind Kinder aus wohlhabendem Haus, die schon für ein B plus eine Belohnung bekommen. Ob Privatschüler oder nicht, sie erwarten jedenfalls teure Markenkleidung. Und am problematischsten ist schließlich, dass sie der Meinung sind, individuelle, von der Verfassung garantierte Rechte zu besitzen, weshalb sie viel eher geneigt sind, sich über ihre Eltern und deren berufliche Ratschläge hinwegzusetzen. Kurzum, alle diese Faktoren deuten darauf hin, dass diese Generation direkt auf den Abgrund zusteuert.

Na gut, vielleicht steuert diese Generation nicht direkt auf den

Abgrund zu, aber ihr Leben beinhaltet nicht automatisch die Erfahrungen, die für Durchhaltevermögen sorgen. Es ist die Abwandlung des alten Sprichworts: »Die erste Generation schafft Vermögen, die zweite verwaltet es, die dritte verkommt.« Ganz einfach, weil sie mit zu vielen Annehmlichkeiten aufwächst und keine Motivation mehr hat. Es gibt durchaus vieles, was dafürspricht, dass die Einwanderer der dritten Generation hinter die Generationen vor ihnen sowie hinter neue Einwanderer zurückfallen können. Eine Studie mit 10.795 Heranwachsenden stellte fest, dass Jugendliche, die außerhalb der Vereinigten Staaten geboren worden waren, bessere schulische und akademische Leistungen erbrachten als in den Vereinigten Staaten geborene Kinder, seien sie nun von ausländischen oder von einheimischen Eltern.[8] Das ist nicht weiter überraschend. Es gibt einen leidenschaftlichen Ehrgeiz, es hier in Amerika zu schaffen, der mit der Zeit schwindet. In der Arbeitswelt lässt sich ganz Ähnliches beobachten: Schaut man sich die Internetindustrie einmal genauer an, fällt auf, dass 2016 Einwanderer in die Vereinigten Staaten die Hälfte aller Milliarden-Dollar-Start-ups mitbegründet haben. Eine Studie des Center of American Entrepreneurship von 2017 ergab, dass 57 Prozent der 35 Firmen ganz oben auf der vom Wirtschaftsmagazin *Fortune* ermittelten Liste der 500 umsatzstärksten Unternehmen von einem Einwanderer oder Einwandererkind gegründet oder mitgegründet wurden. Sergey Brin ist ein Einwanderer. Genauso wie Elon Musk. Und vergessen Sie Albert Einstein nicht! Es spielen natürlich viele Faktoren eine Rolle, aber das angeborene Durchhaltevermögen von Einwanderern und ihr darauf begründeter Erfolg lässt sich nicht leugnen.

Auch Rückschläge können automatisch zu Durchhaltevermögen führen: Entweder man gibt sich geschlagen, oder man kämpft mit allen verfügbaren Mitteln weiter. In diesem Fall ist Durchhaltevermögen nichts anderes als Überlebenswille. Studien zum »posttraumatischen Wachstum« haben gezeigt, dass Kinder, die in den ersten Lebensjahren an schweren Krankheiten litten, als Erwachsene härter im Nehmen sind und eine positivere Lebenseinstellung haben als andere. Beispiele, die das beweisen, gibt es jede Menge. Schauen Sie sich nur Oprah Winfrey an! Sie hat eine von sexuellem Missbrauch und tiefer Armut geprägte Kindheit überlebt, um zu einer milliardenschweren Medien-Mogulin aufzusteigen, die als eine der einflussreichsten Frauen der Welt gilt. Oder Sonia Sotomayor: Sie bekam mit sieben Typ-1-Diabetes und musste sich mit Insulinspritzen abfinden. Ihr Vater, ein Alkoholiker, der nicht einmal die Grundschule abgeschlossen hatte, starb, als sie neun war. Bildung war ihre Rettung, genau wie bei mir, und 2009 wurde sie als erste Latina als Richterin an den Obersten Gerichtshof berufen.

Im Sommer 2018 schaute die ganze Welt gebannt nach Thailand, wo eine Fußballmannschaft aufgrund von Überschwemmungen in der Tham-Luang-Höhle festsaß. Eines der Mannschaftsmitglieder, der vierzehnjährige Adul Sam-on, ein staatenloser, mit seinen Eltern in der Hoffnung auf ein besseres Leben von Myanmar nach Thailand eingewanderter Stipendiat, spielte eine wesentliche Rolle bei den Rettungsmaßnahmen, weil er sich mit den britischen Höhlentauchern auf Englisch verständigen konnte. Er stammt aus einer verarmten Familie von Analphabeten und wurde von seinen Eltern in die Obhut eines Pastors und dessen Frau gegeben, damit er zur Schule gehen konnte, um dort trotz aller Schwierigkeiten aufzublühen, ein erstklassiger Schüler zu werden und zahlreiche Sportwettkämpfe zu gewinnen. Ist es da ein Wunder, dass ihn all die Hindernisse, mit denen er es aufnehmen musste, taff, zäh und unheimlich mutig gemacht haben?

Ich finde solche Menschen inspirierend – vielleicht auch, weil ich mich ein Stück weit in ihnen wiedererkenne. Wie sagt meine Tochter Anne immer so schön? Ich bin eine geborene Optimistin. In meiner Jugend war ich eine echte Kämpfernatur. Viel Schlimmes ist in meinem Leben passiert, aber ich habe meinen Töchtern beigebracht, dass man sich entweder davon beherrschen lassen oder für ein besseres Leben kämpfen kann.

Das ist kein Plädoyer dafür, Kinder Traumata oder Leid auszusetzen. Natürlich können solch schlimme Zeiten auch schrecklich negative Auswirkungen haben, körperlich wie psychisch, und das bis weit ins Erwachsenenalter hinein. Ich möchte nur betonen, dass der Satz stimmt: »Was uns nicht umbringt, macht uns stark.« Und dass das manchmal wie von selbst geschieht. Dass Kinder in schwierigen Situationen oft Biss, Durchhaltevermögen, Resilienz, Geduld und andere wichtige Fähigkeiten fürs Leben entwickeln.

Doch was ist mit den anderen? Wie sollen Kinder, die mit allen Annehmlichkeiten aufwachsen, oben genannte Eigenschaften lernen? Bewerten Sie die Bemühungen Ihrer Kinder höher als ihr Talent? Bringen Sie ihnen bei, dass Rückschläge zum Lernen dazugehören?

Vermutlich nicht. Überfürsorgliche Helikoptereltern haben Kinder hervorgebracht, die allein hilflos sind – geschweige denn, dass sie mit Ängsten, Herausforderungen und Scheitern umgehen könnten. Sie weinen, wenn sie nicht die Süßigkeiten bekommen, die sie sich wünschen. Das ist wirklich keine Tragödie, trotzdem können sie einem das Gefühl geben, es wäre eine. Sie sind daran gewöhnt, dass die Eltern nachgeben, ihnen in manchen Fällen jeden Wunsch von den Augen ablesen. Es wird nicht von ihnen verlangt, auch Unangenehmes zu erledigen, was dazu führt, dass sie als Heranwachsende deutlich konservativer und ängstlicher sind. Sie haben totale Panik davor, Risiken einzugehen.

Schulen sind da auch wenig hilfreich, weil das Bildungssystem nur das Endergebnis bewertet. Die meisten Lehrer sind heutzutage völlig auf Aufnahmeprüfungen und Noten fixiert, weil auch sie selbst von Schülern benotet werden. Sie sind es gewohnt, Anweisungen zu befolgen, zu gehorchen. Das ganze Bildungssystem beruht darauf, möglichst nicht zu scheitern, bloß keine Risiken einzugehen. Wenn Schüler ein bisschen Biss mitbringen, dann den, dieses System zu ertragen. Aber es fehlt ihnen an Begeisterung für etwas, das sie wirklich gern tun. Ich will nicht behaupten, dass es allen Schülern an Durchhaltevermögen und Ausdauer fehlt, denn ich weiß wie alle anderen Lehrer auch, dass es viele Kinder mit einer bewundernswerten Kämpfernatur gibt.

Dennoch begegnen mir immer weniger Jugendliche, die mit Herausforderungen so umgehen wie Gady damals. Haben sie keinen Erfolg, suchen sie die Schuld sofort bei anderen. Jedes Schuljahr kommen Schüler in meinen Anfängerkurs, die brav sind wie Lämmchen. Sie sind völlig verängstigt. Sie brauchen Hilfe, um zu sich selbst zu finden und um an sich zu glauben. Der Lernprozess setzt da ein, wo ein Schüler bereit ist, Risiken einzugehen. Sonst ist es bloßes Auswendiglernen.

Ich bin nicht die Einzige, der diese Verhaltensänderung bei Schülern aufgefallen ist. Neulich habe ich Carole Dweck in ihrem Büro an der Stanford-Universität besucht. Dweck gehört zu den Top-Expertinnen, was unseren Umgang mit Rückschlägen anbelangt. Ihr Buch *Selbstbild: Wie unser Denken Erfolge oder Niederlagen bewirkt*, das 2006 erstmals erschien, schildert bahnbrechende Erkenntnisse auf dem Gebiet der Erfolgspsychologie. Dweck beschreibt darin zwei verschiedene Glaubenssysteme oder Selbstbilder: festgelegte und formbare. Menschen mit einem festgelegten Selbstbild glauben, dass unsere Fähigkeiten angeboren, festgelegt sind. Es gibt Genies und ... na ja, andere Menschen, die keine Genies sind. Daran lässt sich in ihren Augen leider nichts ändern. Warum sie das glauben? Weil es ihnen Eltern und Lehrer so beigebracht haben. Wie Dwecks Forschung gezeigt hat, gingen diese Personen davon aus, dass man entweder klug ist oder eben nicht: »Wenn Erfolg bedeutete, dass sie intelligent und talentiert seien, dann musste Misserfolg heißen, dass ihnen etwas fehlte.« Und wenn man scheiterte, war man es eben nicht. So einfach war das.

Umgekehrt glaubten Menschen mit einem formbaren Selbstbild, dass sich Erfolg nach harter, zielstrebiger Arbeit einstellt und Scheitern kein Grund ist aufzugeben. Menschen mit diesem Selbstbild sind für ihre Anstrengungen und ihren Einsatz gelobt worden, weniger für ihre Genialität. Menschen mit formbarem Selbstbild, so Dweck, »wussten, dass menschliche Eigenschaften, zum Beispiel unsere intellektuellen Fähigkeiten, sich durch Übung weiterentwickeln lassen. Und genau das taten sie: Sie entwickelten ihre geistigen Fähigkeiten weiter. Sie ließen sich durch ihren Misserfolg nicht nur nicht frustrieren, sie begriffen ihn nicht einmal als Misserfolg. Sie begriffen ihn als Lernprozess.« Das erinnert sehr an mein »Mastery System«: Lernen heißt scheitern, und man sollte sich so lange anstrengen, bis es klappt. Dwecks Forschungen haben ergeben, dass Menschen Herausforderungen und Scheitern ganz anders wahrnehmen, nachdem man ihnen beigebracht hat, dass ihr Selbstbild formbar ist. Ein formbares Selbstbild schenkt uns Biss und Durchhaltevermögen und lässt sich außerdem lernen.

Dweck sprach mit mir auch über einen Trend, den sie bei ihren Studentinnen beobachtet hat. »Ich glaube nicht, dass Helikoptereltern ihre Kinder verdummen«, sagte sie. »Aber sie machen sie lebensuntauglich. Sie chauffieren sie überall hin, lassen ihnen kaum Freiheiten. Wie sollen sie sich da später im Leben behaupten? Viele von ihnen wollen gar keine Karriere machen, sondern jobben bloß hier und da. Ich kann ihnen das auch gar nicht vorwerfen, weil sie ein Leben lang behütet wurden und dementsprechend ängstlich sind. Sie wünschen sich nichts sehnlicher, als nicht mehr so ängstlich zu sein.« Ist Angstvermeidung eine gute Motivation oder Teil eines guten Selbstbildes, um sinnvolle Ziele zu verfolgen? Führt es zu Biss und Durchhaltevermögen?

Dweck erzählte mir von einem Schreibseminar, das sie seit 2005 unterrichtet. Sie gibt ihren Studenten wöchentlich einen Essay auf, der nur von ihr gelesen wird. Als sie damit begann, schrieb der eine oder andere Student über seine Unsicherheit und seine Ängste. »Aber vor ungefähr fünf Jahren«, so Dweck, »schrieben alle – junge Frauen ebenso wie Männer –, dass sie eine riesige Angst davor hätten, Fehler zu machen, nicht zu genügen, aufzufliegen.« Genau dasselbe passiert auch in meinen Kursen. Dwecks Rat an die verängstigten Erstsemester lautete: »Sie haben Angst, weil Sie denken, Stanford hat Sie nur angenommen, weil Sie Genies sind. Aber das stimmt nicht. Sie sind keine Genies. Stanford glaubt, dass Sie einen *nützlichen Beitrag* zu dieser Universität und später für die Welt leisten können.« Wann immer sie das, auch heute noch, in ihren Seminaren sagt, seufzen alle erleichtert auf.

Topmanager erzählen mir ganz ähnliche Geschichten. Stacey Bendet Eisner, eine erfolgreiche Modedesignerin und Inhaberin von Alice + Olivia, einer Modemarke für Frauen im Luxussegment, hat größere Probleme denn je, die richtigen Leute einzustellen. »Ich sage immer, dass ich mir junge Leute wünsche, die besser sind als ich, die mehr wissen als ich. Ich möchte Angestellte einstellen, die besser sind als ich. Aber heute gibt es diese Eltern, die absolut alles für ihre Kinder tun, koste es, was es wolle. Und diese Kinder gehen dann raus in die Welt und vertragen keine Kritik, kriegen nichts allein gebacken, erwarten, dass man ihnen jede Kleinigkeit sagt. Im Job ist das die reinste Katastrophe.«

Jamie Simon wiederum ist Geschäftsführerin von Camp Tawonga, einem großartigen Zeltlager mitten in der Wildnis, unweit des Yosemite Nationalparks. Das ganze Zeltlager beruht auf der *grit-Philosophie*. Die Kinder dort übernehmen Verantwortung für ihre Gruppen und bekommen verschiedene Aufgaben übertragen – angefangen damit, darauf zu achten, dass alle Sonnenschutz aufgetragen und ihre Medikamente genommen haben, über die Planung von Gemeinschaftsaktivitäten bis hin zum Aufstellen von Regeln, die sowohl Spaß als auch Rücksichtnahme zulassen. Sogar Siebenjährige zelten mit, packen und tragen ihre eigene Ausrüstung (einschließlich Bärenspray) und bereiten ihr eigenes Essen zu. Ich wünschte, jedes Kind könnte so eine Erfahrung machen. Bei einem solchen Zeltlager sind die Veränderungen, die Simon bei den studentischen Gruppenleitern festgestellt hat, wirklich absurd. In der Vergangenheit hat sich die Psychologin vor Ort ausschließlich um junge Zeltlagerteilnehmer gekümmert. Doch inzwischen muss sie sich auch um Gruppenleiter kümmern. Warum? Weil es ihnen an Selbstbewusstsein fehlt, weil sie depressiv sind, keinen Biss und kein Durchhaltevermögen haben. Sie können nichts dafür, sie sind einfach so erzogen worden.

Es gibt noch ein mindestens genauso verstörendes Problem, nämlich das andere Extrem infolge von fehlendem Durchhaltevermögen. Überlegen Sie doch mal, was passiert, wenn Tiger- oder Helikoptereltern ihren Kindern unzählige, übertrieben ehrgeizige Ziele setzen. Manchmal funktioniert es. Dann geben sie ihrem Kind, von dem erwartet wird, dass es immer und überall die Nummer eins ist, wirklich Biss und Durchhaltevermögen mit. Dann ist es der perfekte Schüler, der aufs perfekte College geht. Der nächste Mozart. Es gibt viele Kinder, die solchen Herausforderungen trotz des enormen Drucks gerecht werden. Sie erreichen diese übertriebenen Ziele, ja schießen sogar noch darüber hinaus. Sie sind unglaublich zäh und hart im Nehmen, unfassbar erfolgreich. Doch für fast alle dieser Kinder ist der Hauptantrieb Angst. Angst zu scheitern. Angst, die Eltern könnten sie nicht mehr lieben, wenn sie eine Zwei plus nach Hause bringen. Angst, unter Umständen doch nicht der nächste Mozart zu sein (was höchstwahrscheinlich der Fall sein dürfte). Bei ihnen verhindern Durchhaltevermögen und Zähigkeit, dass sie ein bewusstes Leben führen und glücklich werden können. Sie sind extrem ferngesteuert und überbehütet und zu einem Leben gezwungen, dessen Ziele fest vorgegeben sind und in dem alles komplett zusammenbricht, wenn man vom vorgesehenen Weg oder der vorgesehenen Karriere abweicht.

Vergleichen Sie dieses Durchhaltevermögen einmal mit dem, das ganz natürlich aus der Begeisterungsfähigkeit eines Kindes erwächst. Dieses Kind hat Eltern, die einen Menschen mit eigenen Meinungen, Interessen und Zielen in ihm sehen. Gut möglich, dass diese Ziele nicht ihren eigenen entsprechen, aber ihr Kind muss das entscheiden und nicht sie. Es wird ermutigt, seinen Neigungen zu folgen und sich eigene Ziele zu setzen. Wenn es dann irgendwann unweigerlich scheitert, lernt es, dass Fehler normal sind, zum Lernen dazugehören, ja, dass es am Ball bleiben muss, sich von Rückschlägen nicht einschüchtern lassen darf. Es entwickelt ein Selbstbewusstsein, das es befähigt, damit umzugehen, womit es konfrontiert wird – mit Scheitern, Langeweile, Ablenkungen und Einschüchterungen. Es geht seinen Weg, egal, was passiert, weil es von seiner ureigenen Leidenschaft statt von Angst getrieben wird. Seine Motivation beruht auf eigenen Zielen und nicht auf Druck von außen.

Diese Art Biss und Durchhaltevermögen motiviert die bemerkenswertesten jungen Menschen, denen ich heute begegne, zum Beispiel den 17-jährigen Softwareentwickler aus Kairo, der eine App für Gehörlose entwickelt. Das ist kein einfacher Prozess, und ich bin mir sicher, dass er mehr als einen Rückschlag erlebt hat. Aber er will unbedingt Erfolg haben und Menschen mit eingeschränktem Hörvermögen helfen. Mit anderen Worten: Er ist nicht aufzuhalten.

Genau das möchten wir bei unseren Kindern fördern: Biss und Durchhaltevermögen, die aus einer unzerstörbaren, ehrgeizigen Selbstmotivation herrühren und ihnen helfen, sämtliche Hindernisse zu überwinden. Mithilfe von Zähigkeit, Ausdauer und der Einstellung, niemals aufzugeben.

Genau das brauchen unsere Kinder.

DURCHHALTEVERMÖGEN KANN MAN LERNEN

Im Osten des Stanford-University-Geländes liegt die Bing Nursery School. Der Kindergarten mit den vielen Spielsachen und dem weitläufigen Spielplatz ist äußerst beliebt. Im Frühling 1972 war Susan fast zwei Jahre dort, als man sie fragte, ob sie an einem Experiment teilnehmen wolle, das sehr unterhaltsam klang. Susan war damals vier.

»Wir haben heute Marshmallows bekommen!«, verkündete Susan, als wir zum Parkplatz gingen. »Und ich sogar zwei.« Sie erzählte mir, dass sie in einem besonderen Spielzimmer gewesen sei und ein Marshmallow bekommen habe. »Wenn ich es schaffe, noch ein bisschen zu warten, anstatt es sofort aufzuessen, hat man mir noch eins versprochen«, erzählte sie mir. Sie war extrem stolz auf ihre Selbstbeherrschung, die belohnt worden war. Sie konnte gar nicht mehr aufhören, mir von diesen Marshmallows zu erzählen.

Wie ich erst später erfahren sollte, hatte Susan an dem berühmten Marshmallow-Experiment teilgenommen. Wenn man das googelt, stößt man auf einen über zwei Millionen Mal aufgerufenen Eintrag, der Walter Mischels bahnbrechende Forschung schildert. Mischel wollte die Fähigkeit von Kindern, Bedürfnisbefriedigung aufzuschieben, und ihre Selbstbeherrschung testen. Er fragte sich, inwiefern diese Eigenschaften sich auf ihr späteres Leben auswirken würden. Wenn man so will, beschloss er, die Kindergartenkinder zu quälen, aber auf eine sympathische Art. Sein Forscherteam führte vier- bis fünfjährige Kinder in ein leeres Zimmer. Eine Belohnung – häufig ein Marshmallow, aber es gab auch M&Ms, Oreos und andere Süßigkeiten – wurde vor ihnen auf einen Tisch gelegt. Dem jeweiligen Kind wurde gesagt, es könne das Marshmallow gleich essen oder aber warten, bis der Forscher zurückkomme, um dann zwei statt nur ein Marshmallow zu erhalten. Der Forscher blieb eine Viertelstunde, für ein Kleinkind also eine Ewigkeit, fort. Manche Kinder erlagen der Versuchung auf Anhieb. Das Marshmallow war einfach zu verlockend. Die Kinder, die am längsten warteten, dachten sich alle möglichen Ablenkungsmethoden aus – sie sangen Lieder, tanzten, setzten sich auf ihre Hände und schauten irgendwohin, bloß nicht auf das Marshmallow. Am erstaunlichsten waren jedoch die darauf folgenden Forschungsergebnisse. Mischel und seine Kollegen fanden im Laufe von 40 Jahren heraus, dass Kinder, die schon sehr früh ihre Bedürfnisbefriedigung hinausschieben konnten, als Heranwachsende »eine höhere kognitive und soziale Kompetenz hatten und später als Erwachsene einen niedrigeren BMI (Body Mass Index) und weniger zwischenmenschliche Probleme«.[9]

Ich wollte gerade vom Kindergartenparkplatz fahren, als einer der Forscher zum Wagen rannte und mir erzählte, dass Susan von allen Kindern der Bing Nursery School am längsten auf ihr Marshmallow gewartet hatte. Er schien sehr stolz auf sie zu sein. Auch wenn ich das Experiment damals noch nicht richtig begriff, leuchtet mir das jetzt vollkommen ein: Susan ist einer der geduldigsten, vernünftigsten Menschen, die ich kenne. Sie bleibt auch bei Stress unglaublich ruhig, ist durch nichts aus der Fassung zu bringen. Sie hat eine enorme Selbstbeherrschung. Sie umgibt sich mit Angestellten, denen sie vertraut und die sie respektiert. Diese Eigenschaften hatte sie schon als kleines Mädchen – nicht etwa weil sie angeboren wären, sondern weil sie sie jahrelang geübt hat.

Echtes Durchhaltevermögen setzt sich aus unterschiedlichsten Fähigkeiten zusammen. Man kann sich das vorstellen wie eine Art Puzzle: Jedes einzelne Teil ist wichtig. Ein wesentlicher Punkt ist der, sich gut genug zu kennen, um die eigenen Gefühle, das eigene Verhalten so kontrollieren zu können, dass man nicht von seinem einmal geplanten Weg abweicht. Ich habe es zwar nie bewusst vorgehabt, habe das Hinausschieben von Bedürfnissen aber ganz aus Versehen lange vorgelebt, bevor Susan mit einem Marshmallow getestet wurde. Beim Essen beispielsweise wussten meine Töchter, dass man sich an bestimmte Regeln zu halten hat. Sie bekamen eine kleine Süßigkeit als Nachtisch beim Abendessen, durften sie aber erst essen, nachdem sie ihren Teller geleert hatten – und zwar ohne jede Ausnahme. Eine weitere Strategie bestand darin, dass ich ihnen, sobald sie sich etwas wünschten, erklärte, wie sie es bekommen könnten. Normalerweise erforderte das Zeit. Wollten sie beispielsweise schwimmen gehen, sagte ich meist: »Wollen wir nicht warten, bis es draußen ein bisschen wärmer ist, bevor wir an den Pool gehen?« Ein anderer weitverbreiteter Wunsch war: »Dürfen wir jetzt zum Spielen rausgehen?« Meine Antwort lautete: »Habt ihr Truffle schon gefüttert?« (Truffle war unser Hund), oder »Habt ihr das Bild schon fertig gemalt, das ihr gestern Abend angefangen habt?« Keine Ahnung, warum ich das tat, aber ich ahnte, dass es gut ist, wenn sie sich beherrschen können, und zwar von klein auf – auch angesichts von Süßigkeiten oder anderen Belohnungen.

Geduld ist ein weiteres Puzzleteilchen. Auch die habe ich ihnen beigebracht: Warten und Sparen waren ein fester Bestandteil unseres Alltags. Wir hatten nicht viel Geld, als die Kinder noch klein waren, haben deshalb auf vieles gespart. Jedes Kind hatte sein eigenes Sparschwein, das sie Penny für Penny füllten. Jeden Sonntag schnitten wir Rabattcoupons aus der Zeitung aus. Anne hat sogar ein Ordnungssystem dafür entwickelt, damit wir sie beim Einkaufen schnell wiederfanden.

Das Gegenteil von Geduld lehren ist Folgendes: Lassen Sie das Kind mit seinem Handy rund um die Uhr online sein, im Auto, in Restaurants und am Esstisch. Würde ich empfehlen, Kindern das Handy im Auto abzunehmen, um ihnen Geduld beizubringen, würde ich das Gegenteil von dem predigen, was 90 Prozent der Eltern tagtäglich tun, und das ist mir auch durchaus bewusst.

Doch in der heutigen Welt ist das weder praktikabel noch realistisch. Aber manchmal lohnt es sich, meine Methode auszuprobieren: Lassen Sie sich von Ihrem Kind erzählen, was es da am Handy macht, oder lassen Sie es den gemeinsamen Ausflug filmen. Probieren Sie es mit einem »So wie früher«-Tag, an dem Sie so tun, als gäbe es weder Handys noch Tablets, und schauen Sie, wie Ihre Kinder darauf reagieren. Sie könnten auch sagen: »Tun wir mal so, als wären wir Opa und Oma, als sie noch klein waren. Was haben die wohl im Auto gemacht?« Seien Sie sich aber darüber im Klaren, dass Sie dann wahrscheinlich singen müssen.

Selbst wenn man Ziele verfolgt, die einen begeistern, wird es irgendwann Durchhänger geben. Damit zurechtzukommen ist ein weiterer wichtiger Schritt beim Lernen von Biss und Durchhaltevermögen. Während des Unterrichts, aber vor allem bei Vorträgen beschweren sich die Schüler manchmal, dass es mir nicht gelingt, ihre Aufmerksamkeit zu fesseln. Meine Beziehung zu den Kindern ist so gut, dass sie mir das direkt sagen können: »Sie haben so lange geredet, das langweilt mich. Können wir nicht was anderes machen?« Das ist nicht gerade ermutigend, wenn man vor der Klasse steht, aber ich werde nie sauer, sondern sehe das als Chance, etwas dazuzulernen. Dann sage ich: »Ich möchte, dass ihr nach Hause geht und eure Eltern etwas Wichtiges fragt ... Fragt sie, ob sie sich bei der Arbeit nie langweilen. Wenn ihr morgen zurückkommt und mir erzählt, dass sie sich niemals langweilen, könnt ihr meine Unterrichtsstunde ausfallen lassen.« Da werden sie in der Regel hellhörig. »Langeweile ist eine gute Vorbereitung aufs Leben«, erkläre ich ihnen. »Und die übt ihr jetzt gerade.« Sie lachen, aber jeder versteht, was ich meine. Das Leben ist manchmal oder sogar sehr oft *langweilig*.

Ich bringe ihnen aber auch bei, dass wir solche Momente nutzen können. Man kann Flecken an der Zimmerdecke zählen oder träumen. Über die eigenen Ziele nachdenken. Was ist der nächste Schritt? Welche Hindernisse können auftreten? Was ließe sich Neues ausprobieren? Was versetzt einen in freudige Aufregung, was stimmt hoffnungsfroh? Solche Gedanken kann man sich in sogenannten langweiligen Momenten machen. Langeweile kann einen an erstaunliche Orte führen, auf eine neue große Leidenschaft bringen.

LERNEN, SICH ZU WEHREN

Mut ist eine besonders wichtige Voraussetzung für Biss und Durchhaltevermögen. Eine Art selbstlose Hartnäckigkeit. Das kann Selbstbeherrschung und Geduld erfordern, immer aber ein starkes Selbstbewusstsein und die Bereitschaft, für das einzutreten, was richtig ist.

Nach der schrecklichen Schulschießerei in Parkland, Florida, begannen viele Schüler von dort, aber auch anderswo, für ihre Sicherheit auf die Straße zu gehen. Man braucht Mut, um zu protestieren, zu einer öffentlichen Figur zu werden, sich auf politische Diskussionen mit Erwachsenen einzulassen. Jugendliche auf der ganzen Welt haben gesehen, was alles möglich ist. Auch sie können für das, woran sie glauben, auf die Straße gehen. Sie müssen nicht einfach hinnehmen, was Erwachsene ihnen sagen. Eine weitere wichtige Lektion für Schulen ist, anzuerkennen, welch bedeutende Rolle Rhetorik, Journalismus und

Laienspiel im Lehrplan haben. Diese Fächer haben den Schülern in Parkland dabei geholfen, sich Gehör zu verschaffen und ein gewisses Maß an Kontrolle zurückzugewinnen. Sie haben Blogs und Internetartikel veröffentlicht, bei Mahnwachen Reden gehalten. Sie sind auf die Straße gegangen und haben demonstriert. Eine Gruppe von Schülern aus Parkland hat den *March For Our Lives* ins Leben gerufen. Sie reisen durchs ganze Land und fordern eine Reform der Waffengesetze, versuchen, die Nation zu einen. Heute sind sie wichtige Teilnehmer am demokratischen Prozess und starke Vorbilder für andere Schüler.

Sechs Wochen nach der Schießerei in Parkland vom 29. März 2018 bekam das Sekretariat der Palo Alto High School einen dramatischen Anruf. Am anderen Ende der Leitung war eine Männerstimme, die warnte: »Jemand auf dem Schulgelände hat eine Waffe, und noch heute Nachmittag wird es eine Schießerei an der Schule geben.«

Die gesamte Schule wurde abgeriegelt. Die Schüler gingen anderthalb Stunden durch die Hölle, während sie darauf warteten, ob ihre Klasse, ihre Schule die nächste bei einer ganzen Reihe von Amokläufen sein würde. Das Ganze stellte sich als »Fehlalarm« heraus, doch die Schüler litten in diesen anderthalb Stunden sehr real. Die Zeitschrift *Verde*, eine von zehn Veröffentlichungen des Palo Alto High School Media Arts Center, brachte ihre nächste Ausgabe mit einem eingestanzten ›Einschussloch‹, das durch die gesamte achtzigseitige Zeitschrift ging, heraus. Egal, welche Seite man aufschlug, das Einschussloch war immer da. Genauso haben wir uns alle gefühlt – auf tragische Weise verwundet. Die von Julie Cornfield, Emma Cockerell, Saurin Holdheim, alle 17 Jahre alt, und von ihrem Journalismus-Lehrer Paul Kandell herausgegebene Zeitschrift erregte nationales Aufsehen und wurde von CNN, CNBC und ABC vorgestellt. Sie zeigte, welchem Stress und welcher Angst Schüler im ganzen Land ausgesetzt sind, stand aber auch für die Zivilcourage der Schüler, für ihren Mut, unangenehme Fragen zu stellen, für das Zurückgewinnen von Kontrolle und für eine erstaunlich kreative Reaktion auf die sinnlose Gewalt.

Wir wollen Kinder mit Mut und Zivilcourage großziehen, sie zu jungen Erwachsenen werden lassen, die das Zeug dazu haben, zu sagen, was sie denken, dafür geradezustehen und sich Gehör zu verschaffen. Wir können damit anfangen, indem wir über tapfere Menschen sprechen oder uns und unseren Kindern von solchen Menschen Geschichten erzählen lassen, die Mut machen. Man braucht nur den Fernseher einzuschalten, um Beispiele für Menschen zu finden, die sich für das einsetzen, woran sie glauben. Auch Sie als Eltern können Mut und Zivilcourage zeigen, indem Sie sich zu Wort melden und Ihre Werte verteidigen, auch wenn diese gerade nicht so angesagt sind. Aber deswegen muss man noch lange nicht aggressiv werden, man ist deutlich wirkungsvoller, wenn man höflich, aber hartnäckig bleibt. Auf diese Weise werden Kinder zu Zeugen gelebter Zivilcourage.

Ermutigen Sie Ihr Kind, sich für das einzusetzen, was richtig ist – und zwar schon von klein auf. Kinder dürfen widersprechen, solange sie es auf respektvolle Weise tun. Eltern, die ihren Kindern den Mund verbieten, bringen ihnen die falschen Fähigkeiten bei, nämlich den Mund zu halten, wenn es um Dinge geht, die sie berühren. Respekt ist wichtig – aber genauso wichtig ist es, eine eigene Stimme zu haben. Bringen Sie Ihrem Kind bei, sich mit denjenigen anzufreunden, mit denen niemand befreundet sein will, mit Menschen, die andere Vorstellungen haben, und über diese zu diskutieren. Bringen Sie Ihrem Kind bei, den Lehrer zu unterstützen, auch wenn das uncool ist, und sein Wissen mit Klassenkameraden zu teilen. Zeigt Ihr Kind Zivilcourage, sollten Sie das lobend anerkennen. Wenn es sich für das Kind einsetzt, über das sich alle lustig machen, beweist das Zivilcourage und Empathie.

Trotz aller Beharrlichkeit und Zivilcourage bedeuten Biss und Durchhaltevermögen aber auch, zu wissen, wann es reicht. Diese Fähigkeiten braucht man nämlich dafür, auf eine elegante Weise nachzugeben. Denn nur so sind wir überhaupt in der Lage, uns zu ändern. Susan hat das während ihrer Arbeit an Google Video gelernt, einer Gratis-Videoplattform, die am 25. Januar 2005 an den Start ging. 2006 merkte sie, dass es ein Produkt namens YouTube gab, das schneller wuchs als Google Video. Es war ebenfalls eine Gratis-Videoplattform, allerdings mit Eigenschaften, die Google Video nicht hatte. Susan musste eine sehr schwere Entscheidung treffen: an Google Video weiterarbeiten, in das Google schon viel Zeit und Millionen von Dollar investiert hatte. Oder YouTube, das schneller wachsende Produkt, kaufen. Angesichts der Fakten musste sie sich eingestehen, dass eine Kurskorrektur notwendig war. Daraufhin hatte sie die Aufgabe, das Google-Management vom Kauf YouTubes zu überzeugen – keine Kleinigkeit, wenn man bedenkt, dass der Preis 1 Milliarde und 65 Millionen Dollar betrug. Wie wir heute alle wissen, war es die richtige Entscheidung, aber damals musste Susan viel Biss aufbringen, um ihr Projekt einzustellen und das Risiko, den Wettbewerber zu kaufen, einzugehen.

Wir müssen unseren Kindern klarmachen, dass es in Ordnung ist, aufzugeben, zu scheitern, wenn etwas nicht klappt. Es hilft, wenn man lernt, schnell zu scheitern, schnell herauszufinden und zuzugeben, dass etwas nicht funktioniert. Ähnlich verhält es sich bei meinem »Mastery System«, das ich in meinen Schreibkursen einsetze. Ich gehe nicht davon aus, dass ein Aufsatz gleich beim ersten Mal perfekt ist, auch nicht unbedingt beim zweiten Mal. Dasselbe gilt beim Programmieren: Anfangs gibt es meist jede Menge Bugs. Ein paar Eltern haben durchaus schon davon gehört, wie wichtig es ist zu scheitern. Sie haben mich doch tatsächlich gefragt, »Wie kann ich mein Kind zum Scheitern bringen?«. Die Idee dahinter ist gut, aber so funktioniert das nicht. Es ist nicht Ihre Aufgabe, Ihr Kind zum Scheitern zu bringen. Stattdessen sollten wir unseren Kindern erlauben, an eigenen Projekten zu arbeiten und selbst zu entscheiden, wann der Moment gekommen ist, etwas Neues zu probieren.

Scheitern gehört zum Lernen dazu, und Lernen erfordert, dass man die Erfahrung selbst machen muss. Wenn Sie scheitern, sind Sie damit nicht allein. Die meisten Menschen werden irgendwann im Leben einmal bei etwas scheitern. Es sind diejenigen, die sich danach wieder aufrappeln und weitermachen, die am Ende Erfolg haben.

DURCHHALTEVERMÖGEN UND ÜBERFLUSS

Laut dem National Center for Children in Poverty leben 21 Prozent der amerikanischen Kinder in Haushalten mit Einkommen unter der Armutsgrenze und 43 Prozent in Familien mit niedrigem Einkommen, wo man zu kämpfen hat, die nötigsten Ausgaben für den Lebensunterhalt bestreiten zu können. Armut wirkt verheerend, wie ich aus eigener Erfahrung weiß. Aber an jedem Horizont gibt es einen Silberstreif, und der Silberstreif von Armut ist Durchhaltevermögen. Wenn Sie nur über begrenzte oder gar keine Mittel verfügen, dann brauchen Sie für alles, was Sie wollen, eine Menge Fantasie und haben gar keine andere Wahl, als kreativ zu sein. Als ich ein Teenager war, wünschte ich mir einen Nachttisch, doch uns fehlte das Geld dafür. Also holte ich mir eine Orangenkiste aus dem Lebensmittelladen, die es dort gratis gab, malte sie in aufregenden Farben an und verwandelte sie in einen Nachttisch. Das sah ziemlich hübsch aus. Als Kind besaß ich jeweils immer nur ein Paar Schuhe, weil Schuhe eben teuer waren. Mein Vater pflegte zu sagen: »Wozu brauchst du zwei Paar? Du hast doch nur ein Paar Füße.« So putzte ich meine Schuhe wirklich jeden Abend. Ich war zwar nach wie vor noch arm, aber meine Schuhe sahen immer wie neu aus. Ich bin mir sicher, Jugendliche aus ärmlichen Verhältnissen können Ihnen heute noch bessere Geschichten als meine über ihre innovativen Ideen erzählen.

Das Durchhaltevermögen, das ich als Kind entwickelte, ist mir fürs Leben geblieben. Es ist eine Art, über die Welt und darüber nachzudenken, wie man sie besser machen kann. Sollte Ihre Familie in dieser Situation sein, bedeutet das einen permanenten Kampf und ein Problem, das wir alle gemeinsam lösen sollten. Aber machen Sie sich auch klar, dass Ihre Kinder dadurch wichtige Bewältigungsstrategien, Biss und Durchhaltevermögen entwickeln. Diese Fähigkeiten werden ihnen für ihr gesamtes Leben erhalten bleiben.

Am anderen Ende des Spektrums haben wir dagegen einen Mangel an Ausdauer und Durchhaltevermögen. Zu viele Kinder besitzen zu viele Spielsachen. Elektronisches Spielzeug, Lego-Baukästen, Hightech-Fahrräder, Zimmer, die so vollgestopft sind, dass man sie kaum noch benutzen kann. Sogar manche Kinder aus Familien mit geringem Einkommen haben Spielzeug im Überfluss. Wir alle wollen unseren Kindern ein besseres Leben oder Wohlstand bescheren, aber Überfluss kann ihnen den Wunsch rauben, für irgendwas hart zu arbeiten. Wenn Kinder und Jugendliche alles bekommen, was sie wollen, dann kämpfen sie nie und begreifen den wahren Wert des Strebens nach etwas nicht. So entwickeln sie weder Kreativität noch Biss und Durchhaltevermögen.

Doch das muss nicht sein. Hören Sie als Erstes damit auf, diese ganzen Spielsachen zu kaufen! (Diese Lektion musste ich als Oma selbst noch einmal lernen.) Sorgen Sie lieber dafür, dass die Kinder Spaß an den Dingen haben, die sie bereits besitzen. Denn wann ist Einkaufen zu einer der wichtigsten Aktivitäten mit Kindern geworden? Wie wäre es mit einem Ausflug in den nächsten Park oder auf einen Berg? Was ist mit irgendwelchen

Projekten zu Hause oder Verabredungen mit Freunden? Wieso nicht einfach Zeit mit Brettspielen verbringen oder zusammen kochen?

Und falls Ihre Kinder gern kochen, lassen Sie sie ihre eigenen Geburtstagskuchen backen. Es ist verlockend, eine extravagante Party zu planen, aber manche Geburtstagsfeiern heute haben schon etwas von Hochzeiten. Ich habe schon perfekte *Frozen-Princess*-Partys erlebt, wo eine Schauspielerin als Elsa auftrat, oder eine Zirkus-Party mit echten Ponys. Okay, die Kids lieben solche Events, aber wissen Sie, was sie genauso lieben würden? Ihren eigenen Tag zu planen, sich ein Konzept ausdenken, selbst mitdekorieren, Verantwortung übernehmen. Geben Sie ihnen ein Budget und lassen Sie sie entscheiden, wie sie den Tag verbringen möchten. Lassen Sie die Kinder online recherchieren, was sie sich wünschen. Empfehlen Sie ihnen, Preise zu vergleichen und überlegt einzukaufen. Und wenn sie beispielsweise eine Zaubershow möchten, können sie vielleicht einen jugendlichen Zauberer aus der Nachbarschaft engagieren.

Kinder sollten auch für ihre Bildung verantwortlich sein – egal, wer sie bezahlt. Wer Verantwortung trägt, bringt auch Interesse und Achtsamkeit auf. Wie sorgsam gehen Sie mit einer gemieteten Wohnung um? Wie ändert sich Ihr Verhalten, wenn Ihnen die Wohnung dann selbst gehört? Ich will damit nicht sagen, dass Sie Ihren Kindern das Studium nicht finanzieren sollen. Wir waren in der glücklichen Lage, uns das College für unsere Töchter leisten zu können, und glaubten an den Wert von Bildung. Trotzdem mussten sie sich das weiterführende Studium an einer Graduate School selbst finanzieren. Ich erinnere mich noch, wie sauer Susan war, als wir ihr das eröffneten. Wir wussten, dass sie Stipendien oder einen Job als Assistentin bekommen konnte. Und wenn sie es nicht geschafft hätte, sich entsprechende Quellen zu erschließen, dann hätte ich ihr das Geld *geliehen*, aber nicht *geschenkt*. Das ist ein wichtiger Unterschied.

Sie war unser erstes Kind, und was wir für sie getan hätten, das hätten wir auch den anderen ermöglichen müssen. Aber wir hielten sie für alt genug, das hinzukriegen, und genauso war es auch. Sowohl Susan als auch Janet haben sich das weiterführende Studium selbst bezahlt oder Stipendien erhalten. Für Susan war es zwar taff, aber sie lernte so verdammt viel mehr, während sie Studium und Job unter einen Hut bringen musste, als wenn wir einfach bezahlt hätten. Ganz zu schweigen von dem unglaublichen Gefühl, es allein geschafft zu haben und zu Recht stolz auf sich zu sein. Sie kriegte es hin.

Sollten Sie jahrzehntelang für die Ausbildung Ihrer Kinder gespart haben, dann übernehmen Sie die Kosten ruhig. Aber hier ist mein Rat: Lassen Sie Ihr Kind die Rechnung bezahlen, selbst wenn es das von Ihrem Konto aus macht. Allein die Summe hinzuschreiben wird ihm klarmachen, welches Opfer Sie da bringen. Lassen Sie es die echten Kosten sehen. Das hat enorme psychologische Wirkung, und das werden Kinder nie vergessen. Ich wünschte, ich hätte selbst schon daran gedacht, als meine Kinder noch das College besuchten. (Obwohl es nicht zwingend nötig war, haben sie alle ihre Ausbildung ernst genommen.)

Unabhängig vom Familieneinkommen empfehle ich sehr, dass alle Teenager sich einen Job besorgen. Es gibt keinen besseren Weg zu lernen, wie die echte Arbeitswelt funktioniert. Alle meine Töchter haben während ihrer Zeit an der Highschool gearbeitet. Susan koordinierte (wie schon erwähnt) Müllwägen und jobbte außerdem am Empfang des Restaurants Fish Market in Palo Alto. Das war ein witziger Job, weil alle ihre Freunde dort zum Essen vorbeikamen. Janet und Anne waren Babysitterinnen. Heidi Roizen, die inzwischen Unternehmerin im Bereich Venture Capital ist, spielte als Schülerin Puppentheater auf Geburtstagspartys. Mit diesen Vorstellungen nahm sie monatlich 800 Dollar ein. Nur unwesentlich mehr, nämlich 1000 Dollar, verdiente sie dann in ihrem ersten Job nach dem Studium in Stanford.

Ich liebe es, Teenager einzustellen – sie gehören einfach zu den enthusiastischsten, kreativsten und offensten Arbeitskräften, die es da draußen gibt. Sie sagen einem, was sie denken. Meine Schüler haben meine Webseite gestaltet, und kürzlich habe ich einen Schüler aus der Nachbarschaft engagiert, der den Garten regelmäßig wässern soll. Ich liebe es, ein Sprungbrett zu sein. Bei mir bekommen sie ihren ersten Job, dann legen sie los. Ganz zu Beginn engagierte 23andMe ein Team, das aus meinen Schülern bestand, um Konferenzen zu organisieren. Und es waren auch Schüler von mir, die in Stanford einen Schwimmwettkampf für Sportler über 50 auf die Beine stellten. Ich bin stolz, dass mein Enkel Jacob einen Job als Koch für ein zehnwöchiges Zeltlager ergattert hat, bevor er mit dem College beginnt. Da ist er acht Stunden auf den Beinen und verköstigt pro Mahlzeit 300 Kinder. Ich habe ihn schon in Aktion gesehen – das ist harte Arbeit. Aber er hat eine fantastische Einstellung und wird dabei eine Menge über Durchhaltevermögen lernen.

Vergessen Sie auch nicht, dass es Ihre Entscheidung ist, was für ein Vorbild Sie Ihren Kindern sind. In unserer Familie war das Geld knapp, und so geschahen viele meiner Aktionen aus purer Notwendigkeit. Aber diese Ideen funktionieren bei jedem Kind mit jeglichem Hintergrund.

Biss und Durchhaltevermögen waren einfach Teil meines Charakters. Wenn man in den späten 1950er-Jahren in Los Angeles lebte, brauchte man einfach ein Auto. So machte ich zu meinem 16. Geburtstag den Führerschein und feierte ihn wie alle 16-Jährigen im Großraum L.A.: Meine Eltern kauften mir für 300 Dollar einen – heftig gebrauchten – olivgrünen Studebaker von 1948. Mein Dad, der ein Amateurmechaniker war, zeigte mir, wie ich ihn warten musste. Sein Grundsatz war, dass ich alles selbst machen musste, weil wir uns einen Werkstattbesuch nicht leisten konnten. Ich lernte also, Öl und Reifen wechseln, Zündkerzen austauschen und ein ganz ordentliches Wartungsprogramm. Als wir Jahre später in Stanford auf dem Campus wohnten, waren die Nachbarn schockiert, wenn sie mich auf der Straße unter dem Auto liegen sahen, um das Öl zu wechseln. Ich war auch bekannt dafür, aufs Dach zu klettern, um die Regenrinnen zu reinigen. So war ich nun einmal aufgewachsen. Meine Töchter beobachteten all das. Sie sahen in ihrer Mutter jemanden, der (fast) alles konnte.

Sie betrachteten mich aber auch als jemanden mit viel Ausdauer und Selbstkontrolle. Letztere ist bei mir, was das Essen angeht, enorm ausgeprägt. Ich vermute, ich habe Lebensmittel zu schätzen gelernt, als nie genug für die ganze Familie vorhanden waren. Mir wird auch bewusst, dass die Ernährung eines der wenigen Dinge ist, die ich in Bezug auf meine Gesundheit kontrollieren kann: Ich kann selbst entscheiden, was ich mir in den Mund stecke. Das kann niemand außer mir kontrollieren. Ich kann bei einem schicken Abendessen mit aufregenden Speisen sitzen und nichts davon essen. Meine Auffassung lautet, wenn ich nicht hungrig bin, esse ich auch nicht. Punkt. Meine Töchter habe ich die gleiche Selbstkontrolle gelehrt. Ich wollte nicht, dass sie Essen als emotionale Zuflucht nutzen. Essen diente bei uns zu Hause der Ernährung.

Eine weitere Lektion in Sachen Biss und Durchhaltevermögen für meine Töchter ist folgende: Wenn ich eine Idee im Kopf hatte, dann setzte ich sie auch um. Meine Entschlossenheit war nicht zu bremsen. Als wir einzogen, hatten unsere Küche und das Wohnzimmer Linoleumböden. Das war meine Schuld. Ich hatte das Linoleum ausgesucht, weil ich damals noch nicht wusste, wie höherwertiger Boden aussah. Nach einigen Jahren gefiel mir das Linoleum nicht mehr. Ich hasste es richtig. Es sollte raus und dafür Hartholz verlegt werden. Doch dass wir uns teure Fußböden leisten könnten, war ausgeschlossen. Wir besaßen damals kaum Möbel, und unser Haushaltsgeld war sowieso schon knapp. Stan fand am Linoleum nichts auszusetzen, also konnte ich ihn kaum dazu bringen, meine Idee zu unterstützen. Daraufhin nahm ich die Sache selbst in die Hand. Im Verlauf eines Jahres sparte ich jede Woche ein bisschen Geld von unserem Lebensmittelbudget. Meine Töchter beobachteten den ganzen Vorgang, meine Beharrlichkeit und Entschlossenheit (im Geheimen natürlich). In jenem Sommer reiste Stan für zwei Wochen nach Europa, und da war es Zeit, meinen Plan umzusetzen. Vorher hatte ich mich nach dem besten Preis umgesehen und eine tolle Firma gefunden, die die Arbeit übernehmen sollte. Ich plante, dass sie am Tag von Stans Abreise beginnen sollten. Als er zurückkam, ging er durch Küche und Wohnzimmer und war total verblüfft von den wunderschönen Holzböden. »Sieht toll aus, oder?«, fragte ich. Stan war sprachlos. Er fürchtete sich wohl zunächst zu sagen, dass es ihm gefiel, weil er nicht wusste, woher ich das Geld dafür genommen hatte. Doch er gab zu, dass es eine gute Idee von mir gewesen war. Als er erfuhr, wie ich die Arbeit bezahlt hatte, war er völlig begeistert. Heute, 40 Jahre später, haben wir noch dieselben Böden, und sie sehen nach wie vor großartig aus.

Ich versuchte meinen Töchtern auch beizubringen, wie nützlich es ist, intelligent einzukaufen und den Mund aufzumachen, wenn es in einem Laden ein Problem gibt. Ich hatte schon immer die Einstellung, dass man das Einkaufserlebnis für sich selbst, aber auch für andere Leute verbessern sollte. Manchmal machte ein Geschäft Werbung für einen reduzierten Artikel, aber wenn wir an die Kasse kamen, versuchte der Verkäufer, mir mehr dafür in Rechnung zu stellen. »Sorry«, hieß es dann. »Der Preis wurde inzwischen erhöht«, oder »Das muss falsch ausgezeichnet worden sein«. Damit kamen sie bei mir nie durch. Ich wehrte mich, verlangte den Geschäftsführer zu sprechen und beharrte auf dem beworbenen Preis. Ich hatte auch immer den

Werbeprospekt bei mir. Wenn niemand sich beschwerte, würde der Laden das nicht nur mit mir, sondern auch mit allen anderen Kunden so machen. Aber warum sollte es in Ordnung sein, dass sie mit einem falschen Preis Werbung machen und Kundschaft mit dieser Täuschung in den Laden locken? Meine Töchter versteckten sich dann oft, weil es ihnen so peinlich war. Inzwischen sind Geschäfte mit ihren Preisangaben viel sorgfältiger, und wenn die Angabe falsch war, bekommt man oft trotzdem einen Rabatt. Ich denke, das ist Leuten wie mir zu verdanken. Und mir gefällt die Vorstellung, dass meine Töchter gelernt haben, dass man sich nicht in die Irre führen lassen soll und wie man seinen Standpunkt und den der kleinen Leute verteidigt. Damit ein Unternehmen sich verpflichtet fühlt, bei der eigenen Werbung sorgfältig zu sein und die Kundschaft fair zu behandeln.

Der vielleicht wirksamste Aspekt in Sachen Biss und Durchhaltevermögen ist, dass man diese Dinge verinnerlicht. Es ist schon verlockend, sie als individuelle Eigenschaften zu betrachten, aber viel inspirierender ist es doch, wenn wir erkennen, wie sie nicht nur uns, sondern die Welt – im Großen wie im Kleinen – verändern können. Gady hat das gemacht, indem er jeden, der an der Zeitung mitarbeitete, von seinen Fähigkeiten profitieren ließ. Die Jugendlichen von der Parkland taten es, als sie die riesige Bühne für den Versuch nutzten, endlich die Gesetze zu ändern, die uns alle betreffen. In der Isolation gibt es keinen Erfolg. Bei Biss und Durchhaltevermögen geht es letztlich um Wandel und darum, über das eigene Interesse hinaus und zu einer Stärke zu kommen, die wir in Bezug auf die ganze Welt erzeugen können. Wenn viele durch Flexibilität zu ihrer Stärke finden, dann hebt das steigende Niveau alle Boote mit an.

ZUSAMMENARBEIT

6

Kollaborieren statt diktieren

Schon in meinem ersten Jahr als Lehrerin geriet ich an einen Wendepunkt. Täglich unterrichtete ich 125 Schüler in fünf Kursen in Englisch und Journalismus, wobei ich jeden einzelnen davon zu kontrollieren hatte. Sie sollten meinem Vortrag zuhören – egal, ob es um das Schreiben von Aufsätzen, Grammatik oder journalistisches Ethos ging –, und ich musste so tun, als würde das, was ich sagte, mich selbst interessieren. Ich liebe Grammatik ungefähr so sehr wie jeder andere Englischlehrer, aber trotzdem musste ich die gleiche Stunde fünfmal pro Tag halten. Genau das tun Lehrende an einer Highschool gemeinhin: Sie wiederholen sich selbst in jeder Stunde (sofern sie immer dasselbe Fach unterrichten). Manche Leute sind darin richtig gut. Ich nicht. Mir wird langweilig. Ich war nie gut mit einem Skript, das mir genau vorschrieb, was am jeweiligen Tag durchzunehmen war. Denn dabei wurde keine Rücksicht darauf genommen, ob eine Klasse mehr Herausforderung brauchte und eine andere mehr Zeit, um ein neues Thema zu erfassen. Noch schlimmer fand ich, dass ich mich tagaus, tagein als »Autorität« präsentieren musste. Ich wollte lieber *mit* meinen Schülern arbeiten, nicht *gegen* sie.

Wenn ich keinen Stoff vortrug, sollten sie selbstständig arbeiten. Alle hatten ihre Bücher, sie schrieben (meistens) mit und hatten am Ende jedes Kapitels die Übungsaufgaben zu lösen. Meine Finger waren immer voller violetter Flecken, weil ich ständig Extraaufgaben produzierte, die ich auf einer Schreibmaschine tippte und dann morgens mit einem Vervielfältigungsapparat kopierte. Warum die Mühe? Weil ich etwas brauchte, um die Kinder zu beschäftigen, nachdem sie mit den Aufgaben im Buch fertig waren. Sie hätten ihre Gesichter sehen sollen, wenn sie endlich mit den langweiligsten Übungen, die je erdacht wurden, fertig waren und ich dann noch mehr Zeug zum selben Stoff austeilte. (Man sollte diejenigen, die Grammatikbücher verfassen, zu Kreativitätskursen verdonnern.) »Lernen« bedeutete auswendig lernen, und wir litten alle zusammen darunter.

Im November dieses ersten Schuljahres war ich bereits so gestresst, dass ich Magenbeschwerden bekam und mir nacheinander mehrere Erkältungen einfing. Eine der älteren Lehrkräfte riet mir: »Du solltest dir mal ein bisschen freinehmen. Du siehst ziemlich krank aus.« Nun ja, ich *war* ja auch krank und sah so aus, wie ich mich fühlte. Aber vor allem war ich irritiert. Pflichtbewusst hatte ich mich an die Vorgaben der Schulleitung gehalten und angewandt, was ich an der Uni gelernt hatte. Das war die Ausbildung, die alle angehenden Lehrer an der UC Berkeley School of Education damals in den 1960er-Jahren erhielten. Die Kernbotschaft lautete: Die Lehrkraft ist der Boss. Ich belegte mehrere Kurse zum Umgang mit Schülern. Wir hatten sogar ein Lehrbuch, das hieß: *Wie Sie Ihre Klasse unter Kontrolle halten*. Wir wurden in Klassenzimmer-Management benotet – wie gut sich die Schüler benahmen, wie sehr sie »bei der Sache« waren, wie oft sie die Hand hoben, bevor sie etwas sagten. Die Vorstellung dahinter war, dass Schüler ohne jeden Zweifel wissen, dass der Lehrer das Sagen hat. Ohne jede Frage. Eine der bemerkenswertesten Empfehlungen meiner Schulleitung lautete: »Lächeln Sie nicht vor Weihnachten.« Und das denke ich mir jetzt nicht aus. Fragen Sie jede Lehrkraft, die vor dem Jahr 2000 an der UC Berkeley oder jeder anderen Uni ausgebildet wurde.

Meine Schüler waren nicht nur unausgelastet, sondern verängstigt. Sie fürchteten, ich könnte sie bestrafen oder vielleicht sogar durchfallen lassen. Ich selbst sollte mich auch fürchten – davor, meine Maske fallen zu lassen, mir meine eigene Blödheit anmerken zu lassen, einen Witz zu reißen (was ich so gern getan hätte, aber aus Angst, gefeuert zu werden, bleiben ließ). Als eine Schülerin mich an ihren Tisch kommen sah und schnell nach einem Stift griff, um Begeisterung für eine weitere Grammatikübung zu heucheln, kehrte ich an mein Pult zurück und holte tief Luft. In dem Moment entschied ich, dass ich etwas ändern musste. Ich konnte nicht die Kontrolle über alles behalten und gleichzeitig nicht den Verstand verlieren. Das waren meine Optionen: meiner Gesundheit zuliebe kündigen, in Therapie gehen, um nicht irre zu werden, oder tun, was ich wirklich wollte, und damit rechnen, rausgeworfen zu werden.

Erstaunlicherweise fiel mir die Entscheidung ziemlich leicht. Mein erster Schritt: nicht mehr ausschließlich Frontalunterricht halten, sondern die Schüler zeitweise in Gruppen arbeiten lassen. Wenn sie schon mit *Warriner's English Grammar and Composition* lernen mussten, was ungefähr so aufregend ist, wie es klingt, dann konnten sie das ja wenigstens gemeinsam tun. Bedenken Sie, dass das damals weder traditionell noch akzeptabel war. Es stellte ein Sakrileg dar. Da kam ich als frischgebackene Lehrerin neu an die Schule und versuchte schon, einige der dort herrschenden Regeln zu brechen. Keine schlaue Idee. Aber ich konnte diesen Schülern nichts beibringen, wenn ich das Lernen nicht interessanter machte. Also suchten sie sich Partner aus und arbeiteten in Gruppen zu Grammatik und Rechtschreibung.

Ich fühlte mich dadurch schon ein wenig freier. Mein ausgeprägter Sinn für Humor machte sich langsam bemerkbar. So erfand ich beispielsweise verrückte Geschichten, die irgendeiner Sitcom nachempfunden waren, und ließ sie die Interpunktion machen. Die Schüler mussten auch ihr eigenes Lehrmaterial produzieren. Wenn sie montags zum Unterricht kamen, sagte ich: »Erzählt mir, was ihr am Wochenende gemacht habt. Schreibt es auf und prüft mit eurem Partner die Zeichensetzung.« Die Kinder konnten entweder die Wahrheit oder eine maßlose Übertreibung schreiben. Mir war beides recht. Ich bekam eine Menge Geschichten über Beer-Pong zu lesen (inzwischen halte ich mich für eine Expertin darin, obwohl ich das Spiel selbst nie ausprobiert habe). Aber es gab auch Berichte über seltsame Leistungen (etwa von dem Jungen, der 25 Schokoriegel hintereinander gegessen hatte) und – Sie haben es sicher schon erraten – Sexgeschichten. Da zog ich, ihren Protesten zum Trotz, eine rote Linie. »Eure Eltern denken, dass ihr noch nicht mal wisst, was Sex ist«, sagte ich. »Also bringt mich damit nicht in Schwierigkeiten!« Im Klassenzimmer wurde viel gelacht, aber ich machte mir keine Sorgen um die Disziplin. Ich hatte ihre Aufmerksamkeit – weil ich immer solche verrückten Sachen machte – und ihr Vertrauen.

Dann betrat eines Tages der Direktor unangekündigt mein Klassenzimmer und setzte sich ganz hinten auf einen freien Platz. Während sein Blick durch den Raum schweifte, merkte er, dass meine Schüler paarweise oder in Dreiergruppen arbeiteten. Ich bekam Panik. Und ich hatte nur einen Gedanken: Frontalunterricht! Also stürmte ich vor ans Pult und begann, über die Schönheit des Strichpunkts zu dozieren. Die Schüler sahen mich an, als sei ich bekloppt. Ich meine, sie hielten mich zwar immer für verrückt, aber diesmal war es was anderes. Sie hatten keine Ahnung, was los war. Weil ich wusste, dass Kontrolle als das Wichtigste galt, sagte ich im besten Lehrerausbildungston: »Legt eure Stifte weg und hört mir zu.« Manche der Jugendlichen taten genau das, aber zwei nicht. Der Direktor trug das in meinen Beobachtungsbogen ein. »Klasse außer Kontrolle und viele Schüler, die sich unterhalten und nicht bei der Sache sind«, schrieb er. Das war in seinen Augen ein ernstes Problem.

Der Direktor gab mir drei Wochen, um »die Klasse in den Griff zu kriegen«. Das bedeutete, schweigende Schüler, die in ordentlichen Reihen saßen. Kein Wort, während ich sprach. Alle sollten mitschreiben. Und das die ganze Schulstunde lang. Ich war aufgebracht und fragte mich wieder, ob ich kündigen sollte. Vielleicht war ich einfach nicht für den Lehrerberuf gemacht. Viele Lehrer empfinden das heute genauso. Sie stehen so unter Druck, die Noten ihrer Schüler zu verbessern, dass ihnen kaum etwas anderes übrig bleibt, als dasselbe Material wieder und wieder durchzukauen. Heute benutzt man zwar Computer dafür, aber die Methode ist gleich geblieben. Keine Flexibilität, kaum Kreativität und sehr wenig Gelegenheit, als Lehrerin oder Lehrer mit den Kindern zusammenzuarbeiten.

Die Rebellin in mir kam auf eine ungewöhnliche Idee. Ich beschloss, den Schülern von meiner Lage zu erzählen. Wenn der Direktor das nächste Mal käme, um mich zu beurteilen, müssten sie mucksmäuschenstill sein, sonst würde ich gefeuert. Das sagte ich ihnen tatsächlich. Ich vertraute ihnen und hatte ja nichts zu verlieren. »Wenn ihr nicht wollt, dass euer Unterricht sich verändert, und ich eure Lehrerin bleiben soll, dann müsst ihr mir helfen«, erklärte ich. Das war schon ein großer Schritt, sie zu Mitverschwörern meines Plans zu machen. Aber ich dachte mir, wenn wir zusammenarbeiten, könnte es gelingen.

Der Plan sah so aus, dass ich auf meine Weise – also kollaborativ – unterrichtete, bis der Direktor auftauchte. In dem Augenblick würden alle sofort aufhören, miteinander zu reden, sich nach vorne drehen, während ich anfing, den Stoff vorzutragen. Ein paar Tage später machten wir einen Probedurchgang, als ich den Direktor den Flur herunterkommen sah. Ich stürzte nach vorne vor die Klasse, und die Schüler verstummten schlagartig. Was für ein Erfolg! Sie liebten die Vorstellung, in den Plan mit eingeweiht zu sein. Wie meine ehemalige Schülerin Lauren Ruth, die jetzt Assistenzprofessorin für Bildhauerei an der CSU

Chico ist, einmal meinte: »Eine der wichtigsten Sachen, die Woj gemacht hat, war, die Hierarchie im Klassenzimmer abzubauen. Sie hat Systeme immer aufgebrochen. Woj nahm eine besondere Stellung ein, die nichts mit der unserer Eltern zu tun hatte. Sie war Komplizin. Und sie hatte genug Vertrauen in *uns*, um ebendiese Komplizin zu sein. Und diese Erfahrung war wirklich reizvoll.«

Drei Wochen später war der Direktor wieder da, um mich zu beobachten, und die Klasse war still. Ich meine *totenstill*. Wie bei einer Trauerfeier. Und ich bestand mit Bravour. »Freut mich zu sehen, dass Sie alles unter Kontrolle haben«, sagte der Schulleiter und wollte wissen, wie es mir gelungen war, die Schüler in der kurzen Zeit so zu verändern. Ich erzählte ihm, das sei leicht gewesen. »Ich habe sichergestellt, dass sie wissen, ich habe das Sagen. Und ich habe aufgehört zu lächeln, so wie ich es an der Universität gelernt habe.«

Nach dieser Geschichte wurde ich ziemlich mutig.

1986 ging ich im Los Altos Shoppingcenter an einem Laden vorbei, der einen Macintosh Computer im Schaufenster hatte. »Hello«, war auf dem Bildschirm zu lesen, als würde er mich direkt ansprechen. So etwas hatte ich noch nie gesehen, aber ich war mir ziemlich sicher, dass es besser war als die Just-O-Writer-Schreibmaschine, die meine Schüler benutzten. Damit dauerte es Stunden, die Artikel für die Schulzeitung abzutippen, die sie herausgaben. Ich musste sogar einen Schüler für einen Dollar pro Stunde engagieren, der die Geschichten der Schüler abtippte, die selbst nicht Maschine schreiben konnten. Da erschien mir dieser Macintosh wie ein Gottesgeschenk.

Aber mir fehlten die Mittel dafür. Ganz zufällig stieß ich dann auf ein Antragsformular für Sonderprojekte des Bundesstaats Kalifornien. Ich beantragte damit sieben Macintosh-Computer. Meine Schulleitung warnte mich, dass diese Förderung hart umkämpft sei. Nicht sehr ermutigend, aber was glauben Sie, wer im Herbst 1987 den Zuschlag bekam? Dann wurden sieben wunderschöne Computer in mein Klassenzimmer geliefert. Ich war hellauf begeistert, auch wenn ich nicht mal wusste, wie man sie einschaltete. Ein paar Wochen lang standen sie einfach nur hinten im Raum, bis ich meinen Schülern eines Tages verkündete: »Ich freue mich so, euch mitteilen zu können, dass ich eine Förderung vom Bundesstaat Kalifornien bekommen habe und wir jetzt sieben neue Computer besitzen!« Sie wussten zwar, was Computer waren, hatten aber noch keinen Macintosh aus der Nähe gesehen. Niemand an der Schule wusste, wie man die Dinger bediente. Die Schulleitung meinte, das sei »doch nur eine Mode« und dass sie niemanden hätten, der mir helfen könnte. Vielleicht hätte ich deshalb entmutigt oder sogar ängstlich sein sollen – ich habe Politikwissenschaft und Englisch studiert, nichts Technisches. Hier ein Beispiel dafür, wie ahnungslos ich war: Als ich das erste Mal versuchte, einen der Macintoshs zu benutzen, begriff ich nicht, wohin meine Wörter verschwunden waren. Wie sich herausstellte, hatte ich nur zu weit gescrollt. Aber ich wusste ja noch nicht einmal, was Scrollen war! Doch meine Schüler waren viel talentierter als ich und halfen mir mit Begeisterung.

»Kein Problem«, ließ ich die Schulleitung wissen. »Die Kinder und ich werden schon rauskriegen, wie es geht.«

Zusammen verbrachten wir nach dem Unterricht und an den Wochenenden Stunden in der Schule, um die Computer einzurichten und zu lernen, wie man sie benutzte. Ich erinnere mich noch an die Gill-Brüder – Zwillinge –, die zusammen mit anderen daran arbeiteten, die rätselhafte Wissenschaft der Macs zu begreifen. Ihr Vater arbeitete für die Aldus Corporation und kam an einem Samstag, um uns zu zeigen, wie man ein Programm namens PageMaker benutzte. Das war perfekt für das Layout unserer Zeitung. Begeistert verwendeten wir die Aldus-Disketten – erinnert sich noch jemand an Floppy Disks? – und fingen mit etwas an, aus dem sich eine eindrucksvolle digitale Plattform entwickeln sollte. Mit dieser gestalteten wir fortan den *Campanile.* Als Nächstes mussten wir überlegen, wie wir unsere Daten abspeichern konnten. Die Schüler lernten auch das.

Wir benötigten ungefähr sechs Wochen, um die sieben Computer einzurichten, uns einen Drucker zu besorgen, die Geräte zu einem Netzwerk zu verbinden und unsere Dateien zu strukturieren. Wir waren echte Computer-Pioniere. Wann immer etwas kaputtging oder wir Hilfe brauchten (was oft der Fall war), ging ich mit ein paar Jugendlichen zu Fry's, dem Elektrogeschäft am Ort. So lernten wir den Laden richtig gut kennen, und die Kinder wurden unglaublich fit in IT, lange bevor das ein stehender Begriff war. Falls Sie noch nie bei Fry's in Palo Alto waren – das ist wirklich ein Erlebnis. Am Eingang stand damals eine riesige Figur von einem Pferd, das auf die Hinterbeine steigt. Für mich repräsentierte es die Aufregung angesichts der bevorstehenden technischen Revolution. Etwas Großes bahnte sich an, und wir waren ein Teil davon.

Während jenes Jahres hatte ich erstmals die Idee, T-Shirts für den Journalismus-Unterricht bedrucken zu lassen. Die Kinder der Sportmannschaften haben ihre eigenen T-Shirts, und wir waren auch ein Team. Es macht mich stolz, sagen zu können, dass es in den vergangenen 30 Jahren einige tolle Designs gab, die alle von den Schülern selbst stammten: einmal eine Zeichnung von mir, wie ich auf das Gebäude der Schulverwaltung stampfe; dann ein Shirt mit einer großen Münze vorne und dem Motto VERTRAU AUF WOJ auf der Rückseite; kürzlich lautete der Schriftzug WOJ YOURSELF. Die Schüler tragen ihre T-Shirts überall auf dem Campus und in Palo Alto.

Egal, was in meinem Klassenzimmer vom ersten Tag, als ich Grammatik unterrichtete, bis heute, wo ich Hightech-Journalismus lehre, stattfand, immer ging es um Zusammenarbeit. Die ist nur auf einem starken Fundament aus Vertrauen, Respekt und

Unabhängigkeit möglich. Kinder brauchen auch ein definiertes Ziel, das ihre Leidenschaft anfacht. Diese Elemente müssen gegeben sein, damit Schüler miteinander arbeiten und untereinander als Mentoren fungieren. Meine Schüler üben diese Fähigkeiten tagtäglich und haben mich mit ihrer Fähigkeit, einander zu unterstützen, zu erziehen und zu inspirieren, absolut verblüfft.

Um eine Zeitung von hoher Qualität zu produzieren, müssen meine Kinder Journalismus von der Pike auf beherrschen. Sie lernen nicht Stoff für eine Prüfung auswendig und vergessen ihn ein paar Tage später wieder. Sie schreiben und entwerfen eine komplette Zeitung und müssen die dafür nötigen Fähigkeiten beherrschen. Früher habe ich ihnen einen Vortrag über Adobe PageMaker und Photoshop gehalten, die Schüler hörten mir zu, machten sich Notizen und gingen dann ins Computerlabor und hatten keine Ahnung, wie sie die Programme benutzen sollten. Es funktionierte nie. Man kann einfach nicht lernen, wie man ein Programm benutzt, indem man jemandem zuhört, der einem erzählt, wie das geht. Deshalb wechselte ich zu einer eher interaktiven Art des Unterrichtens. Ich erklärte nur einen Aspekt des Programms und ließ sie gleich mit dieser Funktion arbeiten. Dann kam der nächste Schritt, sodass immer zwischen Erklärung und Anwendung abgewechselt wurde. Das funktionierte besser. – Am besten klappte es jedoch, wenn die Schüler sich die Fähigkeiten gegenseitig beibrachten.

Meine Idee war es, immer einen Schüler auf Anfängerniveau mit einem Fortgeschrittenen zusammenzubringen. Die Anfänger nannten wir *»cubbies«*, wie die englische Bezeichnung für Jungtiere. Das war eine liebevolle Bezeichnung. Jeder der Fortgeschrittenen hatte seinen *cubbie*. Die fortgeschrittenen Schüler durften sich selbst aussuchen, mit wem sie zusammenarbeiten wollten, und hatten dann dafür zu sorgen, dass derjenige alles lernte. Ich gab das Thema vor, beispielsweise »Heute wollen wir unsere Features verbessern« oder »Heute geht es darum, bessere

Kommentare zu schreiben«. Dann lasen wir gemeinsam Beispiele, bevor die *cubbies* mithilfe der älteren Schüler einen Entwurf verfassten. Meistens funktionierte das perfekt, aber natürlich nicht immer. Wenn ein *cubbie* etwas ablieferte, das noch weiter überarbeitet werden musste, dann sagte ich zu dem älteren Schüler: »Hey, dein *cubbie* hat einen nicht besonders guten Aufmacher geschrieben. Bitte geh ihn noch einmal mit ihm durch und hilf ihm.« Oft passierte dann genau das, aber wenn als Antwort kam »Das kann ich nicht« oder »Ich verstehe nicht, warum«, dann sprachen wir noch ausführlicher darüber, bis alles klar war. Im Grunde genommen delegierte ich so viel Arbeit wie möglich an die Schüler, was sich als enormer Erfolg erwies. Byron Zhang, einer meiner gegenwärtigen Schüler, der erst in der siebten Klasse aus China zu uns kam, hat mir gesagt, wie wichtig dieses Mentoring für seine ganze Ausbildung ist. Lange war er wegen seines geschriebenen und gesprochenen Englischs unsicher, aber sein Mentor verhalf ihm zu mehr Zutrauen in seine eigenen Fähigkeiten. Außerdem schätzte er die Chance, sich mit Schülern aus anderen Jahrgängen anzufreunden, was in anderen Kursen nur selten passiert.

In all den Jahren habe ich nie ein Kind erlebt, das der Situation nicht gewachsen war. Wenn man den eigenen Schülern vertraut und ihnen hilft, ihre Zeit und ihre Aufgaben zu strukturieren, dann schaffen sie das. Ist man selbst ängstlich und glaubt nicht an ihre Fähigkeiten, nun ja, dann gelingt es ihnen oft nicht.

Später erweiterte ich das Mentorensystem auch auf die geschriebenen Inhalte. Schließlich war es mir nicht möglich, 150 Schülern täglich persönliches Feedback zu geben, aber sie konnten einander kritisieren. Im Verlauf eines Jahres verzeichneten einige Schüler beachtliche Fortschritte, auf die sie und ihre jeweiligen Partner stolz sein konnten.

Ich will noch einmal betonen, dass nicht immer alles glattging. Immer wenn man mit Teenagern zu tun hat, gibt es einen gewissen Unsicherheitsfaktor. In großen Kursen, wo zusammengearbeitet wird, herrscht zwangsläufig ein gewisses Chaos. Aber irgendwie mag ich dieses Chaos. Anscheinend habe ich im Laufe der Zeit eine entsprechende Toleranz entwickelt. Es gibt Phasen während der Produktionswoche, in denen die Schüler laute Musik hören, einander durch den ganzen Raum Sachen zurufen und drei elektronische Geräte gleichzeitig im Blick haben. Ich sitze mittendrin und erledige meine eigene Arbeit.

Es ist schwierig, die Wirkung dieser Art zu unterrichten auf die Kinder zu beschreiben. Aber wenn Schüler das Gefühl bekommen, mit ihren Lehrkräften zusammenarbeiten zu können, geht ihr Selbstvertrauen durch die Decke, und sie fühlen sich absolut stark. Sie können alles schaffen, weil jemand hinter ihnen steht. Sie halten aber auch Enttäuschungen aus, da sie wissen, dass sie in jedem Fall geschätzte Mitglieder eines Teams sind. In diesem Jahr habe ich eine sehr begabte Schülerin, die als Chefredakteurin kandidierte, aber verlor. Klar war sie danach enttäuscht, aber nicht sehr lange. Sie hat eine wichtige Funktion als Vertreterin in der Schulkommission. Das bedeutet, sie nimmt an allen Sitzungen dieser Institution teil und berichtet über Entscheidungen, die alle Schüler betreffen. Außerdem ist sie Betreuerin in unserem Journalismus-Sommercamp. Sie weiß, wie sehr ich und alle anderen bei der Zeitung sie schätzen, und das ist genau die Motivation, die sie braucht.

ARBEITEN SIE MIT IHREN KINDERN, NICHT GEGEN SIE

Die traurige Wahrheit lautet: Viele Leute glauben, die beste Methode, um Kinder sowohl zu Hause als auch in der Schule zu erziehen, sei die absolute Kontrolle. Wir denken: *Kinder sind jung und wissen noch nichts. Eltern müssen ihnen zeigen, wo's langgeht.* Kinder mögen zwar Struktur, aber zu viel Struktur bekommt ihrer psychischen Gesundheit nicht gut, wie eine der wichtigsten Studien zu Erziehungsstilen und deren Auswirkung auf kindliches Verhalten ergab. 1971 analysierte die Entwicklungspsychologin Diana Baumrind eine Gruppe von 146 Kindergartenkindern und ihren Eltern. Dabei unterschied sie vier verschiedene Erziehungsstile: **autoritär**, **autoritativ**, **permissiv** und **unbeteiligt**. Lassen Sie uns zunächst die ersten beiden vergleichen.

Autoritäre Eltern benehmen sich wie Diktatoren. Ihr Hauptaugenmerk ist auf Gehorsam und das Befolgen der Regeln gerichtet. Dieser Elterntyp sagt, entweder so, wie ich es will, oder gar nicht, und ist vollkommen unflexibel. Im Gegensatz dazu entwickeln **autoritative** Eltern eine positive, warmherzige, aber feste Beziehung zu ihrem Kind. Auffallend ist, dass diese Eltern bereit sind, die Meinung des Kindes in Betracht zu ziehen; sie lassen sich auf Diskussionen und Debatten ein, was sehr wahrscheinlich die Entwicklung sozialer Fähigkeiten fördert. Die Kinderärztin Janesta Noland aus dem Silicon Valley sagt: »Ein autoritativer Elternteil, das ist jemand, der ein paar Grenzen setzt, aber aus Engagement. So jemand will nicht dein bester Freund sein. Du bist ihm auch nicht egal. Und er will dich nicht einfach nur kontrollieren. Stattdessen baut er dir ein Gerüst aus Erwartungen.« Baumrinds ursprüngliche Studie ergab, dass autoritative Erziehung mit unabhängigem, zielgerichtetem Verhalten und sozialer Verantwortung bei Jungen wie Mädchen assoziiert wird.[10] In ihrer Folgestudie von 1991 kam sie zu dem Ergebnis, dass eine autoritative Erziehung Heranwachsende vor Drogenkonsum schützt, und bewies zugleich, dass der Erziehungsstil einen längerfristigen Einfluss auf Kinder hat.[11]

Die beiden anderen Erziehungsstile erklären sich quasi selbst: Ein **permissiver** Elternteil neigt zum Verwöhnen und schafft es nicht, Regeln oder Erwartungen durchzusetzen. Dadurch spielt er im Leben eines Kindes eine untergeordnete

Rolle. Manche interpretieren meine Philosophie fälschlicherweise als permissiven oder völlig freien Erziehungsstil. Doch diese Leute übersehen einen wichtigen Punkt: Ich biete niemals Freiheit ohne Struktur. Ich will nicht, dass meine Schüler wild durchs Medienzentrum toben; ich will, dass sie auf die wildesten Ideen für Artikel kommen und gleichzeitig eine starke Basis für das Verfassen von Nachrichten und die Einhaltung von Deadlines bekommen. Ich habe hohe Erwartungen. Und ich möchte, dass die Schüler sich überlegen, wie sie ihnen gerecht werden können. **Unbeteiligte** Eltern entziehen sich ihrer Verantwortung. Sie vernachlässigen ihr Kind hinsichtlich Aufmerksamkeit, Liebe und Orientierungshilfe. Sie sind offensichtlich schlecht, was Zusammenarbeit angeht, und problematische Betreuer.

Jede Art von Erziehung hat ihre Zeit und ihren Ort, und manchmal durchlebt man die jeweiligen Extreme von einem Tag auf den anderen. In einer gefährlichen Situation müssen Sie vielleicht wie ein Diktator handeln, um von Ihrem Kind die Aufmerksamkeit und den Gehorsam zu bekommen, den so ein Moment fordert. Sie wollen vermutlich auch nicht ständig unbeteiligt sein, ihre Kinder zur Tür hinausschieben, ohne zu wissen, wo sie hingehen und wann sie wiederkommen. Doch es gibt Augenblicke, in denen Sie sich zurücknehmen und den Mund halten müssen. Was die autoritative Erziehung betrifft, schließe ich mich der Meinung an, dass man mit jüngeren Kindern, die die Elemente von TRICK gerade erst lernen, bestimmt sein muss. Es beruhigt kleine Kinder, wenn sie wissen, dass jemand das Sagen hat. Das gibt ihnen Struktur und eine klare Richtung.

Aber ich denke, dass es vielleicht noch eine weitere Kategorie gibt. Ich spreche gern vom **kollaborativen** Erziehungsstil. Dabei gründet die Beziehung auf gegenseitigem Respekt, sobald ein Kind alt genug ist, das Prinzip zu begreifen. Wenn man beispielsweise das Kinderzimmer neu streicht, würde es im autoritativen Stil so laufen: »Hier ist die Farbe. Schau mir erst mal zu, wie ich streiche, dann kannst du es genau so nachmachen.« Auf kollaborative Art würde man dem Kind mehr Handlungsmacht geben: »Lass uns ins Farbengeschäft gehen und eine Farbe aussuchen. Welche Farbe gefällt dir am besten? Dann lass uns als Nächstes Pinsel aussuchen.« Diese Vorgehensweise braucht mehr Zeit, aber das Kind fühlt sich dabei eher wie ein Mitarbeiter, weniger wie eine Arbeitskraft. Selbst kleine Wahlmöglichkeiten können schon eine große Wirkung erzielen.

Kinder scheinen das automatisch zu verstehen. Wir unterstellen Kleinkindern ja gern, dass sie fixiert darauf sind, Unabhängigkeit zu erlangen. Eine Studie von 2017 ergab allerdings, dass Kinder schon mit zwei Jahren den gleichen Grad an Freude empfinden, wenn sie eigene Ziele erreichen und wenn sie anderen helfen, deren Ziele zu schaffen.[12] Andere Forschungen belegten, dass Kinder ab dem Alter von drei Jahren verstehen, was die Verpflichtungen einer Partnerschaft sind, und in der Lage sind, neben ihrer eigenen auch andere Perspektiven zu sehen.[13] Es ergibt Sinn, dass Zusammenarbeit ein natürlicher Impuls ist. Menschen haben nur überlebt, weil sie herausfanden, wie man zusammenarbeitet: Viele zu sein, das bedeutet stark zu sein. Zusammenarbeit macht tatsächlich so stark.

Also warum beharren wir dann darauf, Dinge zu diktieren? Warum kontrollieren wir so viel? Sollten wir nicht vielmehr versuchen, unseren Kindern beizubringen, wie eine demokratische Gesellschaft funktioniert, also wie sie mit anderen zusammenleben und -arbeiten können? Die Antwort lautet, dass wir vergessen, wie wichtig es ist, sie üben zu lassen, die Kontrolle selbst zu übernehmen. Dabei ist genau das unsere Aufgabe als Eltern. Zum Wohl unserer Kinder und der ganzen Familie.

DER WEG ZUR ZUSAMMENARBEIT

Wie alle TRICK-Prinzipien fängt auch die Zusammenarbeit bei Ihnen, den Eltern an. Es ist ziemlich schwierig, diese Fähigkeit vorzuleben, wenn Sie sich die Meinungen anderer nicht anhören oder Ihren Partner ständig angreifen, weil Sie glauben, es selbst am besten zu wissen. Denken Sie immer daran, dass es Teamarbeit ist, ein Kind zu zeugen und großzuziehen. Ihr Partner ist Ihr Partner, nicht Ihr Gegner. Und was Sie vorleben, machen Ihre Kinder nach, denn sie beobachten uns ständig.

Natürlich gibt es auch Meinungsverschiedenheiten. Kinder benehmen sich mal schlecht oder völlig verrückt. Gutes Benehmen ist nicht angeboren, und starke Ichbezogenheit ist normal. Aber mit zunehmendem Alter lernen sie, auch an andere zu denken, wenn sie das an Ihnen beobachten. Es liegt also an Ihnen, im entscheidenden Moment zu reagieren, und das kann eine echte Herausforderung darstellen, wenn Ihr Kind sein Essen auf den Boden schmeißt oder im Spielzeuggeschäft einen Wutanfall kriegt. Hier mein Vorschlag dazu: Versuchen Sie, hässliche Auseinandersetzungen mit Ihrem Partner zu vermeiden (erst mal bis zehn zählen), und tragen Sie sie schon gar nicht vor Ihren Kindern aus. Aber die Unstimmigkeiten des Alltags? Die brauchen Sie nicht zu verstecken. Sehen, wie Sie damit umgehen, das ist genau, was Ihr Kind braucht. Kinder lernen davon, zu beobachten, wie Leute sich beschweren und dann eine Lösung finden. Verbergen Sie es nicht, wenn Sie sauer sind, aber zeigen Sie, wie man auf eine Weise unterschiedlicher Meinung sein kann, die am Ende zu einer Lösung des Problems führt.

Sagen wir, Ihr Partner kommt abends nach Hause und möchte essen gehen, obwohl Sie schon den ganzen Tag lang gekocht haben. Ihr Partner beharrt: »Ich mag nicht dauernd das Gleiche essen. Ich möchte ausgehen.« Ein typisches Streitthema für Paare. Es ist schon spät am Tag, daher sind Sie beide gereizt.

Aber Ihre Kinder sehen zu! Ihr oberstes Ziel? Einen Kompromiss zu finden. Darum geht es in Beziehungen doch an erster Stelle. Vielleicht gehen Sie morgen Abend aus, oder Sie heben das Essen von heute für morgen auf und essen heute auswärts. Steigern Sie sich nicht unverhältnismäßig in die Sache hinein. Bleiben Sie cool und suchen Sie nach einer Lösung. Schließlich ist das ja wirklich keine weltbewegende Unstimmigkeit. Vergessen Sie nur nie: Ihre Eltern zu beobachten ist das tägliche Brot der Kinder. Welche Lektionen bringen Sie ihnen durch Ihr Verhalten bei?

Zusammenarbeit zu Hause hängt auch davon ab, dass man die richtigen Kommunikationsstrukturen etabliert hat. Wenn Sie mit Ihrem Kind wie mit einem Mitarbeiter sprechen, gibt ihm das das Gefühl, Teil eines Teams zu sein, und genau das sollen Familien ja sein. Das mag jetzt spitzfindig klingen, vor allem wenn man mit kleinen Kindern spricht, aber es macht einen Riesenunterschied. Anstatt zu befehlen, »Zieh deinen Badeanzug an. Du gehst jetzt schwimmen«, könnten Sie es mit einem Vorschlag versuchen: »Es ist so heiß draußen. Möchtest du mit uns schwimmen gehen?« Natürlich müssen Sie manchmal bestimmen. Denn manche Zwei- oder Dreijährige würden das Kommando über den ganzen Haushalt übernehmen, wenn man sie ließe. Aber anstatt einem Kind seine Aktivitäten am Nachmittag vorzuschreiben, lassen Sie es doch besser mitreden. Auf diese Weise bringen Sie ihm bei, dass es gehört und geschätzt wird, auch wenn es noch klein ist. »Möchtest du in den Park oder lieber in den Zoo? Möchtest du Lego spielen oder Mama helfen, dir etwas Kleines zu essen zu machen?« Ich höre schon die wahrscheinlichste Antwort: »Ich will ein Eis essen gehen.« Solche Antworten muss man dann ablehnen. Aber die Reaktionen der Kinder können auch hilfreich sein. Wir müssen versuchen, uns davor zu hüten, dass wir so mit ihnen sprechen, wie wir es mit unseren Freunden niemals tun würden. Vor allem wenn wir ihnen ständig Befehle erteilen. Ich sehe das in der Öffentlichkeit andauernd. Natürlich weiß ich, wie frustriert man als Eltern sein kann, aber es gibt kollaborativere Wege, als zu sagen: »Steig in den Wagen«, »tu dein Handy weg«, »komm endlich her«. Vermeiden Sie auch Äußerungen, die auf lange Sicht Schaden anrichten, etwa: »Das war eine blöde Aktion.« Wir treffen alle mal blöde Entscheidungen, aber so etwas dann auch noch zu sagen macht es noch schlimmer. Behalten Sie daher als goldene Regel im Hinterkopf: Möchten Sie, dass jemand so mit Ihnen spricht, wie Sie es mit Ihrem Kind tun?

Zusammenarbeit muss nicht weltbewegend sein oder riesige Ausmaße haben. Integrieren Sie sie einfach in Ihren Alltag. Zum Beispiel essen Susan und ihre Familie jeden Abend zusammen. Dabei erzählt jeder aus der Runde eine Sache, die ihm tagsüber passiert ist. Sogar Ava, die Vierjährige, berichtet von ihrem Tag. Dieses Ritual schweißt die Familie zusammen und unterstreicht die Bedeutung jedes Kindes.

Wenn es um Hausarbeit und Verantwortung geht, lässt sich fast jede Aufgabe auf mehrere verteilen. Zu Hause können Kinder eine wichtige Rolle bei der Vorbereitung des Abendessens übernehmen: Sie können den Tisch decken, ein Rezept aussuchen, bei der Zubereitung helfen und auch danach die Küche aufräumen. Ordnung im Haus zu halten ist ein gemeinsamer Prozess, und ein Kind sollte dabei eine klare Rolle spielen. Wer saugt Staub? Wer macht die Wäsche? Wer bringt den Müll raus? Wer lässt das Auto waschen? Wer ist zuständig fürs Schneeschaufeln? Die Idee dahinter sollte sein, dass das Zuhause allen gehört und man zusammenarbeiten muss, damit es schön bleibt. Ich bin kein Dienstbote, aber du auch nicht. Jeder von uns ist dafür verantwortlich, seinen Teil der Vereinbarung einzuhalten.

Das Gleiche gilt für die Schule. Ich bin so beeindruckt von den Schülern in Japan, die gemeinsam ihre Klassenzimmer aufräumen, die Böden kehren und den Müll wegbringen. Dort gibt es keine Hausmeister. Man arbeitet zusammen, um die Schulen sauber zu halten. Wir sind noch meilenweit von der außerordentlichen Leistung entfernt, die japanische Schulkinder erbringen, aber immerhin versuchen wir an den meisten amerikanischen Schulen dafür zu sorgen, dass die Kinder nach der Mittagspause aufräumen. In den Schulen von Palo Alto sind Schüler für die korrekte Mülltrennung verantwortlich und helfen den Hausmeistern auch sonst, ihren Campus in Ordnung zu halten. Die Kinder aus dem Journalismus-Unterricht tragen die volle Verantwortung für das Catering an den Produktionsabenden, wenn es spät wird, und sie räumen auch danach alles weg. Meistens gelingt ihnen das großartig. Ich sorge dafür, dass sie ihre Hausmeister kennen und wertschätzen – wir tragen schließlich eine gemeinsame Verantwortung und setzen uns alle ein.

Meine Lieblingsaktivität, um Zusammenarbeit in der Familie zu lernen, ist die Ferienplanung. Kinder lieben das. Sie können ein paar Optionen anbieten, dann lassen Sie die Kinder recherchieren, einen Ort und das Programm dort aussuchen. Und das Beste daran: Sie werden sie im Urlaub nicht dazu zwingen müssen, weil sie das Programm ja selbst geplant haben. In unserer Familie übernahm Stan immer die Führung, wenn es um die Planung unserer Ferien ging. Er hatte gute Ideen, und wir trauten ihm zu, ziemlich außerordentliche Urlaube zusammenzustellen. Wir buchten nie Führungen. Stan war unser Reiseführer vor Ort, aber die Kinder lieferten Input. Unsere Töchter machten in jeder Phase Vorschläge. Als Susan fünf war, reisten wir nach Spanien, und ich erinnere mich, dass wir sie die Lokale aussuchen ließen. Dadurch blieb sie interessiert und bei Laune. Ich bin mir nicht sicher, nach welchen Kriterien sie entschied, aber das Essen war immer gut. Als wir einmal zum Wandern in den Schweizer Alpen waren, gab es immer Wahlmöglichkeiten, und wir überließen es den Kindern, zu entscheiden. »Sollen wir den längeren oder den kürzeren Weg nehmen? Denkt nur dran, dass der kürzere steiler ist. Was möchtet ihr, Kinder?« Sie suchten mithilfe von Broschüren auch die Museen aus. Wenn sie da mitentscheiden durften, waren sie von den Museen hellauf begeistert. Aber ich erinnere mich auch, dass wir sie manchmal nicht nach ihrer Meinung fragten. Das war ein Fehler. Sie dann in ein Museum zu kriegen, das war wie ein Besuch beim Zahnarzt! Es gab natürlich auch Dinge, die Stan und ich tun wollten. Deshalb durften die Kinder sich ein Zeitfenster aussuchen. Ich sagte: »Wir haben einen ganzen Tag zur Verfügung; Vormittag, Nachmittag und Abend. Ihr könnt über einen Teil davon bestimmen – welchen möchtet ihr?« Sie führten dann untereinander eine intensive Diskussion und kamen zu einem Entschluss. Wir akzeptierten den auch, außer wenn es gelegentlich eine Ausnahme gab, weil Stan argumentierte: »Ich bin der Älteste, und vielleicht komme ich nie wieder hierher.« Dann gaben die Mädchen meist nach.

Ich kann die Bedeutung von Freundschaften für Kinder gar nicht genug betonen. Das Leben ist eine Abfolge von kollaborativen Beziehungen: zuerst zu den Eltern, dann mit Verwandten und Freunden, danach mit Lehrern und später mit Mentoren, Kollegen und so weiter. Meine Töchter hatten jeden Tag eine Verabredung zum Spielen oder ein Kunst- oder Wissenschaftsprojekt mit Kindern aus der Nachbarschaft. Sie lernten, wie man eine Freundin ist, wie man teilt, wie man sich verträgt. Die meisten Nachbarn sind eine gute und in unserer hektischen Zeit voller Termine oft übersehene Chance.

Und es müssen auch nicht immer Gleichaltrige sein. Kinder können sich mit Menschen jeden Alters anfreunden. Wir waren eng mit einem älteren Ehepaar befreundet, das nebenan wohnte und die Mädchen liebte. Wenn ihnen danach war, gingen die Kinder rüber und besuchten sie. Wie sich herausstellte, war unser Nachbar George Dantzig eine bedeutende Führungskraft in der Tech-Branche, nur wussten wir jahrelang nichts davon, weil er uns nie davon erzählte. Er und seine Frau Anne waren so freundlich und bodenständig, dass man das nie vermutet hätte. Aber eines Tages bemerkte ich, dass George ein Arbeitszimmer voller Auszeichnungen und Urkunden zur Verleihung von Ehrendoktorwürden aus aller Welt besaß. Da fragte ich mich: Hmm, was macht er eigentlich beruflich? Ich erfuhr, dass er das Simplex-Verfahren entwickelt hatte, das die linearen Optimierungsprobleme des Internet gelöst und so die Entwicklung des Web möglich gemacht hatte. Aber er war eben ein bescheidener Mensch.

Eines Abends, Anne war damals ungefähr zwei Jahre alt, beschloss sie, mit ihrer Puppe spazieren und die Dantzigs besuchen zu gehen. Unsere Haustür war nicht abgeschlossen, und so marschierte sie los. Das einzige Problem war, dass sie splitternackt und gerade in einer Phase war, in der sie sich weigerte, etwas anzuziehen. Sich absolut weigerte. Es war Sommer und heiß. Nachdem ich vom ersten Stock aus die Haustür aufgehen gehört hatte, schaute ich aus dem Fenster und sah sie ihren Puppenwagen die Einfahrt hinunterschieben. Mir fehlte in dem Moment die Energie, ihr erneut die Bedeutung von Kleidung zu erklären, also ließ ich sie einfach machen. Ich dachte mir, es würde den Dantzigs nichts ausmachen. Erst später erfuhr ich, dass unsere Nachbarn Gäste zum Abendessen hatten, einige sehr wichtige Leute aus Frankreich. Anne läutete an der Haustür, verkündete, »Ich bin zum Spielen gekommen«, und spazierte einfach hinein. Nackt, wie sie war, setzte sie sich an den Tisch. Das war schon eine ziemliche Sensation und wurde zu einer legendären Anekdote in der Nachbarschaft.

Wenn Kinder größer werden, ist Sport das perfekte Mittel, um Teamwork und Verantwortung für andere zu lernen. Alle Jugendlichen sollten irgendwann Sport machen. Einzelsportarten vermitteln Durchhaltevermögen und technische Fähigkeiten. Mannschaftssportarten sind sogar noch besser, weil die

Kinder dabei lernen, Teil eines Teams zu sein und dass ihre Leistung für die ganze Gruppe zählt. Meine Töchter kamen ungefähr mit fünf ins Schwimmteam der Stanford Campus Recreation Association. Dort schwammen sie jeden Abend eine Stunde lang Bahnen. Das sorgte dafür, dass sie danach richtig gut schliefen. Am Wochenende nahmen sie an Staffelwettbewerben der offiziellen Mannschaft teil. Man stelle sich Staffelteams aus lauter Fünfjährigen vor, die ihr Bestes im Brustschwimmen, Delfin, Rückenschwimmen oder Kraulen geben. Das war ziemlich komisch, aber auch ein großartiges Training für die echte Welt.

Im Laufe der Jahre konnte ich beobachten, wie die Einstellung, die sie sich beim Schwimmen, Tennis und Fußball angeeignet hatten, auch in anderen Lebensbereichen sichtbar wurde. Sie achteten mehr aufeinander, hatten auch bei Auseinandersetzungen mehr Verständnis und waren eher bereit zu helfen. Und das, obwohl manchmal andere Eltern dagegenarbeiteten. Sport kann für Eltern zu einer Form von Wettbewerb werden, wenn wir unserem Ego erlauben, sich einzumischen. Dann werden andere Mannschaften beleidigt, andere Eltern verspottet, oder wir schreien das eigene Kind an, weil es ein Ziel verfehlt hat. Wir sollten deshalb nicht vergessen, Fairness zu vermitteln und dem anderen Team nach einem guten Spiel zu gratulieren, egal, wie es ausgegangen ist. Das ist sicher leichter gesagt als getan, aber im Zweifelsfall sollten wir uns erinnern: Es geht hier nicht um uns selbst.

Und nehmen Sie einen guten Rat nicht als Befehl wahr, sondern sehen Sie ihn als Chance zur Zusammenarbeit. Während der Highschool waren meine Töchter ausgerechnet in Physik nicht besonders gut. Sie können sich vorstellen, dass das bei einem Physikprofessor als Vater nicht sehr gut ankam. Sie hatten einfach nicht das Gefühl, in dem Fach irgendwas zu lernen.

Ich schlug ihnen drei Möglichkeiten vor, von denen sie sich ihre liebste aussuchen sollten: 1) Nach dem Unterricht länger in der Schule bleiben und sich vom Physiklehrer helfen lassen; 2) sich von ihrem Dad helfen lassen, obwohl der sehr beschäftigt war und nur wenig Zeit hatte; oder 3) Nachhilfe nehmen. Sie entschieden sich für die Nachhilfe, also hängten wir einen Zettel am Physikinstitut aus, und bald kam ein Student an drei Nachmittagen pro Woche ins Haus. Problem gelöst. Gemeinsam. Die gleiche Art der Problemlösung funktionierte, als Janet beschloss, sie wolle Cheerleader werden. Sie schaffte es ins Team, und ich war sehr stolz auf sie. Aber es gab da ein kleines Problem: Wie sich herausstellte, gefiel es ihr nicht. Wieder diskutierte ich mit ihr: »Also, was möchtest du tun?« – »Ich will aufhören«, sagte sie. Wir sprachen darüber. »Wie würde sich das auf das Team auswirken, wenn du jetzt aufhörst?«, fragte ich sie. »Und wie würde es sich für dich anfühlen? Man hat dich für ein Jahr in die Mannschaft gewählt, also solltest du vielleicht auch dabeibleiben, um deinen Teil der Abmachung einzuhalten.« Sie verstand mein Argument und hielt tatsächlich bis zum Ende der Saison durch.

Es herrscht kein Mangel an Herausforderungen, denen Jugendliche sich täglich stellen müssen. Alle Eltern kennen das: Immer gibt es irgendein Problem zu lösen. Das Beste, was wir für unsere Kinder tun können, ist, ihnen bei der eigenen Entscheidungsfindung mit Rat und Unterstützung beizustehen, anstatt ihnen zu sagen, was zu tun ist. Wir müssen geduldig und weniger voreingenommen sein.

DISZIPLINIERT ZUSAMMENARBEITEN

Diese ganze Zusammenarbeit klingt toll, aber Kinder werden natürlich trotzdem Fehler machen, weil sie noch lernen. Denn das ist ihre Aufgabe. Sie lernen sogar am meisten, wenn sie Fehler machen. Wenn Probleme auftauchen, was unvermeidlich passieren wird, zahlt es sich aus, eine pädagogische Haltung zu haben. Jede Schwierigkeit, jeder Fehltritt bedeutet eine Lektion, die man lernen muss. Und Sie haben es bestimmt schon erraten: Sie sind die Lehrkraft.

Eines meiner Enkelkinder war ein Beißer. Der Junge biss tatsächlich im Kindergarten einen seiner Freunde. Dieses Problem tritt häufiger auf, als man vielleicht denkt. Beißen, an den Haaren ziehen, hauen – Kinder tun all das, wenn sie sich nicht unter Kontrolle haben und noch lernen, wie man miteinander umgeht. Die Versuchung, darüber wütend zu werden, ist groß. Wirklich groß. Aber Sie müssen gegenüber Ihrem Kind ruhig und vernünftig bleiben. Und Sie müssen bereit sein, mit ihm zu reden.

Genau das tat meine Tochter mit meinem Enkel. Sie ging mit ihm in ein anderes Zimmer, bat ihn, sich hinzusetzen, und fragte, warum er das machte. Sie wollte erfahren, wovon er so frustriert gewesen war. Denn oft steckt hinter unerwünschtem Verhalten von kleinen Kindern Frust. In diesem Fall war der Junge aufgebracht, weil ein anderes Kind mit seinen Sachen gespielt hatte. Für ein Kleinkind ist das schon eine Herausforderung. Deshalb sprach sie mit ihm darüber, wie wichtig es sei, mit anderen zu teilen, damit sie auch mit einem selbst teilten. Das sei eine entscheidende Fähigkeit, um in der Welt zurechtzukommen, während Beißen keine akzeptierte Methode sei, um seine Meinung zu vermitteln, erklärte sie ihm. Nichts funktioniert über Nacht, aber letztendlich ließ sich dieses Problem so lösen.

Wenn Kinder ein wenig älter sind, empfehle ich eine Auszeit, um aufzuschreiben, was sie fühlen und wie sie sich benommen haben, als Ergänzung zum Gespräch mit den Eltern. Reflektierendes Schreiben ist ein wunderbares Mittel, um zu lernen. Ich habe es bei meinen Töchtern dauernd genutzt. Und wenn es noch nicht schreiben kann, lassen Sie Ihr Kind malen, was es empfindet. Es geht einfach darum, dass es reflektiert und etwas ausdrückt. Lassen Sie es eine Geschichte aus der Perspektive des gebissenen Kindes schreiben. Das hilft, Mitgefühl zu entwickeln und das unerwünschte Verhalten sein zu lassen.

Schauen Sie danach wieder nach vorn. Seien Sie nicht nachtragend, vor allem nicht gegenüber jüngeren Kindern. Sie lernen noch, seien Sie deshalb Partner Ihres Kindes im Lernprozess. Und wenn es wieder vorkommt, dann wiederholen Sie das Ganze (ohne gemein zu werden). Identifizieren Sie das Fehlverhalten, tun Sie Ihr Bestes, um die Gründe des Kindes zu verstehen, und lassen Sie es weiter über sein Verhalten schreiben. Es wird dadurch lernen, aber das kann einige Zeit dauern.

Das ist meine Art, um viele Probleme zu lösen, aber vor allem wenn es ums Abschreiben geht, womit Lehrer überall zu kämpfen haben. Als ich noch Englisch unterrichtete, wählte ich richtig ungewöhnliche Themen, um Plagiate so schwer wie möglich zu machen, aber manche Kinder schafften es trotzdem. Ich bin froh, dass ich damit in meinen Journalismus-Kursen wenig Probleme habe. Dort erinnere ich meine Schüler daran, sich zu überlegen, wie viele Augenpaare ihre Storys lesen werden – und das genügt eigentlich. Es ist das Schöne an einem Journalismus-Unterricht mit realen Auswirkungen. Aber wenn ich es mal mit Schülern zu tun hatte, die irgendwo abgeschrieben hatten, dann redete ich hauptsächlich mit ihnen. Ich bewertete ihre Arbeit nicht und verabredete mich nach dem Unterricht mit ihnen, aber ich meldete sie nicht der Schulleitung, warf sie nicht aus dem Kurs oder gab ihnen eine schlechte Note. Die Schule nimmt dieses Thema ziemlich ernst. Ich fand aber, es sei eine Sache zwischen mir und dem Schüler, nicht zwischen Schulleitung und Schüler. Folgendes habe ich daraus gelernt: Kinder, die abschreiben, stehen, genau wie diejenigen, die auf andere Weise schummeln, unter enormem Druck. Woher kommt dieser Stress? Meist von den Eltern, die die beste Note erwarten und ansonsten mit irgendeiner Strafe drohen. Solche Kinder leben dann in Angst vor Strafe und davor, nicht zu wissen, wie sie ihren Aufsatz besser machen sollen.

Ich habe jede Art von Plagiat als Handlungsmoment für mich als Lehrerin begriffen. Zuerst fand ich heraus, warum jemand das getan hatte, warum er oder sie das Gefühl hatte, die Aufgabe nicht selbst bewältigen zu können. Dann brachte ich ihnen bei, was sie wissen mussten, um den Aufsatz selbst zu schreiben. Ich erklärte auch, warum Abschreiben so übel ist, warum es unmoralisch ist, die Worte und Gedanken eines anderen als die eigenen auszugeben. »Ich will doch wissen, was *du* zu sagen hast«, meinte ich. »Nicht, was bei Wikipedia oder CliffsNotes steht.« Ich versuchte auch, ihnen den größeren Zusammenhang zu verdeutlichen. Die Tatsache, dass ich doch dafür bezahlt wurde, ihnen etwas beizubringen. »Überleg mal, wie viel Zeit und Geld und Mühe du vergeudest, wenn du diese Gelegenheit zum Lernen nicht nutzt.« Diese Methode war erstaunlich effektiv.

Sie waren jedes Mal furchtbar erschrocken. Wobei das noch untertrieben ist. Sie waren außer sich. Plagiat wird an der Palo Alto High School sehr streng bestraft. Aber ich wollte nicht, dass sie lernen: Ein Fehler kann deine Schullaufbahn ruinieren. Ich wollte ihnen zeigen, wie klug sie waren und dass sie nirgends abzuschreiben brauchten. Deshalb gebe ich auch keine Noten, bis die Schüler ihre Arbeit so oft korrigiert haben, dass sie eine Eins bekommen. Manche brauchen zwei Durchgänge, andere zehn, aber das spielt keine Rolle. Bei jeder Korrektur lernen sie etwas. Ab dem Zeitpunkt, als ich vor ungefähr 25 Jahren mit diesem System anfing, verschwanden Plagiate aus meinen Kursen, dafür nahmen Motivation und Vertrauen zu.

Aber manchmal tun selbst Kinder, denen man vertraut, verrückte Dinge, die der Beziehung, zumindest zeitweise, Schaden zufügen. Eine solche Situation ergab sich im Frühling, als Susan in die zehnte Klasse ging. Das muss 1984 gewesen sein. Mein Mann und ich fuhren übers Wochenende weg und ließen unsere

Töchter allein zu Hause. Sie versprachen, sich um alles zu kümmern, unseren Hund Truffle zu füttern und gut aufeinander aufzupassen. Susan war damals 16, Janet 15 und Anne 13. Stan und ich genossen unseren Wochenendausflug und freuten uns sehr, dass wir die Kinder endlich mal allein lassen konnten.

Wir waren geradezu erschrocken, zu sehen, wie sauber das Haus bei unserer Rückkehr am Sonntagabend war. Alles sah makellos aus. Jemand hatte in jedem einzelnen Zimmer staubgesaugt. Wunderbar, dachte ich. Was für großartige Töchter. Ich hatte richtig gehandelt, als ich ihnen vertraute. Sie hatten sogar geputzt! Der nächste Tag war Montag, und ich ging wie üblich zur Schule. In meiner ersten Unterrichtsstunde wurde viel gekichert. Ich bemerkte, dass eine Schülerin ein Outfit trug, das ich auch besaß – eine Kombination aus Rock und Bluse von Macy's. Eines meiner Lieblings-Outfits. Das stand ihr toll. Ich fragte, wo sie es herhabe. Da wurde noch lauter gelacht.

»Janet hat es mir gegeben«, sagte sie.

»Ach wirklich?«, fragte ich. »Und wo hatte Janet es her?«

»Aus Ihrem Kleiderschrank. Haben Sie nicht von der Spontan-Party gehört?«

»Von welcher Spontan-Party?«

»Von der bei Ihnen zu Hause am letzten Wochenende. Ich hatte mir einen Drink über mein Shirt gekippt, und da ließ Janet mich Ihre Sachen anziehen.«

Beinah wäre ich an Ort und Stelle in Ohnmacht gefallen. Ich schätze, weil ich den Ruf genoss, eine nette Lehrerin zu sein, traute diese Schülerin sich, mir die Wahrheit zu erzählen. Und ich glaube, es gefiel ihr auch, allen zu erzählen, dass sie zu der Party eingeladen gewesen war und jetzt meine Klamotten trug. Wie cool war das denn?

Nun ja, die Stimmung am selben Abend bei uns zu Hause war ziemlich angespannt. Einige von Stans Kleidern waren auch weg. Ich wusste noch nicht, wie ich meinen Töchtern erzählen sollte, dass ich im Bilde war. Obwohl ich vor Wut kochte, bemühte ich mich, ruhig zu bleiben, was mir aber nicht besonders gut gelang.

Als alle zum Abendessen in die Küche kamen, sagte ich: »Gibt es irgendwas über das letzte Wochenende, das ihr mir erzählen wollt?«

Sie sahen einander an, schwiegen und schüttelten dann die Köpfe.

»Echt? Tja, in meiner ersten Unterrichtsstunde heute habe ich etwas von einer spontanen Party gehört.«

»Wir haben keine Party veranstaltet«, sagte Janet.

»Genau«, meldete Susan sich zu Wort. »Wir wollten nur sauber machen.«

»Ihr habt hier Party gemacht, während wir weg waren«, sagte ich. »Und ich habe Beweise dafür.«

Ich erzählte ihnen von dem Mädchen in meinem Kurs, das meine Kleider getragen hatte. Danach wurde ich dann doch wütend. Schließlich beichteten sie, dass über 100 Jugendliche da gewesen waren und ohne irgendeinen Erwachsenen gefeiert hatten.

»Wir werden euch nicht noch mal allein zu Hause lassen«, verkündete ich. »Ihr bekommt in Zukunft einen Babysitter.« Sie wehrten sich nicht dagegen. Weil sie wussten, dass sie unser Vertrauen missbraucht hatten, bekamen alle einen Monat Hausarrest. Wichtiger war jedoch, dass wir ein ernstes Gespräch führten. Mit dem Hausarrest war nicht alles erledigt. »Lasst mich euch erklären, warum es gefährlich ist, so eine Riesenparty zu veranstalten«, sagte ich. »Ihr hattet diese Leute nicht im Griff, und es war echtes Glück, dass nichts passiert ist. Denn wenn jemandem bei euch zu Hause etwas zustößt, dann ist unsere ganze Familie ziemlich in Schwierigkeiten.« Daran hatten sie nicht gedacht. Natürlich nicht. Teenager denken nicht wie Anwälte.

Mit der Zeit erkannte ich, wie schlau sie gewesen waren, und musste darüber lachen, wie ich dahintergekommen war. Immerhin war ja kein Schaden am Haus entstanden, abgesehen von unseren fehlenden Klamotten. Und ich hatte gar nicht gewusst, dass sie so perfekt putzen konnten. Mir wurde aber auch klar, dass es keine gute Idee gewesen war, sie übers Wochenende allein zu lassen. Ihre Freunde hatten darüber Bescheid gewusst, und schon gab es den entsprechenden Erwartungsdruck. Übrigens waren wir nicht die einzigen Eltern, denen es so erging. Sollten Sie Teenager haben, verhindern Sie solche Aktionen mit einem Babysitter. Und sorgen Sie sicherheitshalber noch dafür, dass Ihre Lieblings-Outfits außer Sichtweite sind! (Ich bekam meine Sachen übrigens zurück, aber Stans blieben verschwunden.)

Nehmen wir einmal an, Ihr Kind macht etwas Schlimmeres, als eine Party zu schmeißen. Was wäre zum Beispiel, wenn es Ladendiebstahl begehen würde, was unter Teenagern durchaus verbreitet ist? In solchen Fällen kümmert sich die Polizei um disziplinarische Maßnahmen. Sie können da nur kooperieren und Ihr Kind die Konsequenzen ertragen lassen. Danach ist es aber wieder eine Gelegenheit für Sie, zu reden und der eigentlichen Ursache auf den Grund zu gehen. Hat Ihr Kind aus Wut, Stress oder wegen fehlender Selbstkontrolle so gehandelt? Oder wurde vielleicht geklaut, weil man etwas unbedingt wollte, es sich aber nicht leisten konnte? Solche Probleme müssen gemeinsam, als Familie angegangen werden. Manchmal zählt für die Teenager nur der Kick, insbesondere für Jungen, und das bringt sie dann dazu, blödsinnige Risiken einzugehen. Ich hatte im Laufe der Jahre schon mit Dutzenden von Eltern in dieser Lage zu tun. Auch hier liegt es an Ihnen, die Lektion zu erkennen, die Sie lehren müssen. Dann sollten Sie zusammenarbeiten, damit Ihr Kind sie lernt.

2005 wurde eine Woche vor Schuljahresbeginn ein beliebter

Sportlehrer an der hiesigen Middle School wegen Verführung einer Minderjährigen verhaftet. Jeder in unserer Community war geschockt und aufgebracht, vor allem natürlich seine ehemaligen Schüler, von denen viele inzwischen die Palo Alto High School besuchten. Es handelte sich um eine Story, über die wir definitiv berichten mussten. Allerdings war der Sohn dieses Sportlehrers gerade zum Team des *Campanile* gestoßen. Er war ein toller Schüler und bei seinen Mitschülern beliebt. Die Sache war für ihn und alle anderen hart. Wie mein ehemaliger Schüler, damals Chefredakteur, es ausdrückte: »Von einem Elefanten im Raum zu sprechen, das ist noch milde ausgedrückt.« Keiner von uns wollte, dass der Schüler sich noch schlechter fühlte. Er war ohnehin schon am Boden zerstört. Was sollten wir also tun? Meine Schüler wussten es nicht. Ich auch nicht, aber ich erklärte ihnen, sie hätten an einer Zeitung zu arbeiten und müssten es herausfinden.

Das führte zu vielen Diskussionen nach Unterrichtsschluss. Lewis erinnert sich: »Ich staunte, als Woj uns erklärte: ›Leute, das ist eure Zeitung. Also auch eure Entscheidung.‹ Noch nie hatte ich so viel Verantwortung und Macht besessen – wir konnten die Zeitung ja ernst nehmen und alles, aber hier ging es ums wirkliche Leben, um eine Situation mit echten Beziehungen und echten Menschen, die weitreichende Folgen haben konnte. Wir rangen um eine Entscheidung, sprachen darüber, holten uns Rat, aber letztendlich war es unsere Wahl.« Die Redaktion sprach mit dem Sohn des Sportlehrers und fragte ihn nach seinem Befinden. Man stellte ihm frei, so viel oder wenig involviert zu sein, wie er wollte. Letztendlich veröffentlichten sie dann eine Titelstory über den Sportlehrer, aber der Sohn schrieb auch einen Meinungsartikel über die Unschuldsvermutung. Das war die perfekte Lösung eines fast unlösbaren Problems. Sie waren selbst und als Gruppe zu dieser Entscheidung gelangt. Wenn wir Kindern Gelegenheit geben, an der Highschool regelmäßig

Dinge selbst zu regeln, dann sind sie auf die Welt der Erwachsenen vorbereitet.

ZUSAMMENARBEIT IN DER ECHTEN WELT

Es ist ein Missverständnis, zu glauben, das Leben beginne mit 18, weil man dann wählen kann, und alles andere vorher sei praktisch nur zur Übung gewesen. Witzig, dass man in den USA ab 18 wählen, aber erst ab 21 offiziell Alkohol trinken darf. Glaubt tatsächlich irgendwer, Jugendliche unter 21 würden nichts trinken? Kinder sind ab dem Tag ihrer Geburt Teil der echten Welt. Wir neigen nur dazu, das nicht zu sehen. Das Leben Ihres Kindes ist schon in vollem Gange – es verläuft parallel zu Ihrem eigenen, nur auf einer anderen Ebene. Also warum es dann nicht zu Aktivitäten motivieren, die diese Parallelität verdeutlichen? Das kann einem Kind nur dabei helfen, die größere Arbeitswelt zu verstehen und sich bereits als geschätzter Beteiligter zu sehen.

Im Sommer 2015 erhielt ich eine E-Mail von meinem ehemaligen Schüler James Franco. Er erklärte darin, er wolle einen Film über mich und eine Gruppe Teenager aus unserer Community machen. Mir gefiel die Idee auf Anhieb … Jugendliche, die einen richtigen Dokumentarfilm mit James und mir als Lehrer oder Coachs drehen. Bevor ich wusste, wie mir geschah, stand ich auch schon mit James im Media Center unserer Schule. Außerdem anwesend waren: seine Mutter Betsy, eine Kinderbuchautorin, sein Bruder Tom, Schauspieler und Künstler, und Toms Freundin Iris Torres, eine versierte Filmproduzentin. Der Film sollte auf Betsys Roman *Metamorphosis: Junior Year* für junge Erwachsene basieren. Der Roman erzählt die Geschichte vom Erwachsenwerden eines 16-jährigen Jungen und den Kämpfen, die er dabei auszustehen hat – gefiltert durch Kunst und die Mythen des berühmten römischen Dichters Ovid. Ein perfektes Projekt für Schüler an der Highschool.

Am ersten Tag begannen James und ich den Workshop, indem wir das Drehbuch austeilten, das Betsy aus dem Buch gemacht hatte. Die Kinder hielten mit ihrer Meinung nicht hinterm Berg: »Das klingt nicht echt«, »So würden Teenager nie reden«, »Die Handlung muss verändert werden«.

»Okay, Leute, dann schreibt das Drehbuch um«, sagte Betsy. Sie hatte jahrelang am Children's Theatre in Palo Alto unterrichtet und wusste daher schon einiges über die Arbeit mit Teenagern.

Als wir uns das nächste Mal trafen, hatten die Schüler das Drehbuch überarbeitet. Wir gingen es unter der Leitung von James und Betsy Szene für Szene durch. Dann lasen sie es laut vor und nahmen weitere Änderungen vor, aber nur wenn die ganze Gruppe damit einverstanden war. Das kostete Zeit, viel Zeit, doch das Drehbuch wurde fantastisch. Alle waren total begeistert, und sogar Betsy stimmte zu, dass die Überarbeitung eine große Verbesserung im Vergleich zum Original war.

Dann hatten wir einen Film zu drehen. James, Tom, Iris und ich überlegten uns 40 Aufgaben – für jeden Schüler eine. Alle hatten eine offizielle Bezeichnung, genau wie man es bei einer professionellen Filmproduktion auch machte. Wir wollten, dass jeder einen eigenen Verantwortungsbereich hatte und etwas Wichtiges für das Team beitrug. Ich kann Ihnen schon jetzt versichern, dass dieser Film das wahrscheinlich komplexeste Projekt war, das ich je gestemmt habe, und es dauerte ein ganzes Jahr. Wir hatten fünf Regisseure, mehrere Schauspieler und Drehbuchautoren. Außerdem waren Jugendliche für alle möglichen Bereiche zuständig, darunter Casting, Musik, Kameraführung, Schnitt, Kostüme, Produktionsdesign, Kameras, Animation, Ton und Stunts. Alle arbeiteten an drei Tagen pro Woche nach dem Unterricht sowie während des Drehs an den Wochenenden. Ich lernte schnell, dass nicht nur wir alle zusammenarbeiten, sondern dass auch die Ausrüstung und das Wetter mitspielen mussten. Jeden Tag ging irgendetwas schief: Ein Schüler tauchte am falschen Ort auf, hatte die falsche Kamera mitgebracht, kannte sich mit der Beleuchtung nicht aus. Aber alle lernten einige der härtesten Lektionen des Lebens: wie man etwas zum Laufen bringt, auch wenn es nicht läuft, wie man mit so vielen sich im Fluss befindlichen Teilen und trotz vieler gegensätzlicher Ansichten arbeitet. Es wurde ein echter Film, nicht nur so ein kleiner Versuch im Bereich Film. Und das Ergebnis war wunderbar. Der Film schaffte es sogar auf einige Filmfestivals, darunter das Mill Valley Film Festival in der Bay Area.

Diese Art von Erfahrung ist das echte Trainingsgelände, das wir für die Berufswelt brauchen. Weil die Zusammenarbeit dort auch unvorhersehbar und kompliziert ist. Als CEO von 23andMe war Anne fantastisch beim Anwerben von Spitzentalenten, trotzdem hätte sie nie gedacht, dass sie mal mit ihrem Gegner zusammenarbeiten würde. Doch im November 2013 erfuhr Anne, dass die FDA, die US-amerikanische Arzneimittelzulassungsbehörde, das Speicheltest-Set von 23andMe für ein »medizinisches Gerät« hielt, das einen beängstigenden Zulassungsprozess zu durchlaufen hätte. Über Nacht und nach sechs Jahren im Geschäft durfte sie ihr Produkt damit nicht mehr verkaufen.

Besäße Anne nicht mehr Durchhaltevermögen als jeder andere Mensch, den ich kenne, hätte sie das niemals überlebt. Aber sie weigerte sich aufzugeben, sondern handelte stattdessen extrem strategisch. Und letztlich war es weniger ihr Biss, sondern wohl eher ihre Fähigkeit zur Zusammenarbeit, die ihre Firma rettete. Im Grunde genommen musste sie die FDA von der Bedeutung und Richtigkeit der Idee hinter ihrem Produkt überzeugen. Davon, dass Konsumenten ihre eigene genetische Information besitzen können und besitzen sollten, um Entscheidungen hinsichtlich ihrer Gesundheit zu treffen. Es gab keinen

Vorgänger von dieser Art Produkt, daher war es an ihr, mit der FDA zusammenzuarbeiten, um zu erklären, was sie machte und warum.

Tracy Keim, stellvertretende Leiterin des Marken- und Verbrauchermarketings bei 23andMe, erinnert sich, dass Anne »ständig bestrebt war, die Ansichten der Leute innerhalb der FDA zu erfahren, sie zu verstehen und zu respektieren. Die Erkenntnis, dass sie sie auf menschlicher Ebene nicht wirklich kannte, weckte in ihr das Bedürfnis, sie kennenzulernen, zu verstehen und zu respektieren.« Sie nahm sich vor, der FDA zu zeigen, dass es möglich war, Konsumenten über die Wahrscheinlichkeit aufzuklären, die bei der Berechnung eines genetischen Risikos im Spiel war. Das war eine große Anstrengung, die die gesamte Firma zu leisten hatte. »Das Ausmaß der Zusammenarbeit und Freundlichkeit, die dieser eine Moment in der Unternehmensgeschichte auslöste, war unglaublich«, sagt Keim. »Während Anne Leadership mit Zuhören verband, wirkte sich der geschärfte Sinn für Zusammenarbeit unter den Mitarbeitern aus. Alle wollten das schaffen. Jeder wollte es mit den anderen zusammen schaffen.«

23andMe brachte die Sache erfolgreich durch und erhielt im Frühling 2017 von der FDA die Genehmigung, Tests zu verkaufen, mit denen sich das genetische Risiko für eine Reihe von Erkrankungen feststellen ließ. Inzwischen wurden weitere genetische Marker hinzugefügt, unter anderem BRCA1 und 2, die man mit Brust-, Eierstock- und Prostatakrebs in Verbindung bringt. Das war ein Sieg nicht nur für 23andMe, sondern auch für all jene, die nun als Konsumenten direkten Zugang zu ihren genetischen Informationen hatten.

Anne erkannte im Verlauf dieser ganzen Sache, dass die FDA gar nicht ihr Feind war. Es handelte sich vielmehr um eine Gruppe von Menschen mit einer anderen Vorstellung von medizinischer Versorgung. Aber wie sie hatten auch diese Leute Konsumentenschutz zum Ziel. Sie war weder ein Bulldozer noch eine Diktatorin. Sie war eine echte Kollaborateurin.

Im gegenwärtigen politischen Klima würde es keinem von uns schaden, diese Lektionen zu beherzigen: Respektiere deine Gegner, verstehe, woher sie kommen, finde Gemeinsamkeiten und arbeite zusammen mit ihnen an Lösungen.

Die Suche nach Gemeinsamkeiten ist viel entscheidender, als viele von uns erkennen. Vielleicht heute mehr denn je. Das erfordert Geduld, Flexibilität, Großzügigkeit und die Fähigkeit zuzuhören. Es bedeutet, einander anzuerkennen und zu berücksichtigen. Es bedeutet auch, Chaos und Unsicherheit auszuhalten, insbesondere wenn Kinder daran beteiligt sind. Wenn wir das schaffen, wenn wir lernen zusammenzuarbeiten, dann können wir komplizierte Probleme lösen, moralisch fragwürdige Entscheidungen umgehen und die Stärke von vielen (oft miteinander konkurrierenden) Ansichten und Ideen nutzen. Dann wird uns auch stärker bewusst, wie wir mit unseren Kindern umgehen. Arbeiten wir wirklich mit ihnen zusammen? Wertschätzen wir ihre Ideen und Vorlieben? Und was lehren wir sie durch unser eigenes Verhalten darüber, wie man in der Welt der Erwachsenen lebt? Das ist einer der wichtigsten Bereiche unserer Zusammenarbeit, denn wer wir als Eltern sind, entscheidet darüber, was für Menschen unsere Kinder werden.

Und natürlich entscheiden die Menschen, zu denen unsere Kinder heranwachsen, über die Zukunft von allem.

7

Kinder achten auf das, was Sie tun – nicht auf das, was Sie sagen

Claudia stand in der Tür zu meinem Büro und kämpfte mit den Tränen. Am letzten Wochenende hatte ich ihr beibringen müssen, dass sie die Wahl zur Chefredakteurin nicht gewonnen hatte. Mir graut davor, diese Anrufe zu machen oder meine Redakteure dazu zu verdonnern. Während meiner ersten Jahre als Lehrerin war die Auswahl des Chefredakteurs einfach, weil die Klasse noch so klein war und sich meist ein eindeutiger Kandidat herauskristallisierte. Inzwischen ist die Situation eine andere. Bei der jüngsten Wahl bewarben sich 28 Schüler um gerade mal fünf Chefredakteursposten. Der Wettbewerb ist hart. Und die Verlierer zu trösten? Das fällt mir jedes Jahr schwerer.

»Ich kann nicht glauben, dass ich nicht gewonnen habe«, stieß Claudia zwischen Schluchzern hervor. Sie war eine kluge, fähige Schülerin, die schon viele wichtige Artikel für die Zeitung geschrieben hatte. Es war mir verhasst, sie so verzweifelt zu sehen.

Aber ich ließ sie sich ausweinen und versuchte, sie davon zu überzeugen, dass es auf lange Sicht keine Rolle spielte. »Du wirst aufs College gehen und dort Erfolg haben, auch wenn du vorher nicht Chefredakteurin warst«, sagte ich, merkte jedoch, dass sie nicht überzeugt war.

Am nächsten Tag war sie ganz offensichtlich neidisch auf die Schüler, die die Wahl gewonnen hatten. Das war schlecht für die

Moral im Kurs und schlecht für sie, also beschloss ich, mit ihren Eltern zu reden. Als ich ihre Mutter am Telefon hatte, hörte ich zu meinem Entsetzen auch sie weinen. »Was habe ich falsch gemacht?«, sagte sie. Sie verstand diese eine Wahl als Referendum über ihre Fähigkeiten als Mutter und Maßstab für den Wert ihrer Tochter. Das habe ich schon so oft erlebt, aber es ist immer wieder verstörend. Sie war total fixiert darauf, eine Wiederholung dieser Niederlage zu verhindern. »Wie kann ich sicherstellen, dass meine anderen Kinder gewinnen?«, fragte sie. Ich beschloss, auf meine Geheimwaffe zurückzugreifen: die Geschichte von Gady Epstein. Ich erzählte ihr, dass Gady die Wahl verloren, sich aber auch ohne den Titel voll und ganz für die Zeitung eingesetzt hatte und es am Ende nach Harvard schaffte. »Es geht nur darum, dass man lernt, mit Anstand zu verlieren«, sagte ich mehrmals. »Das ist so viel wichtiger, als Chefredakteurin zu sein.«

Ich war mir nicht sicher, ob die Botschaft angekommen war, und machte mir Sorgen, ob Claudia für den Rest des Schuljahres im Unterricht bleiben würde. Ich habe schon Schüler erlebt, die nicht darüber hinwegkamen und komplett ausstiegen. Das wollte ich nicht.

Claudia wurde damit fertig. Sie tauchte lächelnd und einsatzbereit wieder auf und schaffte es, wie vorhergesagt, auf ein gutes College. Das war einer der vielen Fälle, in denen ich »das Mutterproblem« lösen musste. Dann ging es, wie durch Zauberei, auch dem Kind wieder gut.

Wenige Jahre später hatte ich eine fleißige Schülerin, die sich jedes Mal übergab, wenn sie einen normalen Test schreiben musste. Sie hatte einen sehr anstrengenden Stundenplan mit AP-Kursen in vier Fächern und Nachhilfe nach dem Unterricht. Ihre Eltern waren aus China eingewandert, und sie respektierte sie sehr. Aber sie hatte die beiden auch schon über ihre schulischen Leistungen diskutieren gehört. Sie stand einfach unter großem Druck, und das Ganze wirkte nicht wie eine besonders positive Situation.

Die Eltern machten sich solche Sorgen, dass sie sich um die sogenannte 504-Regelung für ihre Tochter bemühten, die besondere Prüfungsbedingungen für Schüler mit Behinderung gewährleistet. Sie wollten erreichen, dass sie die SAT-Prüfungen ohne das übliche Zeitlimit ablegen durfte. Alternative Prüfungsbedingungen sind für Kinder mit Lernbehinderung nötig, und dagegen habe ich überhaupt nichts einzuwenden. Aber besorgte Eltern, die zu allem bereit sind, um den Erfolg ihrer Kinder zu sichern – das greift wie eine Epidemie um sich. Diese Schülerin hatte keine Lernbehinderung, sie hatte emotionale Schwierigkeiten.

Ich traf die Eltern und gab ihnen zu verstehen, dass sie ihre eigenen Befürchtungen vielleicht auf die Tochter übertragen würden. Sofort gingen sie in die Defensive. »Das liegt nicht an uns«, erklärten sie. Diese Haltung ist verbreitet. Ich bekomme sie andauernd zu hören. Eltern möchten nicht glauben, dass sie ihren Kindern irgendwelche Probleme bereiten. Das verstehe ich zwar, aber in Wahrheit irren sie sich.

Den erwähnten Eltern gelang es, den 504-Status für ihre Tochter durchzusetzen. Interessant daran war allerdings, sobald das Mädchen wusste, dass es unbegrenzt Zeit für einen Test hatte, verschwanden Brechreiz und Verunsicherung. Ich glaube nicht, dass es überhaupt um Zeit ging. Die Eltern entspannten sich sichtlich, und als Reaktion darauf entspannte sich auch die Tochter.

Die Eltern in diesen beiden Fällen begingen einen weitverbreiteten Fehler. Sie vergaßen, dass bei Kindern das, was man selbst fühlt und vorlebt, zu einem zurückkommt. Das passiert so offensichtlich und automatisch, dass wir einfach nicht darüber nachdenken. Eltern und auch Lehrer tappen in diese Falle, jahrzehntelanger Forschung – und dem gesunden Menschenverstand – zum Trotz. Kinder nehmen unbewusste Botschaften genauso wahr wie offenkundiges Verhalten. Damals in den 1960er-Jahren ergab die berühmte Bobo Doll Study in Stanford, dass Kinder, die aggressives Verhalten an erwachsenen Vorbildern gesehen hatten – etwa wie die Puppe mit einem Hammer geschlagen wurde –, sich selbst mit höherer Wahrscheinlichkeit aggressiv verhielten. Eine Studie, die 2010 in *Behaviour Research and Therapy* publiziert wurde, ergab, dass Kinder, deren Eltern ihnen ängstliches Verhalten und Denken vorgemacht hatten, bei schulischen Tests größere Angst und Vermeidungsverhalten an den Tag legten. Das entspricht genau meinen Beobachtungen im Lauf vieler Jahre.[14] Andere Studien zeigen, dass Kinder durch Beobachtung der Eltern lernen, ihre Emotionen zu regulieren, und dass eine von den Eltern vorgelebte breite Vielfalt von Gefühlen die Kinder besser dafür ausrüstet, mit ihren eigenen zurechtzukommen. Ihr Kind ist tatsächlich Ihr Spiegel, im Guten wie im Schlechten.

Oft ist man unbewusst ein Vorbild. Wir erleben das bei unserem eigenen Verhalten als Eltern. Mein Vater beispielsweise hatte den Grundsatz: *Niemals baden, wenn du krank bist.* Das war auch in meinem eigenen Haushalt später eine eiserne Regel, einfach weil ich damit aufgewachsen war. Ich dachte nicht einmal darüber nach, bis meine Kinder irgendwann meinten: »Was für eine alberne Regel, Mommy.« Daraufhin hörte ich damit auf und fragte mich, warum ich mich vorher daran gehalten hatte und woher mein Vater die Idee wohl gehabt hatte. Vielleicht war es ein weiser Rat noch aus der Ukraine, wo mein Vater vor über 100 Jahren gelebt hat. Dort war es vermutlich eine schlechte Idee, im eisigen Winter rauszugehen und ein Bad zu nehmen, wenn man krank war. Aber wir lebten in Kalifornien. Wir besaßen eine Heizung und ausreichend heißes Wasser. So verschwand dieser Grundsatz, aber nur weil meine Töchter mir vor Augen geführt hatten, wie sinnlos er gewesen war.

Selbst wenn uns bewusst ist, was wir tun, benehmen wir uns ziemlich inkonsequent. Manchmal sind wir die reinsten Heuchler. So fahren wir selbst zu schnell, erwarten aber von unseren jugendlichen Fahranfängern, dass sie Tempolimits exakt einhalten. Wir schauen beim Abendessen auf unsere Handys, schreien aber unsere Kinder an, wenn sie das Gleiche tun. Wir verlieren die Geduld mit ihnen und fragen uns dann, warum sie unverschämte Antworten geben. Klingt irgendetwas davon bekannt?

Und dann sind da die Angst und die Unsicherheit, die zu den kräftezehrendsten Gefühlen, die unser Verhalten beeinflussen, gehören, die wir unseren Kindern vorleben können. Gleichzeitig sind sie leider mit am meisten verbreitet. Das beginnt schon, wenn wir das erste Mal Eltern werden. Ich kann Ihnen gar nicht sagen, wie oft schon frischgebackene Mütter oder Väter bei einer Veranstaltung auf mich zukommen und sagen: »Ich muss mit Ihnen reden. Ich habe keine Ahnung, wie ich mich als Elternteil verhalten soll. Ich brauche Rat.« Und dann feuern sie eine Frage nach der anderen ab, zum Schlafen, Essen, zu Disziplin – zu allen erdenklichen Themen. Ich verstehe auch, warum. Es herrscht echter Mangel an Wissen darüber, worum es beim Elternsein geht. Es ist einer der Gründe, warum ich dieses Buch schreiben wollte. Weil wir ohne die richtige Unterstützung und Information unsicher werden. Wegen der eigenen Defizite machen wir uns Sorgen, unser Kind werde keinen Erfolg erzielen. Wir schwanken, aus Furcht, einen Fehler gemacht zu haben. Prüfungsangst bei Kindern, deren Eltern wie besessen vom schulischen Erfolg ihrer Kinder sind, ist hierfür das perfekte Beispiel. Wenn Eltern ihre eigenen Ängste auf ein Kind projizieren, kann das Kind von diesen Ängsten so behindert werden, dass es scheitert. Das Gleiche gilt, wenn kleine Kinder lernen sollen, allein zu schlafen. Wenn sie so viele Unsicherheiten an ihren Eltern wahrnehmen, gelingt ihnen eine so einfache, natürliche Tätigkeit schlicht nicht mehr. Dann entwickelt sich eine

Art Co-Abhängigkeit, eine dysfunktionale Beziehung, in der die Grenzen zwischen den beiden Partnern verschwimmen und jeder Partner das ungesunde Verhalten des anderen begünstigt. Normalerweise denkt man bei Co-Abhängigkeit an Paarbeziehungen, aber das Gleiche kann auch zwischen Eltern und Kindern stattfinden. Wir können unsere Kinder mit unseren eigenen Ängsten beeinträchtigen. Wir können sie entmutigen und ihnen die Kraft rauben.

All der Angst und Unsicherheit, der Inkonsequenz und Verwirrung liegt ein einfacher Wunsch zugrunde: dass unsere Kinder gedeihen und Erfolg haben sollen. Das ist alles. Wir wünschen uns, dass sie besser werden als wir, nicht die gleichen Komplexe und schlechten Angewohnheiten entwickeln. Sie sollen nicht an etwas scheitern, das wir hätten verhindern können. Das ist zweifellos ein ehrenwertes Ziel. Aber Eltern sind eben auch nur Menschen. Wir machen alle Fehler. Wir erleben Verunsicherung, die unsere Kinder sich bei uns abschauen. Wir alle haben vor unseren Kindern schon Dinge gesagt oder getan, die wir später bereut haben. Das ist in Ordnung. Es muss so kommen, und Ihre Kinder werden trotzdem wohl geraten. Das Letzte, was ich möchte, ist, Sie noch mehr zu verunsichern. Deshalb will ich davon sprechen, wie wir bessere Vorbilder sein und Erziehung für Kinder wie für Erwachsene etwas leichter machen können. Denn genau das ist möglich, solange wir bereit sind, unser eigenes Verhalten zu hinterfragen.

GENAUER HINSEHEN

Eines der großen Geschenke der Elternschaft ist, dass sie einen zu einem besseren Menschen macht. Sie ist eine Herausforderung und manchmal natürlich auch frustrierend. Weil Sie sich mit Dingen auseinandersetzen müssen, die Ihnen vielleicht nicht gefallen. Aber letztendlich verändert einen die Erfahrung, Mutter oder Vater zu sein. Es ist einfach unsere größte Chance für eine positive Veränderung. Vor diesem Hintergrund möchte ich, dass Sie sich über folgende Verhaltensweisen Gedanken machen. Bei dieser Liste stellt sich heraus, dass so viele von uns das Gegenteil dessen vorleben, was wir von unseren Kindern erwarten. (Mir selbst ist es auch schon oft so ergangen.) Ziel ist, dass wir anfangen zu erkennen, was wir unseren Kindern vormachen und was wir vielleicht ändern möchten:

1. Sind Sie grundsätzlich pünktlich oder kommen Sie zu Veranstaltungen und Verabredungen oft zu spät? Pünktlichkeit zeigt Respekt vor der Zeit anderer Menschen. Gewohnheitsmäßige Unpünktlichkeit bedeutet das Gegenteil. Da ich im Silicon Valley lebe, ist mir das durchaus vertraut. Reichtum verschlimmert die Sache noch. Irgendwie scheinen solche Leute zu glauben, nur weil sie Geld haben, könnten sie diktieren, wann sie zu Terminen erscheinen. Als würden sie sagen: »Ich bin so beschäftigt und wichtig, dass ich mir meinen eigenen Zeitplan machen kann. Die Welt wird sich dann schon um mich drehen.« Ich habe erlebt, dass Menschen zwei Stunden oder mehr zu spät kommen und erwarten, dass trotzdem alles planmäßig geht. Leider kommen sie damit auch durch. Auch viele, die nicht prominent sind, kommen gewohnheitsmäßig zu spät und sind unorganisiert. Ich versuche, all meinen Schülern (meinen Kindern und Enkelkindern) beizubringen, dass so etwas Simples wie Pünktlichkeit wichtig ist. Wenn man es zu einem Termin nicht rechtzeitig schafft, sollte man wenigstens anrufen oder eine Nachricht schicken, damit der andere Bescheid weiß. Das ist ein Gebot der Höflichkeit und hat auch mit der Bereitschaft zu tun, die Situation aus der Perspektive der anderen Person zu sehen.

2. Eine weitere simple Sache: Wie präsentieren Sie sich hinsichtlich Ihrer Kleidung und Körperpflege? Wie Sie sich der Welt zeigen, sagt viel über Ihr Selbstvertrauen, Ihre Tüchtigkeit und Ihren Respekt vor den Mitmenschen aus. Wenn Sie in Basketballshorts bei einer Cocktailparty aufkreuzen, zeigt das mangelnden Respekt vor dem Gastgeber. Es hat nichts mit Einkommen oder Gesellschaftsschicht zu tun – aber viel mit Selbstwert und Respekt vor anderen. Und es zeugt von Verständnis dafür, was einer bestimmten Situation angemessen ist.
   Am einfachsten lernen Kinder das, indem sie Sie beobachten. Und damit will ich gar nicht sagen, dass Sie ihnen beibringen sollen, Aussehen sei am wichtigsten. Ich will sagen, Sie sollten ihnen beibringen, respektabel und professionell auszusehen. Lange fragte ich mich, warum meine Töchter so wenig Make-up tragen, bis mir klar wurde, dass ich meistens auch kaum welches benutze. Das war nie etwas, das ich ihnen beigebracht oder worauf ich geachtet habe, als sie heranwuchsen. Sie mussten kein perfektes Make-up vorweisen, bevor sie das Haus verließen, aber sie mussten sich waschen, pflegen und ordentlich angezogen sein – zumindest ab einem gewissen Alter; ich erinnere an Anne, die splitterfasernackt zu den Nachbarn lief, als sie zwei Jahre alt war. Ich selbst sah immer gepflegt und professionell aus, hatte aber nie den Ehrgeiz, ein modisches Outfit gemäß dem neuesten Trend zu tragen. Auch das beeinflusste meine Töchter – bis auf den Vorfall, als Anne in Flip-Flops zu einem Vorstellungsgespräch ging. Zum Glück interessierte man sich mehr für ihre Fähigkeiten als für ihre Garderobe.

3. Wie gehen Sie mit anderen Menschen um? Sind Sie im Allgemeinen freundlich? Laden Sie Gäste zu sich nach Hause ein? Wie behandeln Sie die Freunde Ihrer Kinder und ihre Lehrer?

Was ist mit Kellnern oder Kassiererinnen? Wie ist Ihr Benehmen am Telefon? Melden Sie sich höflich und professionell, wenn jemand anruft?
Telefon-Etikette ist ein ziemlich zuverlässiger Maßstab dafür, was Kinder lernen. Ich gab in dieser Hinsicht mein Bestes, um ein Vorbild zu sein, und ließ meine Mädchen üben, damit sie genau wussten, was sie zu sagen hatten. Vielleicht weil ich aus bescheidenen Verhältnissen stamme, aber es war mir immer wichtig, alle Leute um mich herum wertzuschätzen und mich dafür zu bedanken, wenn sie für mich ihren Job machten. Ich garantiere Ihnen aber auch, dass ich bestimmt nicht immer perfekt war. Manchmal verlor ich die Geduld oder übersah jemanden in der Hektik des Alltags einfach. Aber ich bemühte mich jedenfalls stets.

4. Räumen Sie hinter sich wieder auf oder hinterlassen Sie Chaos? Mir ist klar, dass in vielen Familien beide Eltern berufstätig sind und man externe Hilfe braucht. Das ist ja auch in Ordnung, aber man kann trotzdem einen Teil des Haushalts selbst in Ordnung halten. Ich schlage auch vor, dass Sie einmal im Monat eine Putz- oder Aufräum-Aktion mit Ihren Kindern veranstalten. Damit erfüllen Sie eine wichtige Vorbildfunktion und vergrößern zugleich den Respekt Ihrer Kinder vor dem Zuhause, in dem sie leben.
Es wird der Tag kommen, an dem Sie die Teenager allein zu Hause lassen. Mit der Verantwortung für den Haushalt und die Haustiere. Was, wenn sie dann nicht wissen, wie das geht? Ich kenne einen Teenager, dem es so erging. Er kannte den Unterschied zwischen Spülmittel und dem Reiniger für die Spülmaschine nicht und füllte normales Geschirrspülmittel in die Maschine. Falls Sie das noch nicht ausprobiert haben, lassen Sie es besser. Er richtete eine solche Schaumschlacht an, dass danach der Fußboden erneuert werden

musste. Wenn Sie Ihre Kinder wie königliche Hoheiten behandeln, wenn Sie ihnen keine echte Verantwortung übertragen, dann haben Sie am Ende einen jungen Erwachsenen, der keine Erfahrung hinsichtlich Verantwortung hat und nicht weiß, wie man eine Wohnung in Ordnung hält. Dabei werden Sie es sein, der das Vergnügen hat, ihn in seiner ersten eigenen Bleibe zu besuchen.

5. Haben Sie ein gesundes Verhältnis zur Technik? Das ist ein großes Thema. Untersuchungen ergaben, dass der Durchschnittsamerikaner 80 Mal pro Tag auf sein Handy schaut. Können Sie das glauben? Ich als Lehrerin an einer Highschool kann es. Dieses zwanghafte Handy-Checken führt zu etwas, das die Technologie-Expertin Linda Stone »kontinuierliche Teil-Aufmerksamkeit« nennt. Wir befinden uns ständig in einem Zustand, in dem wir mehrere Dinge auf einmal tun, uns aber nie komplett auf eins davon konzentrieren. Und wir wissen alle, wie sich das anfühlt: zu Mittag essen, während wir gleichzeitig eine E-Mail schreiben und einen Podcast hören. So ein Verhalten ist schlecht für Kinder, die sich auf ihre Hausaufgaben konzentrieren müssen, aber noch schlechter ist es für Eltern. Eine in *Developmental Science* veröffentlichte Studie ergab, dass jüngere Kinder, deren Mütter überdurchschnittlich oft ihr Handy benutzten, mehr Probleme damit hatten, emotionalen Stress zu verkraften.[15] Es gibt einen eindeutigen Zusammenhang zwischen der Aufmerksamkeit und Fürsorge, die wir erhalten, und unserer Fähigkeit, Emotionen zu verarbeiten. Zudem stellte man bei einer Studie mit über 6000 Teilnehmern fest, dass 54 Prozent der Kinder und Jugendlichen fanden, ihre Eltern würden zu häufig technische Geräte benutzen.[16] 32 Prozent von ihnen fühlten sich »unwichtig«, wenn ihre Eltern am Handy waren. *Unwichtig*. Das macht mich richtig traurig. Und besorgt –

nicht nur um die Kinder. Wie viele von uns Erwachsenen haben sich schon unwichtig gefühlt, wenn jemand anders im Gespräch mit uns sein Handy gecheckt hat? Ich weiß, dass die Dinger süchtig machen, aber uns und unseren Kindern zuliebe müssen wir einfach Grenzen setzen.

6. Haben Sie ein gesundes Verhältnis zum Essen? Wie sieht es mit regelmäßigem Sport und Zeit in der Natur aus? Hängen Sie abends lange vor dem Fernseher und wundern sich, warum Ihre Kinder zur gleichen Gewohnheit neigen? Haben Sie viel Stress? Wenn ja, wie gehen Sie damit um? Sind Sie gut zu sich selbst? Sorgsam mit unserer Gesundheit umzugehen, ist der beste Weg, um unsere Kinder zu lehren, das Gleiche zu tun. Bewegung, genügend Schlaf und zwischendurch entspannen – das ist so wichtig. Ich habe herausgefunden, dass Humor in stressigen Zeiten viel hilft. Und auch wenn die meisten Leute glauben, das ginge nicht, können wir tatsächlich mal Nein sagen, wenn unser Terminkalender einfach keinen Platz mehr für eine einzige weitere Aktivität bietet. Wir müssen auch Zeit mit Freunden verbringen, hin und wieder etwas Lustiges tun, und wir brauchen eine Perspektive, wenn das Leben gerade schwierig ist.
   Was die Ernährung angeht, können wir als Eltern vieles besser machen. In meiner Familie ist es unsere Aufgabe, den Enkeln beizubringen, dass nicht jedes Essen gut für einen ist. Meine Enkel lernen früh, Etiketten zu lesen, und wissen, dass sie vorgefertigtes Junkfood besser meiden sollen. Meine Schüler wissen, dass ich Limos im Unterricht konfisziere. Ausnahmslos! Zu Beginn jedes Schuljahres bekommt der ganze Kurs den »Vortrag gegen gezuckerte Getränke« gehalten. In gewissen Abständen wiederhole ich ihn, sobald ich es für nötig halte. Ihre Gesundheit ist mir wichtig, weil mir meine Schüler als Mitmenschen am Herzen liegen.

7. Wie gehen Sie mit Ihren Verwandten um? In welchem Ausmaß hat die Familie bei Ihnen Vorrang? Wie behandeln Sie Ihren Ex-Partner? Was lernt Ihr Kind von Ihnen über die Bedeutung familiärer Bindungen? Selbst in Scheidungsfamilien sollten die Eltern zum Wohl der Kinder Kooperationsbereitschaft vorleben.
Wir haben Glück, dass alle unsere neun Enkel in unserer Nähe leben und untereinander befreundet sind. Sie essen und spielen zusammen, verbringen die Ferien gemeinsam und übernachten beieinander. Meine Töchter sind dagegen ohne Verwandte in der Nähe aufgewachsen. Sie hatten Cousins in Ohio, die sie aber in ihrer Kindheit nur wenige Male gesehen haben. Unsere Familie waren daher Freunde und Nachbarn, die wir »adoptierten«. Wir verbrachten die Ferien mit ihnen, gingen gemeinsam campen und aßen jede Woche zusammen. Viele dieser Menschen hatten ebenfalls keine Verwandten in der Nähe. Heute sind sie für mich immer noch wie Familie, und ich bin froh, dass ich meinen Töchtern zeigen konnte, wie wichtig es ist, eine Gemeinschaft zu bilden und zu erhalten.
Räumt man der Familie Priorität ein, bedeutet das auch, Erfahrungen miteinander zu teilen. Gute wie schlechte. Familienangehörige sind entscheidende Vorbilder, um zu lernen, wie man klug mit Herausforderungen umgeht. Außerdem bilden sie ein starkes System aus Unterstützung für ein Kind. So hat man jemanden zum Reden, um ein beliebiges Problem anzugehen, einfach jemanden, der für einen da ist.
Ich dachte schon immer, dass positive Interaktion in der Familie für glückliche Kinder entscheidend ist. Der beste Weg, um die Bedeutung von Familie zu veranschaulichen, ist, zusammen Spaß zu haben. Je mehr positive Erfahrungen, desto mehr Unterstützung spürt ein Kind. Dafür kann schon ein gemeinsames Brettspiel oder ein Spaziergang im Park ge-

nügen, oder gemeinsames Hüpfen auf einem Trampolin. Wir haben das Glück, dass meine Enkelin Amelia, die inzwischen 17 Jahre alt ist, ein ausgesprochen sozialer Mensch und eine der besten Organisatorinnen von Kinderaktivitäten ist. Sie hat mit den Kindern zum Beispiel schon einen imaginären Ausflug auf den Mars unternommen oder alle mit Sachen verkleidet, die sie in einem Schrank der Erwachsenen gefunden hatte. Wir sitzen gern alle zusammen im Wohnzimmer und schauen ihnen beim Spielen zu, was meist total komisch ist. Manchmal sieht man Amelia aber auch draußen auf dem Rasen, wo alle Kleinen ihr nachlaufen, als sei sie der Rattenfänger von Hameln.

8. Sind Sie bereit, kontroverse Themen zu diskutieren? Sind Sie Ihrem Kind ein Vorbild, wenn Sie über wichtige Probleme sprechen? Etwa indem Sie einem anderen auf respektvolle Weise widersprechen? Zeigen Sie die Fähigkeit, zuzuhören und Kompromisse auszuhandeln?
Wir sprechen immer mit unseren Enkeln darüber, was gerade in der Welt passiert. Wir hören ihnen zu und respektieren ihre Meinungen. Die Tischgespräche sind lebhaft. Das gegenwärtige politische Klima sorgt schon dafür, dass keinen Tag Langeweile herrscht – und keiner sitzt nur passiv dabei. Viel debattieren wir mit Ethan und Leon, die beide 13 sind und jede Woche *The Economist* lesen. Wir haben ihnen das nicht aufgetragen, sondern sie wollen wissen, was in der Welt passiert, und halten den *Economist* für die beste Informationsquelle. Unweigerlich wird immer wieder jemandem widersprochen oder er wird von einem anderen Standpunkt überzeugt. Emma und Mia regen das Gespräch gern dadurch an, dass sie in die Rolle des Advocatus Diaboli schlüpfen. Das sind dann die aufschlussreichsten Momente. Als Erwachsene tun wir unser Bestes, um zu zeigen, dass auch wir unsere

Meinung ändern und neue Informationen berücksichtigen können. Wir scheuen nicht vor einem leidenschaftlichen Streitgespräch zurück, aber wir möchten den Kindern auch beweisen, dass Erkenntnisse und Ideen sich genauso weiterentwickeln wie die Menschen selbst.

9. Wie steht es mit der Wahrheit gegenüber Ihren Kindern? Ich denke, dass alle Eltern ihren Nachwuchs manchmal anlügen. Wir sagen Dinge wie, »Ich glaube, der Eisladen hat gerade gar nicht geöffnet«, oder »Daddy ist so müde und möchte jetzt nach Hause«, obwohl Daddy einfach nur etwas anderes tun will. Nach einer Weile durchschauen die Kinder so etwas – sie sind ja nicht dumm –, aber solche Schwindeleien sind auch nicht wirklich schädlich. Es sind Lügen in wichtigen Dingen, die für Vertrauensverlust sorgen. Wenn Sie Ihrem Kind sagen, dass sonst niemand zu einer Veranstaltung geht, und das Kind hinterher erfährt, dass alle anderen dort waren, dann wird es Ihnen irgendwann nicht mehr vertrauen. Und wir wissen schließlich alle, dass Vertrauen die Basis jeder Beziehung bildet.

10. Schreien Sie? Okay, manchmal schreien wir alle, aber geben Sie Ihren Kindern ungewollt zu verstehen, dass Gebrüll eine akzeptable Form der Kommunikation ist? Fluchen Sie selbst, regen sich jedoch auf, wenn Ihr Kind Schimpfwörter benutzt? Niemand ist perfekt oder besitzt die absolute Kontrolle, aber manche Leute schreien mehr als andere, einfach weil sie häufig gereizt sind. Schreien bedeutet, die Stimme zu erheben. Aufgebrachtes Sprechen mit negativem Unterton mag noch kein Gebrüll sein, aber es kann für Kinder trotzdem eine unerfreuliche Situation erzeugen. Wir alle müssen gegenüber unseren Kindern echt sein – es tut nicht gut, die eigenen Gefühle zu verfälschen oder zu verbergen. Dennoch

ist es hilfreich, sich klarzumachen, dass Wut die Dinge nicht besser macht. Sie ist eine Entscheidung und eine Lebenseinstellung, die wir unseren Kindern nicht wünschen.

11. Wie reagieren Sie auf Widrigkeiten und Missgeschicke? Halten Sie an Ihrem Ziel fest und suchen Sie nach einem anderen Weg, es zu erreichen, wenn Sie auf ein Hindernis stoßen? Oder geben Sie eher schnell auf?
Es gibt einfach Phasen im Leben, in denen viel schiefgeht. Sie biegen fälschlicherweise rechts statt links ab und verursachen einen Unfall. Sie beenden eine Beziehung, obwohl Sie besser daran hätten festhalten sollen. Wir alle begehen solche »Fehler«. Aber es sind nicht unbedingt »Fehler«, manchmal ist es einfach Schicksal. Glück spielt in unserem Leben eine wichtige Rolle. Glück bringt einen zum richtigen Zeitpunkt an den richtigen Ort. Das kann ich definitiv über Susan sagen. Sie kaufte ein Haus in Menlo Park und musste dann einen Teil davon vermieten, um die Hypothek bezahlen zu können. Hätte sie die Garage nicht vermieten müssen, dann wäre sie vermutlich niemals Larry und Sergey, den Mitbegründern von Google, begegnet. Fast alles hat auch seine gute Seite oder eine Lektion, die es daraus zu lernen gilt, selbst wenn die manchmal schwer zu erkennen ist.

12. Sind Sie bereit, zu lernen und einen Irrtum einzugestehen? Sind Sie willens zu verzeihen? Viele Leute sind das nicht. Stolz steht Versöhnung oft im Weg. Wir reden alle gern von Mitgefühl und Vergebung, aber das heißt nicht zwingend, dass wir dazu in der Lage sind. In all meinen Jahrzehnten als Lehrerin habe ich gelernt, meinen Schülern unbedingt zu verzeihen. Das bedeutet nicht, dass es keine Strafen gibt, sondern es bedeutet, ihnen immer die Chance zu geben, etwas wieder in Ordnung zu bringen. Obwohl es mich

schmerzt, zuzugeben, wenn ich mich geirrt habe, empfinde ich es als weniger schmerzhaft, als zu versuchen, meinen Fehler zu kaschieren. Niemand kann immer im Recht sein, nicht einmal meistens. Hier kommen Demut und Aufgeschlossenheit ins Spiel. Wir können keine perfekten Vorbilder sein, aber wir können uns dieser Eigenschaften und dessen, wie wir sie unseren Kindern vorleben, bewusst sein.

WAS ZU TUN IST, WENN SIE NICHT DAS IDEALE VORBILD SIND

(KLEINER TIPP: DAS IST KEINER)

Sie haben also ein paar Schwächen. Und Sie haben ein paar Verhaltensweisen erkannt, die Sie ändern möchten. Vielleicht sind Sie leicht reizbar. Überlegen Sie sich Folgendes, anstatt sich einfach schuldig zu fühlen und zu resignieren: Sie sind das bestmögliche Vorbild für Ihr Kind. Warum? Weil der Veränderungsprozess eine unglaublich wirkungsvolle Lektion ist. Ein Kind kann das nicht von einer Mutter oder einem Vater lernen, die oder der immer perfekt ist (was ja sowieso niemand leisten kann). Und es lernt genauso wenig von jemandem, der das gleiche schlechte Verhalten ständig wiederholt. Schätzen Sie sich also glücklich, denn Sie haben eine fantastische Chance. Sie können Ihrem Kind zeigen, wie man ein besserer Mensch wird, indem Sie ihm ein lebendes Beispiel geben. Und ich will gar nicht behaupten, das sei leicht. Tut mir leid, Ihnen das sagen zu müssen. Wahrscheinlich funktioniert es auch nicht über Nacht. Es kann ein paar Monate dauern. Aber im Laufe der Zeit und mit Geduld halte ich alles für möglich. Wenn Ihr Kind sieht, dass Sie an Ihrer Wut arbeiten, wird es lernen, auch an seinen eigenen Problemen zu arbeiten. Wenn Sie die Einstellung haben, dass sich Verhalten ändern lässt, und dann noch Ihrem Kind zeigen, wie Sie mit seiner Hilfe daran arbeiten, liefert ihm das den Beweis, dass es möglich ist.

Es gibt dazu jede Menge Theorien und Methoden, aber Veränderung für Eltern lässt sich auf die folgenden drei Prinzipien herunterbrechen:

SENSIBILISIERT UND WILLENS SEIN. Der erste Schritt zu jeder Form von Veränderung ist Bewusstsein. Sie müssen das Problem als solches erkennen, bevor Sie sich daranmachen, es zu lösen. Halten Sie einen Moment inne und studieren Sie das problematische Verhalten. Warum benehmen Sie sich so? Passiert das größtenteils unbewusst? Haben Sie es sich von den eigenen Eltern abgeschaut? Rührt es von irgendeiner Angst oder Unsicherheit her, die Sie in Bezug auf Ihre Elternrolle haben? Egal, was der Grund ist, versuchen Sie, daraus zu lernen. Identifizieren Sie das Muster, in dem Sie gefangen sind. Ich erinnere mich noch, wie schwer es mir fiel, mir selbst einzugestehen, dass ich bei meinen Töchtern Fehler gemacht hatte (und dabei hatte ich so viele begangen). Ich war auch nicht immer diejenige, die ich als Mutter gern sein wollte. Es gab Momente, wenn ich wütend wurde und meine Töchter falsch bestrafte. Momente, in denen ich absolut die Geduld verlor. Aber so ergeht es uns allen. Und was mich angeht, wurde mir bewusst, dass ich dieses Verhalten über Generationen geerbt hatte. Sobald mir aber klar war, dass ich es ändern wollte, war ich engagiert. Ich glaubte an mich. Als Erstes bat ich sie, mir zu verzeihen, und gestand meinen Fehler ein (zum Beispiel nachdem ich in Janets Tagebuch gelesen hatte). Als Eltern lernen wir ununterbrochen – und tatsächlich hören wir ja bis zu unserem Tod nicht damit auf. Wir können uns ändern, wenn wir die bewusste Entscheidung dafür getroffen haben. Wir können uns immer verbessern. Denken Sie an Ihre Kinder und daran, wie wichtig sie Ihnen sind. Sie sind jede Mühe wert.

IDENTIFIZIEREN SIE IHR ZIEL UND SPRECHEN SIE DARÜBER. Suchen Sie sich immer nur eine Sache aus, die Sie ändern wollen. Vielleicht wollen Sie mehr Geduld aufbringen, wenn Ihr Sohn sich morgens für die Schule fertig macht. Oder vielleicht sollten Sie anfangen, Sport zu treiben, und Ihrer Tochter zeigen, wie gut gesunde Gewohnheiten tun. Oder Sie möchten das Verhältnis zu Ihrer Mutter wieder in Ordnung bringen, um so Ihren Kindern eine wichtige Lektion in Sachen Vergebung vorzumachen. Was auch immer es ist, erzählen Sie Ihrem Kind von diesem Ziel. Sie können so etwas sagen wie: »Mein Ziel ist, morgens geduldiger mit dir zu sein. Kannst du mir helfen, herauszufinden, worauf ich mich als Erstes konzentrieren sollte? Was stört dich am meisten? Warum ist der Morgen für uns beide so schwierig?« Das macht Sie eindeutig verletzlich, zeigt aber auch Ihre Achtsamkeit und wird in jedem Fall die Aufmerksamkeit Ihres Kindes wecken. Es ist eine Gelegenheit zu erfahren, dass auch Mama und Papa echte Menschen mit Hoffnungen und Träumen und Misserfolgen und Schwächen sind. Die meisten Kinder möchten ihren Eltern helfen. Sophie, die Tochter von Anne, hat immer tolle Vorschläge, obwohl sie erst sieben ist. Sie sagt dann Sachen wie: »Mommy, du kannst mich ruhig mehr allein mit meinen Freunden unternehmen lassen«, oder: »Kinder wissen selber, was sie machen wollen. Du musst sie einfach machen lassen.« Erklären Sie, dass jeder versucht, sich zu verbessern, auch Sie als Eltern. Sagen Sie auch, warum Sie sich ändern wollen. Was möchten Sie Ihrem Kind zeigen, was wollen Sie ihm vermitteln? Und warum ist Ihnen das so wichtig? Warum beginnen Sie mit diesem Ziel? Und warum gerade jetzt?

SEIEN SIE BEI DER SUCHE NACH EINER LÖSUNG FLEXIBEL. Sie hatten also die besten Vorsätze, aber dann sind Ihnen die Nerven bei Ihrem Sohn doch wieder durchgegangen. Sie haben Überstunden gemacht, anstatt wie versprochen mit Ihrer Tochter joggen zu gehen. Die Lage mit Ihrer Mutter ist noch verzwickter, als Sie gedacht hatten. Das ist okay. Wie so viele andere Dinge klappen auch Verhaltensänderungen manchmal nicht beim ersten Versuch. Aber das ist kein Grund, Ihr Ziel aufzugeben. Verhaltensänderungen bei uns Erwachsenen haben viel mit dem Schreiben eines Aufsatzes gemeinsam. Sie brauchen zuerst einen Entwurf, um ein Gefühl dafür zu bekommen, was Sie überhaupt sagen wollen. Den überarbeiten Sie dann mehrmals, wobei Ihnen Bandwurmsätze und logische Fehler auffallen. Es tut Ihnen bestimmt besser, nicht auf Anhieb Perfektion von sich selbst zu erwarten. Behalten Sie Ihr Ziel im Auge, aber seien Sie flexibel. Vielleicht funktioniert die Strategie, die Sie sich überlegt haben, einfach nicht. Warum nicht? Was steht Ihnen im Weg? Wie können Sie das Problem lösen und weiterkommen? Gibt es vielleicht eine kreative Lösung, an die Sie noch nicht gedacht haben? Können Ihre Kinder vielleicht bei der Fehlersuche helfen? Können Sie im Veränderungsprozess eine wichtige Rolle übernehmen? Vielleicht kann Ihr Sohn sich am Vorabend schon die Kleidung zurechtlegen, die er am nächsten Tag für die Schule anziehen will. Oder er kann Sie daran erinnern, doch einfach tief durchzuatmen, wenn er mal wieder ein paar Minuten zu spät dran ist. Fürchten Sie sich nicht davor, die Hilfe und Unterstützung Ihres Kindes zu beanspruchen. Dadurch zeigen Sie ihm, wie viel Entschlossenheit man für eine Veränderung braucht. Und vergessen Sie nicht, über Ihre Fortschritte Buch zu führen, damit Sie dann zurückblicken und sehen können, wie sehr Sie sich schon geändert haben. So etwas schriftlich festzuhalten stärkt Ihre Motivation und lässt Sie dranbleiben. Außerdem fallen Ihnen beim Schreiben eventuell noch mehr Ideen zu klugen Abwandlungen Ihres Plans ein.

DAS ALLERWICHTIGSTE VERHALTEN ALS VORBILD FÜR IHRE KINDER

Wenn Sie mich fragen, ist die allerwichtigste Fähigkeit, die wir unseren Kindern vorleben sollten, die, funktionierende Beziehungen zu anderen Menschen zu pflegen. Das Glück, das wir erleben, hängt von der Qualität unserer Beziehungen ab. Vielleicht mehr als alle anderen stellt sie unsere Kinder auf Erfolg oder Misserfolg als Erwachsene ein. Für viele von uns ist die wichtigste Beziehung die zum (Ehe-)Partner. Aber nicht jeder hat heutzutage einen Langzeitpartner oder lebt die traditionelle Definition von Familie. Vielleicht sind Sie verwitwet, bewusst oder aus den Umständen heraus alleinerziehend, dann gilt dieser Grundsatz auch für Sie. Die Qualität unserer zwischenmenschlichen Beziehungen – zu Freunden, Familienangehörigen, Kollegen und anderen Bezugspersonen – wird entscheidenden Einfluss auf die Beziehungen haben, die Ihr Kind in seinem eigenen Leben eingeht. Indem es Sie beobachtet, lernt Ihr Kind, wie die Welt funktioniert, wie Menschen miteinander auskommen und wie man Konflikte löst. Wenn Sie in Ihrem Leben bittere Beziehungen haben, werden Ihre Kinder unter deren Folgen leiden. Aber wenn Sie positiven Umgang mit Ihrem Partner, Ihren Kollegen und Freunden pflegen, dann geben Sie damit Ihren Kindern die beste Chance, ein glückliches, erfülltes Leben zu führen.

Ich bin die Erste, die zugibt, dass längerfristige Partnerschaften nicht leicht sind. Niemand, der seit 55 Jahren verheiratet ist, hat keine Kämpfe ausgefochten. Meine Ehe mit Stan ist immer noch »work in progress«, und damit meine ich, dass wir an jedem einzelnen Tag an dieser Partnerschaft arbeiten. Als wir unsere Töchter großzogen, stritten wir uns – über Religion (Stan ist Katholik, ich bin Jüdin), über den Erziehungsstil (Stan ist von Natur aus eher streng, ich war eher auf Zusammenarbeit aus), und dann war da noch die viele Zeit, die wir wegen Stans Arbeit getrennt verbringen mussten. Aber wir hatten uns füreinander entschieden, und unser Ziel war immer dasselbe: unseren Kindern ein liebevolles Zuhause zu bieten. Wir hatten kein perfektes Zuhause, aber ein gutes, und wir haben ein gutes Leben für unsere Töchter zustande gebracht. Unsere Ehe ist auch nicht perfekt. Aber wir lieben uns und stehen zueinander. Es gibt ja sowieso keine perfekte Ehe. Liebesgeschichten à la Hollywood existieren nur im Film. Das ist etwas, das junge Menschen erst einmal begreifen müssen. Wir machen uns selbst etwas vor, wenn wir denken, »Es gibt auf der ganzen Welt nur einen Menschen für uns«, oder »Liebe löst jedes Problem«. Das echte Leben funktioniert so nicht.

Ehe ist ein Kompromiss. Das mag banal klingen, aber es lohnt sich, daran zu erinnern. In einer Ehe müssen beide Partner Opfer bringen. Schließlich ist es ja eine Partnerschaft, kein Wettkampf. Sie sollten nicht Ihre jeweiligen Punkte zählen: *Ich habe den Streit wegen der Spülmaschine gewonnen, aber er hat letzten Monat mehr von unserem Geld ausgegeben.* Manchmal gibt einer von Ihnen mehr als der andere, aber nächstes Jahr kann sich die Situation schon umkehren. Wenn Sie ständig Punkte zählen, verlieren Sie Ihr Ziel aus dem Blick, das doch vermutlich ist, gut miteinander auszukommen und Ihre Kinder in einer liebevollen Atmosphäre großzuziehen.

Aber die Ehe ist auch eine unglaubliche Möglichkeit, um ein erfülltes Leben zu führen. Stan und ich teilen Erinnerungen von über 50 Jahren: an Menschen, die wir kannten und noch kennen, an Reisen, die wir unternommen haben, an begangene Fehler, an alberne Ideen. Wir können uns zusammensetzen und über 100 Fotoalben durchblättern, die unser Leben dokumentieren. Mit einem Partner für fünf oder zehn Jahre wäre es nicht dasselbe – wir haben so viel Leben und Erfahrung angehäuft, und zwar zusammen. Wir teilen Erinnerungen an unsere Anfänge, als wir auf Stans Vespa durch Berkeley kurvten oder in unserem ersten selbst gekauften VW-Käfer. Der war so klein, dass ich mit einem beim Skifahren verletzten Knie nicht einsteigen konnte. Wir fuhren durch Europa – Stan am Steuer, ich als Navigator. Dabei konnte ich ums Verrecken nie herausfinden, wo wir uns gerade befanden. Manchmal war das auch Stans Schuld, weil er irgendwo außerhalb der Karte herumfuhr! Und dann ist da die Familie, die wir mit unseren Mädchen gründeten. Wir sahen sie aufwachsen und unsere Familie schließlich mit neun wundervollen Enkelkindern vergrößern. Mit wem sonst kann ich über all das sprechen? Wer sonst kann die Lücken in meinem Gedächtnis schließen? Niemand. Ich hasse schon den Gedanken daran, wie es sich anfühlen würde, Stan aus meinem Leben gehen zu sehen. Wir würden beide so viel verlieren. Der gesamte Bogen unserer beider Leben wäre weg.

Aber so viele Beziehungen enden trotzdem. Ich habe es bei Freunden und Verwandten erlebt, genau wie Sie sicher auch. Nach all den Jahren, die ich erlebt, und all den Beziehungen, die ich beobachtet habe, kann ich Ihnen versichern, dass keine ohne die Prinzipien von TRICK funktioniert. Man kann den Niedergang dieser fundamentalen Werte in allen Arten von Beziehungen sehen, aber vor allem in Ehen. Wenn Paare sich trennen, geht's nicht immer um den Paukenschlag, an den jeder als Erstes denkt: Untreue. Manchmal ja, aber normalerweise kommt es zur Untreue, weil TRICK fehlt. Es gibt noch viele andere Gründe, aus denen Beziehungen scheitern – Uneinigkeit über die gemeinsamen Ziele, unterschiedliche sexuelle Bedürfnisse, sich auseinander leben – aber sie sind alle die Folge des Fehlens dieser grundlegenden menschlichen Werte.

MANGELNDES VERTRAUEN

Die Sekunde, in der Sie aufhören, Ihrem Partner zu vertrauen, ist die Sekunde, in der Ihre Beziehung zu zerfallen beginnt. Aber haben Sie einen Grund, eifersüchtig oder misstrauisch zu sein? Wenn nicht, dann vertrauen Sie darauf, dass Ihnen beiden das Wohl des jeweils anderen am Herzen liegt. Vertrauen Sie auf das Versprechen, das Sie einander gegeben haben. Wenn es ein Problem gibt, lösen Sie es. Und denken Sie daran, beschädigtes Vertrauen kann man reparieren.

MANGEL AN RESPEKT UND LIEBE

Häufigster Grund für Scheidungen ist der Verlust von Respekt. Und ist der Respekt erst einmal weg, lässt er sich nur schwer wiederherstellen. Respekt bedeutet, dass Sie jemanden schätzen und bewundern. Sie sind Unterstützer Nummer eins in allen Lebenslagen. Sie wenden sich ja nicht plötzlich von jemandem ab, nur weil derjenige einen Fehler begangen hat. Gibt es ein Problem, versuchen Sie zunächst, es zu verstehen, und unterstellen Sie Ihrem Partner immer das Beste, anstatt ihm Vorwürfe zu machen. Urteilen Sie nicht vorschnell, sondern geben Sie ihm Gelegenheit, die Sache zu erklären.

MANGEL AN UNABHÄNGIGKEIT UND PRIVATSPHÄRE

Erwachsene brauchen eine gewisse Intimsphäre, selbst wenn sie verheiratet sind. Einer der Irrtümer der Ehe ist, dass alles ständig gemeinsam getan werden muss. Dabei braucht der Mensch etwas Raum zum Atmen und Unabhängigkeit. Zu viel Gemeinsamkeit engt ein. Ich bin jetzt seit mehr als einem halben Jahrhundert verheiratet, und mir ist schon lange klar, dass mein Mann und ich nicht alles gemeinsam tun müssen. Wir können ohne den anderen zu Freunden zum Abendessen gehen und sogar allein mit Freunden verreisen. Viele Leute fragen sich, ob das eine gute Idee ist. Ich denke schon. Natürlich verbringen mein Mann und ich viel Zeit miteinander, aber wir besitzen die Freiheit, unabhängig zu handeln, wenn wir das möchten. Wir gewähren einander auch Privatsphäre, doch das bedeutet nicht, dass wir jeweils große Geheimnisse haben. Es bedeutet, dass wir eine gewisse Autonomie und Freiheit zu schätzen wissen.

MANGEL AN ZUSAMMENARBEIT UND KOMMUNIKATION

Beziehungen, in denen man auch Eltern ist, erfordern reichlich Kooperation, vor allem, was die Betreuung des Kindes angeht. Das Zusammmenleben funktioniert nur, wenn man auch zusammen*arbeitet*. Manchmal werden Leute allerdings so sauer, dass sie die Zusammenarbeit beenden. Sie versuchen, den anderen mit Schweigen zu bestrafen, vermeiden also Diskussion, Lösung und Fortsetzung der Kommunikation. Eine der schlimmsten Sachen, die Paare tun können, ist, wütend aufeinander zu Bett zu gehen. Dadurch bleiben nicht nur ihre Differenzen ungelöst, sie können auch nicht gut schlafen. So viele Leute kennen diese Regel und brechen sie trotzdem. Zu viele solche negativen Erinnerungen ohne Vergebung bedeuten den Anfang vom Ende. Die Kommunikationsverbindung ist abgerissen, und keiner will sich entschuldigen oder eine Entschuldigung annehmen. Aus solchen Gründen können auch Freundschaften oder Beziehungen zwischen Eltern und Kindern zerbrechen. Und egal, in welchem Alter, die Ursachen sind die gleichen.

FEHLENDE FREUNDLICHKEIT, UNVERZEIHLICHKEIT

Liebenswürdigkeit sollte in Beziehungen eine alltägliche Gewohnheit sein. Lächeln, schwere Einkäufe tragen, die Tür aufhalten, das Lieblingsgericht des Partners zubereiten – normale Höflichkeit. Das ist so wichtig, also warum neigen wir dazu, die Menschen, die uns am nächsten stehen, zu vernachlässigen, wenn es um so grundlegende Dinge geht? Ich schätze, es liegt daran, dass wir viel zu tun haben. Aber mal ehrlich, wie viel Zeit kostet es, liebenswürdig zu sein? Und was ist mit Vergebung? Wenn Sie nicht verzeihen können, dann können Sie jede Art von Beziehung gleich vergessen. Vergebung bedeutet, bescheiden zu sein. Es bedeutet, keinen Groll zu hegen. Es bedeutet, die Beziehung und die Familie wichtiger zu nehmen als irgendwelche kleinen Unstimmigkeiten oder sogar eine größere Auseinandersetzung. Denn was zählt denn am Ende mehr?

Aber selbst wenn Sie und Ihr Partner hart daran arbeiten, die Elemente von TRICK in Ihrer Beziehung lebendig zu halten, sind Kinder eine Belastung. Eine Langzeitstudie über acht Jahre ergab, dass Eltern »einen plötzlichen Zerfall« ihrer Ehe erlebten, der schlimmer war als bei kinderlosen Paaren. Diese Belastung dauerte während der gesamten Laufzeit der Studie an.[17] Selbst die besten Beziehungen werden auf die Probe gestellt. Aber zusätzliche Forschungen belegen, dass Interventionsprogramme und Workshops für Paare Eltern helfen können, mit dem Druck umzugehen, der entsteht, wenn man eine Familie gründet. Mit anderen Worten: Sie können es hinkriegen, solange Sie dazu bereit sind.

Doch anscheinend sind das nicht viele von uns, denn so viele Kinder heutzutage haben geschiedene Eltern. Das ist die reinste Epidemie. Als ich noch ein Kind war, gab es nur selten, sehr selten Scheidungen. Aber heute liegt die Rate in den USA bei ungefähr 50 Prozent. Ich frage mich deshalb: Nehmen wir unsere Ehegelübde wirklich ernst? Die Leute geben sich zwar ein Versprechen, sind dann aber nicht auf die große Umwälzung vorbereitet, die Kinder nun einmal verursachen. Dann fühlen sie sich überrumpelt und kommen zu dem schmerzlichen Schluss, dass Trennung die einzige Antwort darauf ist. Aber ist das auch das Beste für die Partnerschaft? Und noch wichtiger: Ist es das Beste für die Kinder?

Ich habe selbst mit angesehen, wie andauernd schmerzhaft eine Scheidung sein kann. Im Silicon Valley, wo plötzlicher Reichtum das Problem noch verschlimmert, scheint das geradezu zu grassieren. Deshalb sind viele Kinder aus Scheidungsfamilien auch psychisch erschüttert. Experten sagen, dass jüngere Kinder darunter leiden, weil sie noch so sehr an ihren Eltern hängen, während Heranwachsende, die ohnehin schon in einer rebellischen Phase stecken, sich tendenziell betrogen fühlen und aus diesem Grund erst recht auf Distanz gehen. In einer 2014 vorgenommenen Analyse von über drei Jahrzehnten Forschung zu Familienstruktur und dem Wohlbefinden von Kindern kam Dr. Jane Anderson zu dem Schluss, dass Kinder außer in Fällen von Missbrauch deutlich besser damit fahren, wenn Eltern am Erhalt ihrer Ehe arbeiten.[18] Dutzende von Studien weisen auf die schädlichen Auswirkungen von Scheidung hin, darunter weniger Zeit mit beiden Elternteilen, Verlust der wirtschaftlichen und emotionalen Sicherheit, beeinträchtigte soziale und psychische Entwicklung, eingeschränkte kognitive und schulische Entwicklung sowie verminderte körperliche Gesundheit. Interessanterweise hat die weitere Forschung viele dieser Wirkungen auch bei den Eltern festgestellt. Das sollte uns definitiv Sorgen machen, selbst wenn andere Wissenschaftler argumentieren, dass Kinder nur kurzzeitige negative Effekte einer Scheidung erleben, die normalerweise nicht von Dauer sind. Sie argumentieren, dass weniger die Scheidung an sich den Kindern Schaden zufügt, sondern dass sie währenddessen und danach extrem häufigen elterlichen Konflikten ausgesetzt sind. Ich bin keine Sozialwissenschaftlerin, aber ich bin mir nicht sicher, ob ich diesen Forschern zustimme.

Ich habe bislang selten eine Scheidung gesehen, über die Kinder froh waren. Tatsächlich habe ich jedoch erlebt, dass eine Scheidung einem Kind die Lebensfreude genommen hat. Ich habe gesehen, wie eine Scheidung eine lang anhaltende Depression auslöste. Ich habe Schüler an der Highschool gesehen, die außer sich gerieten, als sie erfuhren, dass ihre Eltern sich scheiden lassen. Plötzlich werden sie in eine Situation gezwungen, in der sie entweder den einen oder den anderen Elternteil vermissen. Viele Paare haben heutzutage gemeinsames Sorgerecht, was bedeutet, dass die Kinder zwischen den Haushalten hin und her pendeln und sie quasi alle paar Tage oder Wochen umziehen müssen. Manche Jugendliche kümmern sich in der Folge nicht mehr um die Schule und beginnen dysfunktionale Beziehungen. Sie suchen nach Halt und einer Gruppe, der sie wichtig sind. Sie suchen nach Stabilität. Ich habe auch schon unglaubliche Wut und Konflikte zwischen Paaren in Scheidung erlebt. Eine Scheidung scheint irgendwie das Schlimmste im Wesen eines Menschen zum Vorschein zu bringen. Als würden wir versuchen, so gemein zu sein, dass die andere Person – die wir doch einmal geliebt haben – völlig zerbricht.

Das Vorbild, das wir unseren Kindern dabei geben: wie man ein Leben voller Wut und Rache führt. Es gibt viele Dinge im Leben, die uns auf die Palme bringen. Das passiert andauernd. Entscheidend ist nur, wie wir uns von diesen Tiefschlägen erholen und ob wir Groll hegen. Manchmal sind die Tiefschläge nur klein, aber manchmal auch groß. Wie auch immer, welche Lektion soll Ihr Kind daraus lernen? Eine Scheidung zeigt Kindern, dass keine Beziehung im Leben für immer ist, dass man auf keine Bindung vertrauen kann. Das ist für viele Kinder eine traurige und furchterregende Botschaft. Vor allem für die jüngeren. Scheidung lehrt Kinder auch, dass man, wenn einem etwas nicht gefällt, davor weglaufen kann, anstatt dazubleiben und das Problem zu lösen. Wir leben in einer Gesellschaft, wo alles schnell passiert, wo Information in Lichtgeschwindigkeit übermittelt wird, wo die primäre Quelle von Neuigkeiten in Nachrichten mit 140 Zeichen oder weniger passt. All das beeinflusst unsere Bereitschaft, schwierige Zeiten zu ertragen. Wir verlieren Biss und Durchhaltevermögen, und das wirkt sich auf unsere Fähigkeit aus, mit den Herausforderungen langfristiger Beziehungen umzugehen.

Was empfehle ich also? Vermeiden Sie eine Scheidung, wenn es irgend möglich ist (außer bei Missbrauch, unbehandelbarer Sucht oder Gewalt). Ich weiß, dass manche Menschen das vielleicht anders sehen, aber es ist meine Meinung. Irgendwann haben Sie Ihren Partner genug geliebt, um ihn zu heiraten. Vielleicht schaffen Sie es dann jetzt immer noch, einander zivilisiert zu behandeln und die Dinge wieder in Ordnung zu bringen. Es bedeutet ja nicht, dass Sie mit allem einverstanden sind, was Ihr Partner sagt oder tut, aber es ist wichtig, Ihren Kindern zu zeigen, dass man trotz Unstimmigkeiten miteinander auskommen kann, dass eine beschädigte Beziehung sich reparieren lässt. Alles, und ich meine wirklich alles, kann man verzeihen – sogar Untreue. Wie die Psychologin und Bestsellerautorin Esther Perel sagt, ist Scheidung kein Ort für Eile: »Eine übereilte Scheidung lässt keinen Raum für Irrtum, für menschliche Zerbrechlichkeit. Sie lässt auch keinen Raum für Reparatur, Resilienz und Besserung.« Es gibt heutzutage so viel Untreue und so viel Stigmatisierung. Eine Frau ist eine Schlampe, wenn sie ihrem Mann einmal untreu ist. Und ein Mann ist schwach, wenn er trotzdem bleibt. Am Ende liegt die Entscheidung beim betroffenen Paar, und zwar nur bei dem Paar. Die beiden sollten auf ihre eigenen

Gedanken, ihre eigenen Herzen hören und sich nicht von Freunden beeinflussen lassen.

Und bedenken Sie auch die Auswirkungen. Wenn Kinder im Spiel sind, denken Sie lieber zweimal nach. Es sind auch nicht nur die Kinder, die danach durch den Wind sein werden. Es ist die ganze Familie, das soziale Netzwerk, die Enkelkinder. Eine Scheidung wirkt noch über Generationen nach. Für Jahre Ihres Lebens. Überlegen Sie noch mal und fragen Sie sich, ob der Vertrauensbruch, der Zusammenbruch der Kommunikation es lohnt, dafür eine Entfremdung und Zwist für den Rest des Lebens in Kauf zu nehmen. Für den Rest eines Lebens, der sich auf Ihr Glück und das Ihrer Kinder auswirkt. Der Schmerz verschwindet auch nach einer Scheidung nicht. In vielen Fällen wird er sogar schlimmer. Es ist besser, zu reparieren und zu verzeihen. So viel Unglück so vieler Menschen lässt sich damit vermeiden. Natürlich ist auch mir klar, dass es nicht immer möglich ist, die Dinge wieder in Ordnung zu bringen. Meine Tochter Anne machte eine ziemlich öffentliche Scheidung durch. Als sie mir von Problemen in ihrer Ehe erzählte, ermutigte ich sie, diese aus der Welt zu schaffen. Sie und ihr Partner haben sich bemüht, aber die Beziehung ließ sich nicht retten. Es war an der Zeit, einen Schnitt zu machen, nach vorne zu schauen und dafür zu sorgen, dass die Kinder so wenig wie möglich darunter zu leiden hatten.

Falls Sie bereits geschieden sind oder eine verbitterte Beziehung zu Ihrem Ex-Partner haben, ist es nicht zu spät, mit Zusammenarbeit und Kooperation zu beginnen. Machen Sie deutlich, dass Sie das Leben Ihrer Kinder und dadurch folglich auch Ihr eigenes verbessern wollen. Es ist so viel leichter, die Wut hinter sich zu lassen und in eine positive Zukunft zu schauen. Das bedeutet ja nicht, die Beziehung wieder aufzunehmen, es bedeutet nur, miteinander auszukommen. Ihr ehemaliger Partner wünscht sich das Gleiche wie Sie – glückliche, gesunde und produktive Kinder. Darauf können Sie sich ohne Sorge vor Konflikten einigen. Normalerweise entstehen Konflikte darüber, *wie* das zu erreichen ist. Leben Sie den Kindern die Zusammenarbeit und das Verhandlungsgeschick vor, das Sie ihnen wünschen. Das wird alle glücklicher machen, und Sie bringen ihnen auch noch etwas für ihr Erwachsenenleben bei. Sollten Sie bereits einen Punkt erreicht haben, wo Zusammenarbeit nicht mehr möglich ist, dann seien Sie freundlich zu sich selbst, verzeihen Sie sich und schauen Sie nach vorn. Auch das ist wichtig, Ihren Kindern vorzumachen: dass man in die Zukunft blickt und im Angesicht wirklich schwieriger Zeiten optimistisch bleibt.

Für Kinder ist es entscheidend, zu wissen, dass Menschen sich ändern und diese Veränderung einfach Teil des Lebens ist, auch wenn man manchmal nicht damit gerechnet hat. Manche Leute verändern sich sogar bis zur Unkenntlichkeit. Sie wollen ein anderes Leben. Es gibt Krankheiten, Unfälle, finanzielle Probleme – so viele Veränderungen, die passieren können. Meistens lassen sich solche Dinge mit Ihrem Partner regeln, aber wenn nicht, dann gibt es immer vernünftige Wege, um damit zurechtzukommen. Das ist das Erste, was Sie Ihrem Kind vorleben und ihm beibringen sollten. *Egal was, du wirst einen guten Weg finden, um damit klarzukommen und das Problem zu lösen.* Wir haben alle die Wahl: deprimiert oder optimistisch sein. Ich habe mich entschieden, Optimistin und Aktivistin zu sein. Unternehmen Sie die nötigen Schritte, um sich besser zu fühlen und die Zukunft zu planen. Die Alternative führt nirgendwohin. Ich glaube, dass Dinge besser und Menschen netter werden und dass Menschen im Prinzip gut sind – allein schon daran zu glauben, scheint es passieren zu lassen.

Eine positive Anmerkung zum Schluss: In den USA sank die Scheidungsrate zwischen 2008 und 2015 und war laut dem National Center for Family and Marriage Research kürzlich so niedrig wie seit 40 Jahren nicht mehr. Es scheinen sich also mehr

Menschen der Bedeutung von Versöhnung zum Wohl der Kinder und ihres eigenen Glücks bewusst zu sein. Die sinkenden Scheidungsraten lassen sich auf mehrere Faktoren zurückführen, unter anderem den Trend, später zu heiraten, vor der Ehe schon zusammenzuleben und – dank der Feministinnen – eher aus Liebe als aus finanziellen Gründen zu heiraten. Menschen, die sich über Datingseiten kennenlernen, lassen sich tendenziell auch seltener scheiden. Vielleicht liegt das daran, dass sie nach Partnern mit gleichen Interessen und ähnlichem Hintergrund suchen.

Es gibt in Erziehung und Partnerschaft so viele Lektionen zu lernen. Manche sind zweifellos schwierig, aber jede stellt eine Chance dar. Eine Chance, unser eigenes Leben zu verbessern und unseren Kindern bessere Vorbilder zu sein. Wir alle sind in der Lage zu positiven Veränderungen. Wir müssen es nur wollen.

FREUNDLICHKEIT UND MITGEFÜHL

8

Freundlichkeit und Mitgefühl vorleben – das wirkt ansteckend!

Zuwendung bedeutet Mitgefühl, so lautet mein Mantra. Im Herbst 2002 bekam ich einen Anruf vom Arzt meiner Mutter, der mir erklärte, sie sei ins Krankenhaus eingeliefert worden. Damals war sie 91 und schon seit Jahren krank und auf einen Rollstuhl angewiesen. Zuletzt litt sie unter Blasenentzündungen und musste fast ununterbrochen Antibiotika nehmen. Ich machte mir große Sorgen und flog deshalb nach Palm Desert, um sie im Eisenhower Hospital zu besuchen. Sie sah in diesem großen Klinikbett so klein aus, aber sie freute sich schrecklich, mich zu sehen. Meine Mutter hatte immer so ein wunderbares Lächeln.

Ich konnte nicht wirklich viel für sie tun. Der Arzt schlug vor, dass sie in ein Pflegeheim mit integriertem Hospiz umziehen sollte. Ich wusste damals nicht, dass »Hospiz« Palliativpflege für unheilbar kranke Menschen bedeutet. Ich hätte einfach mehr Fragen stellen sollen. »Dort versorgt man die Patienten«, erklärte der Arzt, »nimmt aber keine dramatischen medizinischen Interventionen mehr vor.« Für jemand über 90 schien das die richtige Entscheidung zu sein. Er versprach mir jedenfalls, dass sie dort gut aufgehoben wäre.

Nachdem sie in das Hospiz verlegt worden war, flog ich zurück nach Hause. Ein paar Wochen später beschloss meine Tochter Anne, sie zu besuchen. Anne hatte immer ein besonderes Verhältnis zu meiner Mutter gehabt. Nach dem College reiste sie ins sibirische Krasnojarsk, um die Heimatstadt meiner Mutter einmal mit eigenen Augen zu sehen. Meine anderen Töchter standen ihrer Großmutter natürlich auch nah. Wie sollte es auch anders sein, da sie der freundlichste und fürsorglichste Mensch war, der mir je begegnet ist.

Ich bezog meine Mutter immer so viel ein, wie ich konnte, aber das war nicht leicht. Wegen ihrer Multiplen Sklerose konnte sie nicht reisen. Das Problem waren vor allem ihre Beine. Zuerst benutzte sie einen Stock, dann einen Rollator, bis sie schließlich gar nicht mehr gehen konnte. Anne, Susan und Janet besuchten meine Mutter mindestens einmal jährlich in Palm Desert, wo sie bei meinem Bruder Lee wohnte. Dort fuhren sie mit ihr zusammen in einem Golfwagen herum. Sie wussten, dass es ihrer Großmutter gesundheitlich nicht gut ging. Deshalb verbrachten sie auch so viel Zeit wie möglich mit ihr, schrieben Briefe oder riefen an, wenn sie nicht bei ihr waren. Ich versuchte, meinen Töchtern beizubringen, alle Menschen, insbesondere aber ältere, liebevoll und freundlich zu behandeln. Ich vermittelte ihnen, dass jeder einzelne Mensch wichtig ist, und lebte das auch vor. Das waren nicht nur leere Worte.

Als Anne damals dieses Hospiz betrat, sah sie das Gegenteil von Mitgefühl. Sie hörte viele Patienten schreien und stöhnen. Und normalerweise schreien Menschen in Krankenhäusern ja nicht. Irgendetwas stimmte da nicht. Sie beeilte sich, ihre Großmutter zu finden. Dann stellte sie fest, dass sie einer dieser notleidenden Patienten war. Anne konnte zunächst keine Krankenschwester finden. Und als es ihr schließlich gelang, lief die vor ihr davon. Niemand von den Angestellten schien sich zuständig zu fühlen. (In den meisten Hospizen ist die Versorgung zum Glück nicht so – wie sich herausstellte, hatten wir ein wirklich schlechtes erwischt.)

Damit würde Anne sich nicht abfinden. Ihre Großmutter sollte so nicht behandelt werden. Also ergriff sie die Initiative. Sie rief einen Krankenwagen, der schon nach sechs Minuten eintraf. Sie erklärte den Sanitätern, dass ihre Großmutter im Sterben liege und dringend zurück ins Eisenhower Hospital müsse, weil sie dehydriert sei und Notfallversorgung benötige. Das geschockte Personal des Pflegeheims sah sich diesen Vorgang perplex an und sagte nichts, als meine Mutter an ihnen vorbei hinausgeschoben wurde. »Kaum zu glauben, dass Sie das hier Pflege nennen«, meinte Anne. »Denn Sie versorgen Ihre Patienten nicht ordentlich.« Und schon war sie mit dem Krankenwagen verschwunden.

Im Krankenhaus bekam meine Mutter eine Infusion, um ihr Flüssigkeit zuzuführen, und auch etwas zu essen. Anscheinend hatte sie seit Stunden weder Essen noch Trinken erhalten. Kein Wunder also, dass sie in so schlechter Verfassung gewesen war. Von ihrer Arbeit in der Notaufnahme des Allgemeinen Krankenhauses in San Francisco wusste Anne, dass man noch mehr tun konnte. Sie kam zu dem Schluss, dass andere Ärzte sich des Falls annehmen mussten. Sie fand zwei und ersetzte den Arzt, der meine Mutter in das Hospiz geschickt hatte. Die neuen Ärzte änderten ihre Medikamente, und schon nach zwei Tagen kam es zu einer deutlichen Verbesserung. Meine Mutter war wach und sprach wieder.

Die große Frage, die sich jetzt stellte, war, wie sie nach der Entlassung versorgt werden sollte. Wie konnten wir sicherstellen, dass so etwas nicht noch einmal passierte? Wir lebten in der Bay Area, und aus Hunderten Meilen Entfernung ließ sich ihre Situation kaum überwachen. Meine Mutter brauchte einen Familienangehörigen, der über ihre Versorgung wachte, weil sie dazu selbst nicht mehr in der Lage war.

Die stets kreative Anne schmiedete einen Plan. Meine Mutter musste zu uns umziehen, aber ein Transport mit dem Krankenwagen war zu kompliziert zu organisieren. Also beschloss sie, dass wir sie selbst fahren würden. Mit ihrer Infusion und anderen Medikamenten. Das Krankenhaus war entsetzt. »Sie wollen eine Patientin über 500 Meilen ohne Krankenwagen transportieren? Das ist gefährlich.«

»Na ja, nicht so gefährlich, wie sie bei Menschen zu lassen, die sich nicht um sie kümmern«, sagte Anne. Sie überlegte sich eine Lösung, übernahm die Verantwortung für die Medikamente, mietete einen Transporter und eine fahrbare Krankentrage. Fünf Tage später nahmen wir um fünf Uhr morgens die Interstate 5 und fuhren meine Mutter von Palm Desert in die Bay Area, und zwar in ein Pflegeheim in Los Altos. Das dauerte acht Stunden, aber meiner Mutter ging es die ganze Zeit gut. Ich hatte vorab dort angerufen und gefragt, ob man meine Mutter aufnehmen würde. Das wurde mir zugesagt, obwohl es eine Warteliste gab. Aber die dramatische Vorgeschichte hatte die Verantwortlichen überwältigt.

Das neue Pflegeheim in Los Altos stellte sich als Glücksgriff heraus. Es gab dort tägliche Aktivitäten, Physiotherapie und eine gesellige Stunde. Die Patienten wurden gut versorgt. Unsere ganze Familie feierte dort mit meiner Mutter Thanksgiving. Das ist bis heute eine wunderschöne Erinnerung, die wir nicht hätten, wenn Anne damals nicht interveniert hätte. Meine Mutter lebte noch zwei Jahre, bevor sie schließlich mit 93 Jahren starb.

Annes Liebenswürdigkeit, ihr Mitgefühl und ihre Beharrlichkeit haben meiner Mutter das Leben gerettet. Sie dachte sich diese unkonventionelle Idee aus und nahm sich zwei Wochen frei, um sie zu realisieren. Mitgefühl ist ein Teil von Annes Charakter. Sie spricht nicht nur darüber oder denkt so, sondern sie lebt das auch. Sie war schon ein sehr liebevolles Kind, immer sozial denkend, immer besorgt um das kleinste Kätzchen eines Wurfs, den Hund mit einem gebrochenen Bein oder Kinder, die anscheinend keine Freunde fanden. Als sie in der Vorschule gefragt wurde, wofür sie dankbar sei, schrieb sie: »Ich bin dankbar für Kenji«, ihre damalige Freundin. Sie ist auch eine sehr fürsorgliche Mutter.

Mitgefühl und Liebenswürdigkeit gehörten immer zu meinem Blick auf die Welt. Erst viele Jahre später wurde mir klar, dass ich meine Töchter unbewusst Mitgefühl, Dankbarkeit und Vergebung gelehrt habe – einfach durch mein Verhalten, durch die Bücher, die ich ihnen vorlas, und die Filme, die ich ihnen vorschlug. Vielleicht hat das auch mit meiner eigenen Kindheit zu tun und mit all den Geschichten, die ich von meinen Eltern über ihr schwieriges Überleben von Pogromen in Russland gehört hatte. Vielleicht spielte auch der Verlust meines Bruders David eine Rolle. Aber warum auch immer, das war Teil meines Lebens: Wärme, Fürsorge und Empathie als Lebenseinstellung.

Anne nahm sich diese Lektionen zu Herzen, aber nicht nur sie. Susan und Janet taten das auch. Sie alle arbeiteten nach dem College eine Weile für eine bessere Welt. Susan in Indien, Janet in Südafrika. Das machten sie von sich aus – ohne dass ich es vorgeschlagen hätte. Während ihrer Zeit am College jobbte Anne ehrenamtlich in der Notaufnahme eines hiesigen Krankenhauses und war geschockt von den Problemen, vor denen Patienten dort standen. Daraufhin wollte sie sich erst recht ehrenamtlich engagieren. Patienten konnten nicht für sich selbst einstehen, weil sie zu krank waren, und das bedeutete oft, dass sie auch nicht die richtige Behandlung bekamen. Später arbeitete sie im San Francisco General Hospital und im Stanford Hospital und plante, Ärztin zu werden. Doch dann kam sie zu dem Schluss, mehr bewirken zu können, wenn sie keine Medizinerin würde, die nur in einem Behandlungsraum tätig sein könnte. Zuerst wollte sie einen Patienten-Anwaltschafts-Service gründen, der jeden Patienten vertreten sollte, der nicht für sich selbst sprechen konnte. Sie sah da einen echten Mangel an Mitgefühl und Fürsorge. Und zwar nicht, weil es den Ärzten und dem Pflegepersonal egal war, sondern weil diese Menschen ständig überarbeitet waren und es ihnen an Zeit fehlte. Sie waren ja ursprünglich aus Menschenfreundlichkeit in die Medizin gegangen, aber ihre strapaziösen Dienstpläne ließen keinen Raum dafür. Das ist bis heute ein großes Problem.

Statt einen Patienten-Anwaltschafts-Service zu gründen, ging Anne noch einen Schritt weiter. Sie machte etwas, das eine größere Wirkung auf alle Patienten weltweit haben sollte, indem sie ein Unternehmen gründete, das Menschen die Verantwortung für ihre DNA übertrug. Die eigene DNA zu verstehen, das ist der Schlüssel, um die eigene Gesundheit und die Vorbeugung von Krankheiten zu gewährleisten. Als Mitbegründerin und CEO von 23andMe gibt sie Millionen von Menschen Zugang zu Informationen über die eigene Gesundheit, basierend auf der Annahme, dass niemand sich mehr um uns sorgt als wir selbst. Außerdem kämpft Anne weiterhin um die bestmögliche Versorgung für jeden. Jemand, der ihr besonders am Herzen lag, war ihre ehemalige Schwiegermutter, Genia Brin, die an Parkinson leidet. Eine von Annes frühesten Aktionen war, sich mit der Michael J. Fox Foundation zusammenzuschließen, um Parkinson besser zu erforschen und Behandlungsmöglichkeiten zu finden. Das Unternehmen veröffentlichte erst kürzlich die bisher größte Metaanalyse zu Parkinson.

Eine Frage, die sich mir stellt, lautet: *Lernen Kinder heutzutage, freundlich zu sein?* Was für ein nationales Vorbild geben wir ihnen, wenn sie täglich Berichte über Razzien der Einwanderungsbehörde, über Kleinkinder, die von ihren Eltern getrennt werden, und über Immigranten, die tagelang an der Grenze festgehalten werden, lesen? Ich hoffe, dass alle Eltern, unabhängig von ihrer politischen Weltanschauung, Mitgefühl mit Einwanderern haben und mit ihren Kindern darüber sprechen. Einige Studien zeigen allerdings, dass das nicht passiert. Als Mitarbeiter der Harvard Graduate School of Education Zehntausende Kinder für das Making Caring Common Project, eine Initiative zur Förderung des Gemeinsinns von Jugendlichen, befragten, stellten sie Folgendes fest: 80 Prozent nannten Erfolg oder privates Glück als ihr oberstes Ziel; »für andere sorgen« gaben lediglich 20 Prozent als höchste Priorität an. Diese Umfrage zeigte auch: »Jugendliche stimmen mit dreimal höherer Wahrscheinlichkeit der Aussage zu, ›meine Eltern sind eher stolz auf mich, wenn ich gute Noten nach Hause bringe, als wenn ich mich fürs Gemeinwohl engagiere‹.« Nicht sehr ermutigend. Eine andere Studie der University of Michigan ergab, dass nach dem Jahr 2000 Empathie unter amerikanischen College-Studenten deutlich nachgelassen hat.[19] Einer meiner Lehrerkollegen kam zu einem ähnlichen Ergebnis, als er eine informelle Umfrage unter seinen Schülern an einer amerikanischen Public School machte. Er bat die Jugendlichen, aufzuzeigen, wenn sie in ihren Kursen TRICK erlebten. Er begann mit Vertrauen (*Trust*), und da meldeten sich noch die meisten – ein gutes Zeichen. Bei Respekt (*Respect*) und Unabhängigkeit (*Independance*): etwa die Hälfte. Zwei Drittel der Befragten gaben an, zusammenzuarbeiten (*Collaboration*). Bei der Frage nach Freundlichkeit und Mitgefühl (*Kindness*) meldete sich allerdings überhaupt niemand.

Wir sind Opfer des derzeit dominierenden Erziehungsstils – dem der Helikoptereltern –, für den Freundlichkeit und Mitgefühl keine Bedeutung haben. Zu viele Eltern richten ihre Aufmerksamkeit darauf, zu gewinnen. Unser Hauptziel ist der Erfolg unserer Kinder, unsere größte Angst, dass sie den ohne Hilfe nicht schaffen. Wir sind überzeugt davon, dass sie im Leben scheitern werden, wenn sie nicht perfekt sind. Das wäre schlecht für sie, aber noch schlechter für uns mit unseren eigenen Ängsten und Unsicherheiten. Wenn sie scheitern, scheitern auch wir – und das können wir nicht zulassen. Freundlichkeit und Mitgefühl sind aus unseren Erziehungszielen verschwunden. Amy Chua, die Tigermutter, meinte bei der Diskussion mit mir im mexikanischen Puebla sogar, dass sie sich niemals Sorgen um Freundlichkeit oder Glücklichsein gemacht habe. Sie wollte nur, dass ihre Töchter jeweils die Nummer eins waren.

Doch für diese Fixierung auf individuellen Erfolg und Perfektion bezahlen wir einen Preis. Unabsichtlich ziehen wir narzisstische Kinder groß, denen es an Liebenswürdigkeit und Empathie fehlt. Das liegt nicht in unserer Absicht, aber es passiert. Den Kindern bleibt gar keine Zeit, an andere Menschen zu denken – weil sie zu sehr damit beschäftigt sind, selbst gut zu performen. Wenn sie sich nicht hervortun, bekommen sie vielleicht nicht die nötige Liebe und Anerkennung, die sie von Ihnen, den Eltern, brauchen. Wie mitfühlend ist das? So stecken sie all ihre Energie ins Vorankommen. Das mag perfekte Noten bewirken, trägt aber nichts zu ihrer Unabhängigkeit und ihrem Selbstwert bei, und schon gar nicht führt es zu Freundlichkeit und Mitgefühl gegenüber anderen Menschen. Und wenn das alles überstanden ist, dann finden unsere Kinder sich mit hohen Ansprüchen und ichbezogen in einer Gesellschaft wieder, der individuelle Leistung über fast alles geht.

Freundlichkeit passt nicht zu dieser Art von Erziehung und auch nicht zu dieser Art von Gesellschaft. Ich denke, das liegt daran, dass Freundlichkeit zu Unrecht einen schlechten Ruf hat. Sie gilt oft als Schwäche. Wenn man freundlich ist, denken viele, nutzen die Leute einen aus. Ich habe das jahrzehntelang als Lehrerin zu hören bekommen, die versucht, mit den Schülern zusammenzuarbeiten, anstatt sie zu überwachen. Als ich die Fachschaft für Englisch an der Palo Alto High School leitete, stellte mindestens die Hälfte der Fakultät meinen Umgang mit Schülern infrage. Sie mochten meine »Strafen« nicht, weil ich damit versuchte, zu verstehen, woher das Problem des Schülers rührte, und ihm eine zweite Chance zu geben. Meine Kollegen erklärten mir dauernd: »Die machen dich fertig. Sie werden die Regeln einfach wieder missachten. Weißt du, was du dann bist? Ein Schwächling.« Ihnen war nicht klar, dass man auch mit Freundlichkeit etwas erreicht. Sie macht das eigene Leben besser, während sie auch das Leben der Mitmenschen verbessert. Ich behaupte ja nicht, man sollte nicht genau hinsehen, wenn einen jemand um Hilfe bittet. Klar, manche Leute wollen einen manipulieren, aber eigentlich spürt man doch, wenn jemand Hintergedanken hat (weil er zu beflissen ist, eine Menge Geld verlangt oder etwas verspricht, das zu gut klingt, um wahr zu sein). Es gibt auch Schlechtes auf der Welt, aber das sollte uns nicht daran hindern zu versuchen, diese Welt zu einem besseren Ort zu machen. Wir müssen einfach vorsichtig sein.

Einige der Eltern meiner Schüler sind derselben Ansicht wie meine Lehrerkollegen. Wie soll Freundlichkeit ihrem Kind helfen, es aufs College zu schaffen? Kürzlich traf ich mich mit Marc Tessier-Lavigne, dem Präsidenten der Stanford University. Er erklärte mir, die wichtigsten Eigenschaften, nach denen sie Bewerber beurteilen, seien Freundlichkeit, Mitgefühl und Gemeinsinn. Das sind Fähigkeiten, die über den Erfolg eines Studierenden in Stanford und als Bürger dieser Welt entscheiden. Colleges sagen, sie wollen keine Jugendlichen, die unbarmherzig und gemein sind. Wir sind inzwischen vielleicht in ein grausames und stark auf Konkurrenz ausgerichtetes System geraten, das wohlhabende Studierende mit Spitzenleistungen und -noten belohnt, aber der Trend kehrt sich um. Viele Colleges wenden sich von standardisierten Tests ab und betrachten den Studierenden im Ganzen und unter dem Aspekt, welche einzigartigen Talente der ganzen Gemeinschaft nützen könnten.

Freundlichkeit und Mitgefühl gelten inzwischen auch in der Geschäftswelt als entscheidend. Als Google eine entsprechende interne Studie (unter dem Namen Project Oxygen) durchführte, stellte man fest, dass diese sogenannten Soft Skills – und nicht die STEM Skills (Wissenschaft, Technik, Ingenieurwesen und Mathematik) – die Spitzenmanager von den anderen Angestellten unterschieden. Tatsächlich hatten vier der sieben am höchsten bewerteten Management-Fähigkeiten direkt mit Freundlichkeit und Mitgefühl zu tun: Empathie, Betrachtung der Mitarbeiter als Individuen mit unterschiedlichen Werten und Ansichten, Coachen und hilfreiches Feedback sowie sinnvolle Diskussion über Karrierechancen. Viele Unternehmen setzen heute auf Freundlichkeit gegenüber Mitarbeitern und Kunden. Zappos ist eines davon, Whole Foods ein anderes. Jeff Bezos, der CEO von Amazon, möchte seine Kunden glücklich sehen, deshalb tut man dort alles, um nett zu diesen zu sein. (Allerdings gibt er auch freimütig zu, dass seine Angestellten anstrengende Jobs haben – von Freundlichkeit gegenüber ihnen hört man von Amazon nicht viel.) Meine Töchter haben mich die Bedeutung von Mitgefühl am Arbeitsplatz aus erster Hand gelehrt. Janet kann eine ähnliche Geschichte wie Anne mit ihrem Kampf für Gesundheit und Wohlbefinden von Menschen vorweisen. Als sie unterversorgte Gegenden kennenlernte, wo die Menschen unter chronischen Krankheiten litten, wollte sie etwas dagegen tun. Durch ihr Engagement fand sie Zugang zu den Leuten, denen sie mit Aufklärung zum Stillen, zum Umgang mit HIV und AIDS, mit Übergewicht bei Kindern und anderen Gesundheitsproblemen helfen konnte.

In Susans Berufsleben bedeutet Mitgefühl, besser für ihre Mitarbeiter zu sorgen. Eine wichtige Sache, die sie bei Google machte, war die Einführung von Kinderbetreuung. Sie wünschte sich eine optimale Förderung, nicht nur für ihre eigenen Kinder, sondern für die von so vielen Angestellten wie nur möglich. Ihr war klar, dass Eltern zufriedener und leistungsfähiger sind, wenn sie ihren Nachwuchs in guten Händen wissen. Es war eine viel beachtete Nachricht, als sie acht Wochen voll bezahlte Elternzeit bei Google einführte. Sie arbeitete im Laufe der Jahre daran, diese Regelungen weiter zu verbessern, und inzwischen bietet Google Müttern 18 und Vätern 12 Wochen bezahlte Elternzeit an.

Google ist ein tolles Beispiel dafür, wie sich die besten Firmen um Freundlichkeit und Mitgefühl gegenüber ihrer Belegschaft bemühen. Jeder wünscht sich einen Arbeitsplatz, an dem man das Gefühl hat, dem Management ist wirklich an seiner Gesundheit und seinem Glück gelegen, und wo man leidenschaftlich an einem Projekt arbeitet.

Freundlichkeit und Mitgefühl führen zu so viel mehr als einer Zusage von einem College und einem guten Job. Liebenswürdigkeit macht die Leute um uns herum glücklich und uns selbst noch dazu. In jedem freundlichen Verhalten steckt auch ein bisschen Eigeninteresse: Es gibt uns selbst ein Gefühl von Frieden und Bedeutung, das man nicht kaufen kann. Wir müssen alle durchs Leben kommen – warum also diese Reise nicht angenehmer gestalten, vor allem, wenn wir so miteinander verbunden sind?

Die heute geradezu epidemisch verbreitete Drogensucht bietet viel Gelegenheit für Mitgefühl. Mehr Menschen denn je sind von verschreibungspflichtigen Opioiden abhängig, und es sterben mehr an einer Überdosis Drogen als zum Höhepunkt der AIDS-Epidemie. Es ist wirklich eine nationale Tragödie in Nordamerika. Eine Lösung dafür zu finden sollte im ganzen Land Priorität haben. Aber was hat das mit Mitgefühl zu tun? Untersuchungen zeigen, dass diese Süchtigen am dringendsten Mitgefühl und Zuneigung brauchen, um von ihrer Abhängigkeit loszukommen. Sie brauchen die Unterstützung von Menschen, die ihnen am Herzen liegen, nicht nur therapeutische Hilfe. Johann Haris Bestseller *Lost Connections* handelt von den wahren Ursachen von Depression und Angst, die beide zu Abhängigkeit führen können. Einige Risikofaktoren, die er aufzählt, sind Abbruch der Verbindung zu anderen Menschen, Verlust von sinnvoller Arbeit und Werten, aber auch von Status, Respekt und Hoffnung.

Jeder schätzt die Arbeit von Therapeuten und die Fürsorge von Behandlungsprogrammen, aber eine andere funktionierende Lösung ist ein unterstützendes Netzwerk aus Freunden und Verwandten. Leider tun sich viele Menschen schwer, so etwas zu finden, weil wir alle annehmen, ein Behandlungsprogramm würde das Problem schon lösen. Doch das tut es nicht, wie man an der Statistik ablesen kann: Manche Untersuchungen haben ergeben, dass über 85 Prozent derjenigen, die eine Behandlung gegen Drogenabhängigkeit bekommen haben, innerhalb des ersten Jahres rückfällig werden. Zwölf-Stufen-Programme haben sicher vielen geholfen – und tun das weiterhin –, weil sie den Glauben an einen selbst lehren, aber diese Programme brauchen auch viel Unterstützung von außen. Einer der Gründe, warum Menschen Drogen nehmen, obwohl sie wissen, wie furchtbar diese für sie sind, ist die Linderung von emotionalem oder körperlichem Schmerz. Wenn Freunde und Familie helfen können, den emotionalen Schmerz zu lindern, kann das zusammen mit einer professionellen Behandlung den entscheidenden Unterschied machen. Das wahre Wunderheilmittel gegen Sucht ist Liebenswürdigkeit.

Ich habe schon tragische Situationen mit drogenabhängigen Teenagern erlebt. Deshalb halte ich in meinen Kursen immer meinen Anti-Drogen-Vortrag. Den nenne ich aber nicht so. Darin geht es um das wichtigste Organ in unserem Körper – nicht das Herz, sondern das Gehirn. Deshalb trägt man beim Radfahren auch einen Helm. Und deshalb möchte man auch nie etwas tun, das dem Gehirn schadet, wie zum Beispiel Drogen nehmen. Es gibt noch viele andere Wege, um einen Kick zu erleben, ohne sich damit Schaden für das ganze Leben zuzufügen. Ich sorge auch dafür, dass die Jugendlichen, auch wenn sie sich wirklich stark fühlen (was gut ist), nicht vergessen, dass ihre Gehirnentwicklung noch bis Mitte zwanzig dauert. Sie sollen lieber Bungee-Jumping, Fallschirmspringen oder Autorennen (auf einer gesicherten Strecke) ausprobieren als Drogen.

Als Eltern können wir Freundlichkeit nicht als irgendeine zwar nett klingende, aber unnötige Fähigkeit abtun. Sie ist nämlich der Inbegriff dessen, was Erziehung wirklich bedeutet: Kinder auf diese Welt bringen und hoffen, dass sie sie zu einem besseren Ort machen.

ERZIEHUNG ZU FREUNDLICHKEIT

Liebenswürdigkeit ist eine Lebenseinstellung. Es ist nichts, was man ein paarmal im Jahr tut, an Weihnachten, Thanksgiving und dem Valentinstag. Es ist eine Haltung, und sie beginnt mit grundsätzlicher Höflichkeit. Höflichkeit bedeutet eigentlich, die Anwesenheit eines anderen zur Kenntnis zu nehmen. Sie ist deswegen das perfekte Gegenmittel zu unserer ichbezogenen Gesellschaft.

»Guten Morgen. Wie geht es dir heute?« So einfach, und doch so wirkungsvoll. Das sollte die typische Begrüßung sein, wenn wir die Schule, das Büro oder ein fremdes Zuhause betreten. Sagen Sie Hallo, wenn Ihr Partner, Ihre Eltern, Verwandten oder Freunde hereinkommen. Achten Sie darauf, dass Ihre Kinder das auch tun. Klingt so einfach, wird aber in vielen Familien nicht gemacht. Sehen Sie Ihrem Gegenüber in die Augen. Blickkontakt ist wichtig. Und vergessen Sie nicht zu lächeln. Hier eine seltsame Sache über Familien: Viele Leute, die diese grundsätzliche Höflichkeit außerhalb von zu Hause pflegen, verhalten sich in der eigenen Familie anders. Sie kommen rein, ohne zu grüßen, oder sehen Familienangehörige schwere Tüten schleppen, ohne ihre Hilfe anzubieten.

Andere täglich mögliche Hilfsdienste sind, jemandem beim Ausladen seines Autos zu helfen, einer Mutter mit Baby die Tür aufzuhalten, im Bus darauf zu schauen, dass eine ältere Person einen Sitzplatz bekommt, im Straßenverkehr jemanden einfädeln zu lassen oder ein guter Zuhörer zu sein. Sogar eine E-Mail mit einem Dankeschön zu verschicken ist eine wichtige Geste der Freundlichkeit. All das wirkt so geringfügig – und das ist es auch –, aber es macht einen Unterschied.

Als Eltern können wir unseren Kindern ein Vorbild in Höflichkeit sein und sie dazu anhalten, Freundlichkeit zu einem Bestandteil ihres Alltags zu machen. »Danke schön« sollte zu Hause eine gängige Äußerung sein. Ich habe meinen Töchtern beigebracht, sich bei mir, untereinander und bei allen anderen zu bedanken, die irgendetwas für sie getan haben – entweder mündlich, telefonisch oder schriftlich. Jedem Kind sollte, selbst wenn es noch klein ist, bewusst werden, dass es nette Dinge sagen kann – zu seinen Freunden, den Eltern oder anderen Erwachsenen. Es beginnt mit »Hallo«, steigert sich mit »Wie geht's?« und sollte dann zu aktivem Zuhören führen.

Dankbarkeit ist eine Form von Freundlichkeit. Sie setzt voraus, dass man andere bemerkt, erkennt, auf welche Weise sie das eigene Leben besser machen, und dann etwas tut, um die eigene Dankbarkeit dafür auszudrücken. Nach allem, was ich erlebt habe, glaube ich, dass viele Kinder heutzutage nicht mehr wissen, was Dankbarkeit ist. Vielleicht liegt das daran, dass wir so darauf fixiert sind, alles zu tun, um unsere Kinder glücklich zu machen. Wir tun dauernd Dinge für sie, und sie nehmen das als selbstverständlich hin. Eines der Hauptprobleme der Eltern von Teenagern ist ihr Bedauern darüber, die Kinder verwöhnt zu haben, indem man ihnen zu viel gegeben hat. Das ist ein sehr verbreitetes Thema. Die Kinder sind für nichts dankbar, weil sie einfach alles erwarten. Sie wollen immer mehr. Das passiert auch in Familien mit geringem Einkommen.

Dankbarkeit macht jeden glücklich: den Geber und den Empfänger. Viele Studien haben einen Zusammenhang zwischen dem Ausdruck von Dankbarkeit und einem allgemeinen Wohlbefinden nachgewiesen. Eine neue Untersuchung von 2018 ergab, dass eine dankbare Geisteshaltung zugleich das Gefühl von Hoffnung und Zufriedenheit steigert.[20] Eine andere, im

Journal of School Psychology veröffentlichte Studie kam zu dem Ergebnis, dass Heranwachsende, die mehr Dankbarkeit empfanden, optimistischer und zufriedener mit ihrem Leben waren und ein geringeres Risiko für Depressionen aufwiesen.[21] Dankbarkeit verbessert auch unser Verhältnis zu Freunden, Eltern, Kollegen oder Geschäftspartnern. Wenn Sie dankbar für die Menschen in Ihrem Leben sind, dann werden diese Menschen auch Zeit mit Ihnen verbringen wollen. Es ist ein wirkungsvolles Mittel, nicht nur um mehr Freundlichkeit in die Welt zu bringen, sondern auch um selbst ein besserer Mensch zu werden.

Um Dankbarkeit zu lehren, lebt man sie vor, genau wie Höflichkeit. Die Kinder haben Sie immer im Blick. Sie sind die wirkungsvollste Lehrkraft. Sind Sie dankbar für das, was Sie haben, werden Ihre Kinder es auch sein. Wenn Sie sich stattdessen immer beklagen, tja, dann erwarten Sie von ihnen das Gleiche. Hier noch eine Lektion, die viele Eltern sich klarmachen müssen: Sorgen Sie dafür, dass Ihre Kinder die Geschenke, die sie zu Geburtstagen oder Feiertagen bekommen, auch zu schätzen wissen. Ich sage nicht, dass Schenken an sich etwas Schlechtes ist. Für manche Familien können Berge von Geschenken unter dem Weihnachtsbaum so was wie eine Glückssträhne sein, weil es im Vorjahr nicht genug Geld für Geschenke gab. In anderen Familien reißen die Kinder ein Päckchen nach dem anderen auf, ohne jemals Danke zu sagen oder sich die Zeit und Mühe vorzustellen, die jemand darauf verwendet hat. Wir müssen unsere Kinder lehren, dass man immer dankbar sein sollte, wenn man ein Geschenk von jemandem bekommt (selbst wenn es einem nicht gefällt oder man schon so etwas Ähnliches besitzt).

Sprechen Sie mit Kindern über ihre Dankbarkeit. Wofür sind sie dankbar? Die meisten Kinder sind dankbar für ihre Eltern. Meine Töchter waren dankbar für ihre Großeltern und schrieben regelmäßig Briefe sowie Dankkarten an ihren Großvater in Polen (leider konnten wir ihm nicht persönlich danken oder ihn anrufen, weil er kein Telefon besaß). Manche dieser Briefe waren ziemlich trivial, aber sie ließen ihn an ihrem Leben teilhaben. »Heute war ich im Park und habe mit meiner Freundin Jessica gespielt. Ich hab' dich vermisst.« Sie schrieben auch an meine Eltern und Stans Mutter. Ständig wurden kleine Briefchen geschrieben, egal, ob es vorher ein Geschenk gegeben hatte oder nicht. Das war eine Möglichkeit, die Mühe eines anderen anzuerkennen und all die Menschen wertzuschätzen, die sie liebten. Die Kunst, Dankeskarten zu schreiben, sollte wirklich wiederbelebt werden.

Schon beim Schreiben denken wir über unser Leben und Verhalten nach. Meine Töchter führten Tagebücher, vor allem, wenn wir auf Reisen waren. Auch dadurch lernten sie, zu reflektieren und dankbar für all ihre Erlebnisse zu sein. Ich empfehle, dass Kinder jeden Abend vor dem Schlafengehen etwas über ihren Tag schreiben und darüber, wofür sie dankbar sind. Das ist eine gute Möglichkeit, um Übung im Schreiben zu bekommen, eine gute Möglichkeit, sich zu überlegen, wofür man Dankbarkeit empfindet, und eine gute Möglichkeit, Tagebuch zu führen. Jahre später ist das lustig zu lesen. Einige Einträge werden sicher zum Totlachen sein.

»Ich bin dankbar, dass ich heute einen Marienkäfer gefunden habe.«

»Ich freue mich, weil mein Bruder sein Eis mit mir geteilt hat.«

»Es war so aufregend, zu einer Geburtstagsparty zu gehen, wo es eine Hüpfburg gab.«

Das ist ein starkes Ritual und verstärkt sogar nachweislich die mit Dankbarkeit verknüpfte Hirnaktivität. Ich achtete auch darauf, anzuerkennen, wenn meine Kinder irgendwas im Haushalt halfen. »Du hast Mommy toll beim Saubermachen geholfen«, sagte ich immer. »Dein Zimmer sieht heute so aufgeräumt aus. Gut gemacht.« Selbst wenn es alles andere als perfekt war.

Es wäre doch wundervoll, wenn wir alle jeden Tag für das dankbar sein könnten, was wir tagtäglich im Leben haben. Aber ich bin wie die meisten anderen – ich habe dafür nicht immer Zeit. Das Leben ist zu hektisch. Aber immerhin feiert meine Familie jeden Freitagabend den Sabbat, dann besinnen wir uns auf Dankbarkeit für die ganze vergangene Woche.

In der Schule erkläre ich den Schülern, dass sie als Interviewer für die Zeitung alle Zitate doppelt auf ihre Richtigkeit überprüfen und sich bei allen, die sich Zeit für sie genommen haben, bedanken sollen. Wir achten auch darauf, unseren Inserenten zu danken. Das sind so viele wunderbare Firmen, teilweise auch ganz kleine, die den Journalismus-Unterricht seit Jahren mit Werbeanzeigen und Spenden in Form von Essen oder Dienstleistungen unterstützen. Ich erinnere meine Schüler auch daran, sich bei ihren Eltern zu bedanken, wenn diese Abendessen für die ganze Gruppe bereitstellen. Denn alle drei Wochen essen die Schüler während der Produktionsphase an drei aufeinanderfolgenden Abenden zusammen in der Schule – und das sind jeweils 60 superhungrige Jugendliche. Die Eltern sind so großzügig, diese Mahlzeiten zu spendieren. Sie können sich das Chaos vorstellen. Obwohl die Schüler hinterher aufräumen, gibt es trotzdem eine Menge Müll, auch deshalb achten wir darauf, uns beim Hausmeister zu bedanken. Er spielt für unser Programm ebenfalls eine wichtige Rolle.

DIE INNIGSTE FORM VON FREUNDLICHKEIT UND MITGEFÜHL

Als meine Töchter noch klein waren, pflegten wir traditionell den traurigsten Weihnachtsbaum zu kaufen, den wir im »Lucky National Forest« (das war der Ort neben unserem Lucky-Lebensmittelladen) finden konnten. Wir nahmen den Baum, den sonst niemand wollte, der übrig blieb. Zu Hause gaben wir uns dann die größte Mühe, ihn schön zu schmücken. Meine Töchter liebten das. Unser ursprünglicher Baumschmuck bestand aus zerschnittenen Eierkartons, die die Kinder bemalten und mit Glitzer beklebten, erst mit den Jahren kamen raffiniertere Dekorationen dazu. Ohne uns dessen wirklich bewusst zu sein, lehrten wir Mitgefühl. Stan und ich zeigten den Kindern, wie sie nicht nur auf sich, sondern auch auf andere Lebewesen (in diesem Fall Bäume) und deren Gefühle schauten. Sie trösteten und versorgten Tiere ebenso wie unsere Weihnachtsbäume. Und dieses Mitgefühl brachten sie allen Menschen entgegen, ob Familie oder Freunden, irgendeinem bedürftigen Patienten in der Notaufnahme oder einer jungen Mutter in einem Armenviertel, die Probleme bei der Versorgung ihres Kindes hatte.

Es gibt viele einfache und unterhaltsame Aktivitäten, um Kindern Mitgefühl beizubringen. Zu Hause können Eltern Kinder zum Rollenspiel motivieren. Alles, was man dazu tun muss, ist, den Anfang einer Geschichte, ein Kleidungsstück oder Spielzeug bereitzustellen, dann erfinden Kinder ihre eigenen Figuren, Welten und Universen. Das kostet nichts, und Kinder lieben es. Wenn Kinder so tun, als ob sie jemand anders wären, dann lernen sie, wie es sich anfühlt, in der Haut eines anderen zu stecken. Dadurch gewinnen sie Abstand zu sich selbst, den man braucht, um Empathie zu empfinden. Dorothy und Jerome Singer, die über die kindliche Entwicklung forschen, erklären das so: »In verschiedene Rollen zu schlüpfen gewährt Kindern die einzigartige Möglichkeit, soziale Fähigkeiten wie Kommunikation, Problemlösung und Mitgefühl zu erwerben.« Das ganze Verkleiden und durchs Haus Toben, das nach »verrücktem Treiben« aussieht, hilft also in Wirklichkeit, eine sehr wichtige Fähigkeit zu erlernen.

Kinder regelmäßig speziell Bücher über Freundlichkeit und Mitgefühl vorzulesen, ist eine weitere nützliche Betätigung. Wir sollten uns alle wieder an die Macht von Märchen und Geschichten erinnern. Wissenschaftliche Untersuchungen haben gezeigt, dass das Lesen von ausgedachten Geschichten und die Betrachtung der Gefühle dieser Figuren Kindern dabei helfen, Mitgefühl zu entwickeln. Einige meiner Lieblingskinderbücher sind: *Der Regenbogenfisch* über einen wunderschönen Fisch, der glücklich wird, als er lernt zu teilen; *Tikki Tikki Tembo*, in dem ein Junge seinen Bruder rettet; und Shel Silversteins *Der Baum, der sich nicht lumpen ließ*, der Klassiker über Liebe und Selbstlosigkeit. Kinder lieben diese Bücher, weil ihnen die Emotionen darin vertraut sind und sie sich mit den Figuren identifizieren können. Genau wie beim Rollenspiel können sie sich vorstellen, ein anderes Leben zu führen. Vergessen Sie deshalb nicht, über die Figuren, ihre Entscheidungen und Gefühle zu sprechen. Stan und ich haben das jeden Abend getan (na gut, fast jeden Abend). Wir lasen den Kindern vor und redeten dann anschließend über die Geschichten. Darüber sprechen, was man gelesen hat, das war vor dem Internet so üblich. Das habe ich nicht speziell getan, um Mitgefühl zu erzeugen. Ich habe es gemacht, um meinen Kindern etwas über die Welt beizubringen, über andere Kulturen, Reisen, über Geschichte. Es hatte dann diesen zusätzlichen Nutzen.

Noch ein Tipp für Familien: Legen Sie sich ein Haustier zu. Haustiere sind eine wundervolle Möglichkeit, um Mitgefühl (und Verantwortung) zu lehren. Wir hatten verschiedene Haustiere: einen Golden Retriever namens Truffle, zwei Katzen und drei Ratten. Die Mädchen mussten mit Truffle jeden Tag spazieren gehen und die Hündin füttern. Sie spielten auch mit ihr, bürsteten ihr Fell und umarmten sie. Sie versorgten auch die Katzen und Ratten. Unsere Haustiere waren Teil der Familie und wurden in alles miteinbezogen. Sie bekamen sogar Weihnachtsgeschenke. Das brachte meine Töchter dazu, nicht nur an sich zu denken, sondern darauf zu achten, dass alle gut versorgt waren.

In einem Sommer beschlossen wir, dass Truffle Junge haben sollte. Wir brachten sie mit einem hübschen Golden Retriever aus Oakland zusammen, und sie gebar acht zuckersüße Welpen. Das war so aufregend. Die Mädchen konnten ihr Glück kaum fassen und nahmen ihre neue Verantwortung sehr ernst. Täglich versorgten sie die Welpen und sahen ihnen beim Großwerden zu. Wir überließen ihnen die ganze Garage, damit sie sich darin ausbreiten konnten. Die Mädchen achteten darauf, dass Truffle reichlich Futter und Wasser hatte, die Welpen ordentlich tranken und alle etwas zum Spielen hatten. Zeitweise waren wir das beliebteste Haus im ganzen Viertel. Zwei Monate später halfen meine Töchter, für jeden Welpen ein Zuhause zu finden, und überlegten sich, wie man mit den neuen Besitzern in Verbindung bleiben konnte. Sie wollten sichergehen, dass alle Hunde ein schönes Leben haben würden.

Mitgefühl ist bei Kindern etwas ganz Natürliches. Wenn wir es ihnen vorleben, folgen sie unserem Beispiel.

FREUNDLICH SEIN, AUCH WENN ES SCHWERFÄLLT

Vor Jahren hatte ich einen Schüler, Dominic, der aus einer armen Familie in East Palo Alto stammte und versehentlich in der neunten Jahrgangsstufe in meinen Englischkurs für besonders Begabte kam. Er gehörte dort nicht wirklich hin und hatte sich auch nicht dafür angemeldet. Das Computersystem hatte einen Fehler gemacht. Seine Leistungen waren unterdurchschnittlich, und deshalb hätte er in den Förderunterricht für schwächere Schüler gehört.

Dominic war ein wütendes Kind von der Sorte, die die Schule für hoffnungslose Fälle hielt. Er war aggressiv und scheinbar grundlos unfreundlich. Ich konnte sehen, dass das aber nur eine Reaktion darauf war, wie er sein Leben lang behandelt worden war. Von Beginn an machte ich mir Sorgen um ihn.

Als ich den Fehler bemerkte, waren zwei Schulwochen vergangen. Er hatte schon Vertrauen zu mir gefasst. Ich fragte ihn, ob er in einen einfacheren Kurs wechseln wolle. »Auf keinen Fall«, sagte er.

»Tja, dann musst du ein bisschen was aufholen«, sagte ich. Dominic nahm die Herausforderung an. Er begann schon, sich als eine andere Sorte Schüler zu betrachten. Vielleicht als jemand, der es in dieser Welt schaffen konnte – einfach nur, weil ich ihm in meinem Kurs Vertrauen und Respekt entgegenbrachte. Ich behandelte ihn wie alle anderen, weil er das ja auch war. Nur hatte ihn bisher noch niemand so gesehen. Die Energie, die er früher in Negativität investiert hatte, verwendete er jetzt darauf, schulisch aufzuholen. Erstaunlich, was ein bisschen Freundlichkeit bewirken kann.

Dominic hatte mehr als nur ein bisschen was aufzuholen. Er musste das ganze Schuljahr hindurch jeden Tag nach dem Unterricht länger bleiben, um mit mir seine Lese- und Schreibfähigkeit zu verbessern. Danach wollte er in meinen Journalismus-Unterricht. Da war also dieses Kind, das die Schulbehörde für unterdurchschnittlich hielt und das jetzt nicht nur durchschnittlich sein, sondern über sich hinauswachsen wollte. Eine verblüffende Entwicklung.

Dominic kam tatsächlich in mein Programm. Ich gab ihm einen alten Computer von uns zu Hause, damit er mit der Arbeit nachkam, und er schloss eine Menge neuer Freundschaften. Der Journalismus-Unterricht ist eine Gemeinschaft aus Schülern, die sich gut kennen und umeinander kümmern. Er wirkte dort ziemlich glücklich, aber es war kein Spaziergang für ihn. Im Schreiben das Niveau zu erreichen, das die Zeitung forderte, war hart, und von seinen Mitschülern kritisiert zu werden noch härter. Aber da ja alle im selben Boot saßen, nahm Dominic es nicht persönlich und arbeitete weiter hart an seinen Artikeln. An einem gewissen Punkt wurde ihm der Druck jedoch zu viel. Er wollte performen, glaubte aber nicht, es zu können. Eines Tages berichtete ein Schüler im Kurs, dass jemand einen Artikel im *Campanile* irgendwo abgeschrieben hätte. Woher er das wusste? Er hatte ihn selbst online woanders gelesen ... exakt denselben Artikel. Ich erfuhr, dass unseren Artikel Dominic »geschrieben« hatte.

Dominic war verlegen und entschuldigte sich reumütig. »Ich hatte keine Zeit und konnte ihn nicht selbst schreiben«, erklärte er mir. »Ich dachte, niemand wird es merken.«

Wir sprachen darüber, wie wichtig es ist, seine Arbeit selbst zu machen, und ich entschied, ihn für eine Ausgabe der Zeitung aus dem Team zu suspendieren. Ich musste deutlich machen, wie schlimm so ein Plagiat war, aber ich wollte ihn nicht blamieren oder die Wut neu entfachen, die er empfunden hatte, als er neu in meinen Kurs gekommen war. Ich wusste ja, warum er abgeschrieben hatte. Ich konnte die Dinge aus seiner Perspektive sehen. Und was er am dringendsten brauchte, war ein bisschen Mitgefühl und Verständnis, wenn er auf seinem neuen Weg bleiben sollte. Da brauchte er niemanden, der auch noch auf ihn losging. Davon hatte er in seinem Leben offensichtlich schon genug gehabt. Das sind die wichtigsten Momente als Eltern und Lehrer: Anstatt wütend auf ein Kind zu sein, suchen Sie das Gespräch mit ihm und bemühen Sie sich, seinen Standpunkt zu verstehen. Überprüfen Sie: Bringen Sie etwas Mitleid auf? Können Sie auch in Extremsituationen Freundlichkeit zeigen? Ich bin froh, berichten zu können, dass meine Methode funktioniert hat. Dominic hat danach nie wieder ein Plagiat abgeliefert.

In der zwölften Klasse beschloss Dominic, dass er aufs College wollte. Er war damit der Erste in seiner Familie. Ich half ihm, ein Stipendium an einem College an der East Coast zu bekommen, und dann war er auch schon fort. Heute arbeitet er in

New York im Einzelhandel. Er hat nicht nur sein eigenes Leben verändert, sondern auch das Leben und Selbstbild seiner ganzen Familie.

Einige Jahre später hatte ich einen anderen Schüler, der wegen Alkohol auf dem Campus fast von der Schule geflogen wäre. Man hatte ihn und seine Freundin mit Alkohol in der Dunkelkammer erwischt. Die beiden waren an sich gute Kinder, die sich schrecklich schämten. Die Campusaufsicht wollte sie gerade zum Büro des Direktors bringen, als ich mich einmischte und meinte: »Lassen Sie mich das regeln.« Im Direktorat hätte man sie wohl für mehr als eine Woche suspendiert. Und das bedeutet, dass man Arbeiten nicht nachschreiben kann, in den Kursen ständig hinterher ist und sich das auf alle Noten auswirken kann. Jeder kann sich vorstellen, wie schlimm das für die Jugendlichen ist.

Ihre Bestrafung folgte meinem üblichen Schema: ein Gespräch, einen Aufsatz schreiben, nach dem Unterricht dableiben und mir helfen. Sie halfen auch anderen Schülern, die Unterstützung bei ihren Artikeln brauchten. Ich nahm ihr Fehlverhalten nicht persönlich. Ich war hart im Nehmen und hatte meine Prinzipien, nur sahen meine Konsequenzen eben etwas anderes als Suspendierung vor. Ich verzieh ihnen ihr kleines Abenteuer in der Dunkelkammer und gewährte ihnen die Chance, es wiedergutzumachen.

Ein großer Teil von praktizierter Freundlichkeit und Mitgefühl besteht darin, nicht zu vergessen, dass Kinder Erwachsene in Ausbildung sind. Sie lernen noch – und machen Fehler. Hier kommt Vergebung ins Spiel. Lehrer und Eltern müssen wissen, dass Regelverletzungen und Fehler nötige Angriffe auf uns sind. Manchmal handelt es sich um eine für Teenager typische Fehleinschätzung. Ja, diese Fehler können schmerzhaft und frustrierend sein, aber einen Groll hegen, überreagieren und harsche Strafen verhängen, das verlängert den Schmerz und die Wut nur.

Versuchen Sie, stattdessen freundlich und verzeihend zu reagieren. Erinnern Sie sich, was *Sie* in dem Alter getan haben. Es bedeutet nicht, dass Sie schwach sind oder keine Prinzipien haben. Es bedeutet, dass Sie standhaft sind, aber auch genug Persönlichkeit haben, um zu verzeihen.

Aber was, wenn ein Kind ein anderes attackiert? Das kann auf vielerlei Arten geschehen. Ich hatte einmal eine Schülerin, die wegen ihres Übergewichts gemobbt wurde. Sie trug oft unmodische Kleidung – irgendein T-Shirt und schäbige Jeans. Teenager können unbarmherzig sein, wenn es um die äußere Erscheinung geht. Sie machten sie auf Facebook lächerlich. Die Schülerin weinte und war sehr verzweifelt. Ich versuchte, den Post entfernen zu lassen, aber das war ziemlich schwierig. (Das Ganze passierte vor sechs Jahren.) Ich schickte die Aufforderung an Facebook, die Kommentare zu entfernen, doch dort reagierte man nicht. Also rief ich Leute an, die ich bei Facebook kannte, ehemalige Schüler, und schilderte ihnen das Problem. Schließlich wurde der Inhalt entfernt – und dann kümmerten wir uns um den Mobber. Aber nicht jeder hat Beziehungen zu Facebook. Da hatte ich Glück. Heute arbeiten Facebook und andere Plattformen der sozialen Medien hart daran, Online-Mobbing einzudämmen. Die seelische Gesundheit unserer Kinder steht dabei auf dem Spiel.

Niemand möchte, dass das eigene Kind andere mobbt. Die meisten Eltern sind entsetzt, wenn ihr Kind sich als Täter erweist. Trotzdem passiert es andauernd. Gemäß dem Bureau of Justice Statistics wurden 28 Prozent der Sechst- bis Zwölftklässler in den USA schon einmal gemobbt. Wahrscheinlich sind es sogar noch mehr, weil Mobbing oft nicht gemeldet wird. Und natürlich erstreckt sich Mobbing inzwischen auch auf die digitale Welt. Eine Studie des Cyberbullying Research Center von 2016 ergab, dass 34 Prozent der Zwölf- bis 17-Jährigen in ihrem Leben schon einmal Online-Mobbing ausgesetzt waren. Ärzte weisen auf eine Vielzahl von Gründen für Mobbing hin: ein schwieriges Verhältnis zu den Eltern, geringes Selbstwertgefühl, Mangel an Disziplin und fehlender Rückhalt bei den Altersgenossen. Manchmal sind Mobber selbst Opfer von Mobbing. Und manchmal ahmen die Kinder nur das Verhalten ihrer Eltern nach. Cybermobbing hat es noch schlimmer gemacht, weil die Kommentare dort oft anonym sind. Wir können also ohne irgendwelche Konsequenzen anderen Grausamkeiten zufügen. Wir verlieren die normale Höflichkeit, weil es so einfach ist, andere Menschen zu verachten. In vielen Fällen verschwinden Mitleid und Empathie gänzlich. Und dann sind da noch gewalttätige Videospiele. Welchen Einfluss haben die? Müssen unsere Kinder wirklich die Menschen zählen, die sie in solchen Spielen getötet haben? Es gibt Studien, die behaupten, Videospiele hätten keinen negativen Einfluss auf Jugendliche, aber ich stelle solche Studien infrage. Gewalt in jeglicher Form verhärtet Jugendliche. Sie lehrt das genaue Gegenteil von Mitgefühl und kann Mobbing definitiv begünstigen.

Es gibt noch etwas anderes, das ich durch jahrzehntelanges Unterrichten gelernt habe: Das Gespür für Humor entwickelt sich erst spät. Teenager verstehen oft nicht, was witzig und was grausam ist. Wir haben früher eine Ausgabe der Zeitung zum 1. April herausgebracht, aber mir wurde im Laufe der Jahre klar, dass ich bei meinen Highschool-Schülern nicht darauf vertrauen konnte, dass sie den richtigen Ton trafen. Sie fanden es in Ordnung, sich über den Sprachfehler von jemandem lustig zu machen. Ich habe ihnen beigebracht, dass das nicht richtig war. Es war zu schwierig, das alles zu überwachen, und so brachen wir mit dieser Tradition. Sie lernen zwar mit der Zeit, aber Probleme mit Humor können auch zu Grausamkeiten unter Heranwachsenden führen.

Im Grunde genommen ist Mobbing der Ausfall von Mitgefühl, der unangenehme Wahrheiten über das Wesen des Menschen zum Vorschein bringt. Wir scheinen uns diejenigen dafür auszusuchen, die aus der Masse herausstechen. Manchen Kindern, die gemobbt werden, fehlen bestimmte Fähigkeiten – im schulischen oder sozialen Bereich. Kinder, die in irgendeiner Weise ungeschickt sind, sind gleichzeitig auch besonders verletzlich. Sie sehen komisch aus, sagen die falschen Sachen und haben Mühe bei der Interaktion mit ihren Altersgenossen. Das bemerken die anderen. Der Ausdruck Schadenfreude – im Englischen benutzt man dafür übrigens das deutsche Wort – kommt mir da in den Sinn, das Vergnügen, jemand anderen in Not oder leiden zu sehen. Das ist traurig, aber es gehört zum menschlichen Verhalten.

Im positiven Sinne aufzufallen, das kann auch ein Problem sein. Ich hatte mal eine Schülerin, die den Preis für Physik des Bundesstaats gewonnen hatte, sich jedoch weigerte, anderen Schülern davon zu erzählen. Sie fürchtete, ausgelacht zu werden oder Neid zu wecken. Und Neid ist, wie Untersuchungen bewiesen haben, oft der Ausgangspunkt von Schadenfreude. Man wird eifersüchtig auf den Erfolg des anderen und lauert dann darauf, dass derjenige scheitert. Eltern und Schule sollten Kinder über diese angeborenen Neigungen aufklären. Zwar können wir vielleicht unser grundlegendes Wesen nicht ändern, aber sich dessen wirklich bewusst zu sein könnte unseren Umgang miteinander revolutionieren.

Doch selbst wenn alle Kinder darüber Bescheid wissen, wird es immer noch zu Mobbing kommen. Wenn das passiert, tue ich alles in meiner Macht Stehende, um es zu stoppen. Das gilt für jegliches negatives Verhalten in meinem Klassenzimmer. Zuerst halte ich den Kindern einen Vortrag – weil ich einfach immer noch die Englischlehrerin bin, die eine Geschichte erzählt. Im Grunde genommen rede ich von einem Kind, das gemobbt wurde, und davon, wie das sein ganzes weiteres Leben beeinflusst hat. Ich ändere das jedes Mal ein bisschen ab, damit der

Kurs genau das zu hören bekommt, was er braucht. Jugendliche denken nicht über weitreichende Konsequenzen ihres Verhaltens gegenüber anderen Schülern nach. Aber sobald ich davon anfange, halten sie inne und hören zu. Am wichtigsten ist wohl, dass die Kinder mich täglich Akzeptanz ausüben sehen. Mir ist egal, woher jemand kommt – ob aus China, Afrika oder East Palo Alto. Das Kind gehört in meinen Kurs, und seine Meinung zählt. Die Schüler erleben mich nur energisch, wenn ich das Recht eines jeden verteidige, hier zu sein und integriert zu werden.

Ich passe bei meinen Vorträgen sehr auf, um das Opfer nicht herauszuheben. So ein Kind braucht ja nicht noch mehr Stress. Oft spreche ich nach dem Unterricht mit ihm. Dann sage ich so etwas wie: »Lass uns darüber sprechen, was heute im Unterricht passiert ist. Gibt es irgendwas, das ich tun kann, um dir zu helfen?« Meist lautet die Antwort dann: »Keine Ahnung.« Darauf sage ich: »Lass uns drüber reden. Ich habe so was schon öfter gesehen und kann dir helfen.« Das funktioniert meist.

Ich rede auch mit dem Mobber, ebenfalls nach dem Unterricht. Auch Mobber brauchen Mitgefühl. Sie benehmen sich meist so, weil sie selbst schon gemobbt wurden oder Freude daran haben, jemand leiden zu sehen. Sie haben dieses Verhalten von irgendwem gelernt. Was diese Jugendlichen brauchen, ist jemanden, der ihre Beweggründe und ihr Verhalten versteht. Sie müssen auch erfahren, wie verletzend Mobbing sein kann, welchen lang anhaltenden psychologischen Schaden es möglicherweise anrichtet. Wollen Sie wirklich dafür verantwortlich sein, das Leben eines anderen Jugendlichen zerstört zu haben?

Wenn Ihr Kind gemobbt wird, müssen Sie einschreiten. Kinder sind zu jung und zu verletzlich, um mit bösartigem Mobbing allein fertigzuwerden. Versuchen Sie es auf jedem sich Ihnen bietenden Weg. Das Ganze ist wirklich hart, und es gibt keine simplen Lösungen, aber ich möchte Ihnen ein paar Tipps geben. Reden Sie mit der Schulleitung und dem Lehrer. Alle Schulen sind aktiv gegen Mobbing tätig, aber trotz dieser Programme passiert es nach wie vor. Manchmal bekommt man auch keine positive Rückmeldung von der Schule, dann sollten Sie es weiter versuchen. Das ist Ihre Gelegenheit zu lernen, wie man nervt und genug Alarm schlägt, damit sich jemand um die Sache kümmert. Reden Sie unbedingt auch mit Ihrem Kind darüber, warum Mobbing stattfindet, wie es sich auf Menschen auswirken kann, dass Kinder manchmal gemein sind und nicht kapieren, was sie da anrichten. Die Betroffenen müssen wissen, dass sie nicht allein sind, dass viele Leute Opfer von Mobbing sind und dass sie die Kraft haben, sich dagegen zu wehren. Manchmal kann es helfen, mit den Eltern der Mobber zu sprechen, sofern diese bereit sich, sich einzumischen. Sie können auch mit den Freunden Ihres Kindes und deren Eltern sprechen, um den Kreis seiner Unterstützer zu stärken. Vor allem aber sollten Sie sicherstellen, dass Ihr Kind weiß, es kann Sie immer um Rat fragen.

Was ist noch schlimmer, als gemobbt zu werden? Ausgeschlossen zu werden. Eine Umfrage unter mehr als 10.000 australischen Schülern ergab, dass soziale Ausgrenzung in enger Verbindung zu psychologischen Problemen von Heranwachsenden und emotionalem Unwohlsein steht.[22] Meine Schüler haben dauernd damit zu kämpfen. Oliver Weisberg, einer meiner Schüler in den 1990er-Jahren, war ein toller Junge, hatte aber seine Schwierigkeiten, in der neunten Klasse dazuzugehören. Er war damals von einer anderen Highschool gekommen und schrieb in seinem ersten Jahr einen Aufsatz darüber, wie es ist, *Freshman* zu sein und sich ausgeschlossen zu fühlen. *Der Schmerz, ein Niemand zu sein* betitelte er seinen Text. Er beschrieb darin, wie schwer es sei, der Neue in der Klasse zu sein. Oder wie es sich anfühlte, wenn andere gezielt jemanden zu sich nach Hause einluden, während Oliver zuhörte, aber selbst nicht eingeladen wurde. Oder wie man das lustige Wochenende unter Freunden schilderte und dabei darauf achtete, dass Oliver es mitbekam. Ich erinnere mich nach so vielen Jahren noch daran, weil sein Aufsatz aus tiefstem Herzen kam und nicht nur für Oliver, sondern für jedes Kind galt. Ausgeschlossen zu sein, das ist eines der schlimmsten Gefühle überhaupt. Daher gilt die Exkommunikation ja auch in den meisten Religionen als schlimmste Strafe und Isolationshaft als schlimmste Strafe im Gefängnis. Verlassenheit ist eine der größten Ängste von Kindern. Ausgeschlossen zu sein triggert sie.

Wenn ich isolierte Kinder und Jugendliche sehe, erinnert mich das daran, wie absolut dringend wir Freundlichkeit, Mitgefühl und Gemeinschaft brauchen. Eine meiner wichtigsten Abwehrmaßnahmen gegen Ausgrenzung sind gemeinschaftsfördernde Übungen zu Beginn jedes Schuljahres. Ich möchte, dass alle Kinder dazugehören, wie bei einer einzigen großen Familie. Eine andere Übung, die ich vor Jahren in meinen Kursen mit Neuntklässlern eingeführt habe, funktioniert so: Jeder schreibt auf eine Karteikarte die Namen von drei anderen, die er in seiner Gruppe haben möchte. Ich lese dann für mich alle Karten und suche nach Kindern, die auf keinen Karten stehen. Sehr genau achte ich darauf, dass sie in Gruppen kommen und alle sich verstehen. Ich spreche auch in den Kursen regelmäßig über Inklusion ohne Rücksicht auf ethnische Herkunft, intellektuelle Fähigkeiten oder Aussehen. Ich erkläre, dass gerade Freundschaften ganz unterschiedlicher Menschen spannend sind. Und ich stelle klar, dass alle wissen, sie wollen nicht dafür verantwortlich sein, dass irgendwer ein trauriges Leben führt oder, noch schlimmer, sich das Leben nimmt.

In diesem Frühling bekam ich eine Dankeskarte von einem Schüler, der schrieb: »Sie sind nicht bloß Lehrerin, Sie kümmern sich um uns als Menschen.« Das stimmt. Ich kümmere mich um vieles. Mich kümmert, was sie essen, wie es um ihre emotionale Gesundheit bestellt ist, welche Pläne sie für die Zukunft haben. Meine Schüler betrachten mich als Freundin. Ich weiß, dass viele Lehrer das unangemessen finden. Pädagogische Hochschulen raten Lehrern nach wie vor, Distanz zu wahren, insbesondere in der heutigen Zeit, wo Lehrer fürchten, zu freundlich zu sein.

Ich bin dankbar dafür, dass manche Schulen diese Haltung inzwischen überdenken. Bei Freundlichkeit geht es um die ganze Welt, nicht nur um unser privates Glück. Es geht um das Glück von allen. Schließlich fällt es doch schwer, glücklich zu sein, während andere leiden. Was ich tue, ist einfach: Ich bringe meinen Schülern so viel Freundlichkeit und Mitgefühl wie möglich entgegen und hoffe, dass sie diese quasi in die ganze Welt reflektieren. Ein netter Vorteil ist, dass diese Freundlichkeit immer auch zu mir zurückkommt. Dominic, der als Schüler aus Versehen in meinen Kurs kam, ist eine tolle Erinnerung daran. Seit er seinen Abschluss gemacht hat, bekomme ich alljährlich Blumen von seiner Mutter geschenkt. Sie hat nie vergessen, wie mein Unterricht ihren Sohn verändert hat. Viele Lehrer haben solche Geschichten erlebt. Das sind die Erinnerungen, die uns bei diesem Beruf bleiben lassen. Weil es nichts Erfüllenderes gibt, als einem Kind durch Freundlichkeit zum Erfolg zu verhelfen. Dadurch kann man ein Leben für immer verändern.

9

Zeigen Sie Ihrem Kind, dass sich Einmischung lohnt

Gleich nach Janets Geburt 1970 und dem Umzug in unser neues Haus auf dem Campus von Stanford ging ich in die Palo Alto Library, um mir ein Buch auszuleihen. Allerdings erfuhr ich dort, dass diese Bibliotheken nur für Einwohner von Palo Alto zugänglich waren. Stanford gehört nicht zu Palo Alto; es ist ein gemeindefreies Gebiet im Santa Clara County. Man riet mir also, stattdessen die Santa Clara County Library zu besuchen, die ein paar Meilen entfernt liegt. Das schockierte mich, denn die Kinder aus der Gegend von Stanford gingen auf die öffentlichen Schulen in Palo Alto. Ich dachte mir: *Das ist gegenüber den Kindern aus Stanford wirklich unfair. Sie haben nicht denselben Zugang zu wichtigen Einrichtungen*. Ich war wütend und begann zu überlegen. Was konnte ich tun, um diese Regelung zu ändern?

Mit zwei Kindern im Schlepptau besuchte ich die öffentlichen Stadtratssitzungen von Palo Alto sowie die Campusversammlungen in Stanford und trug dort mein Anliegen vor. Ich glaube, es half, dass ich meine Kinder dabeihatte. Es erwies sich als leicht zu gewinnende Schlacht, weil mir zum Glück alle zustimmten. Ich bekam den Eindruck, dass alle sich schon vorher Gedanken darüber gemacht hatten, und mir wurde klar, dass manche Veränderungen leichter zu bewerkstelligen sind, als wir denken. In diesem Fall musste ich nichts anderes tun, als das Problem zu erkennen und es den Verantwortlichen vortragen. Heute haben alle Schüler der Schulen von Palo Alto, unabhängig von ihrem Wohnort, Zugang zu den wunderbaren Bibliotheken von Palo Alto.

Als die Mädchen etwas älter waren, nahm ich es auf mich, Stanford vom Bau eines Spielplatzes zu überzeugen. Es gab 160 Familien in unserer Community namens Frenchman's Hill. Wir brauchten einen Ort, wo die Kinder sich treffen und die Familien einander kennenlernen konnten. Dazu sind Spielplätze da, also warum hatten wir keinen? Ich glaube, er war einfach vergessen worden. Also begann ich Werbung zu machen, schrieb Briefe, organisierte Termine, traf Leute und ließ eine Petition von vielen Eltern unterschreiben. Das Faculty Staff Housing Committee und das Land and Building Development Committee stimmten dem Spielplatz schließlich zu – unter der Bedingung, dass *ich* ihn entwarf. Wow, ich war begeistert. Dieser Teil der Aktion machte richtig Spaß. Ich erinnere mich, dass ich Kataloge mit Spielgeräten durchforstete und mich bemühte, den bestmöglichen Spielplatz zu designen. Der Esther Wojcicki Playground wurde ein Riesenerfolg. Das Klettergerüst sah aus wie eine hübsche Burg. Die Kinder kletterten unten durch ein Loch hinein und konnten auf dem Weg nach oben durch kleine Fenster nach draußen schauen. Wir stellten qualitativ hochwertige Schaukeln und Schaukelpferde auf und ließen eine Rutsche in den Hang bauen, die eine große Attraktion wurde.

1975 rief ich eine Babysitter-Initiative ins Leben, um den dringenden Bedarf an Babysittern auf dem Campus von Stanford zu decken. Jeden Monat kümmerte sich jemand anderer um die Organisation, und alles, was man tun musste, war anrufen, eine andere Mutter oder einen anderen Vater zum Aufpassen zu sich bitten und dann die Gefälligkeit erwidern, wenn man selbst Zeit hatte. Diese Initiative erzeugte ein wunderbares Gemeinschaftsgefühl und schenkte so vielen Eltern ein bisschen Zeit für sich selbst. Ich bin stolz, sagen zu können, dass die Initiative mehr als zehn Jahre funktionierte. Einige Jahre später, genauer gesagt

1980, überwachte ich eine umfassende Renovierung des Schwimmbads der SCRA (Stanford Campus Recreation Association). Ich organisierte die Neuverlegung der Rohre, das Verputzen des Beckens danach, die Verlegung einiger Spielgeräte und die Verschönerung des Klubhauses.

Immer war ich auf der Suche nach Verbesserungen und bot, wo nötig, meine tätige Hilfe an. Ich hielt es für meine Pflicht, etwas beizutragen und unsere Gemeinschaft besser zu machen. So empfinde ich heute noch. Wenn jeder nur herumsitzt und redet, passiert nichts. Ich war schon immer eine Macherin. All das hat meine Töchter beeinflusst. Und zwar nicht, weil ich ihnen Vorträge über die Bedeutung des Diensts an der Gemeinschaft gehalten habe oder auch nur weil ich ihnen ein Vorbild sein wollte – es passierte einfach, weil ich mich gekümmert habe. Ich versuchte, ihnen durch mein Handeln zu zeigen, was sie erreichen könnten. Diese Einstellung ist wichtig, um ein gutes Leben zu führen, aber damals war mir die tiefe Wirkung auf das Wohlbefinden von Kindern noch nicht bewusst. Inzwischen hat das eine Reihe interessanter Studien bestätigt. Teenager, die als Freiwillige mit jüngeren Kindern arbeiteten, litten nicht nur weniger unter Stimmungsschwankungen, sondern senkten auch ihr Risiko für Herz-Kreislauf-Probleme, wie eine im *Journal of the American Medical Association* veröffentlichte Untersuchung ergab.[23] Eine indische Studie von 2016 belegte, dass Teenager, die Freiwilligendienst leisten, mit geringerer Wahrscheinlichkeit irgendetwas Illegales tun und auch später im Alter zwischen 24 und 34 seltener verurteilt oder eingesperrt werden.[24] Wird im Unterricht viel Wert auf soziale und emotionale Fähigkeiten gelegt und verhilft man den Kindern dort zu einer funktionierenden Gemeinschaft, dann erbringen insbesondere benachteiligte Schüler in standardisierten Tests überdurchschnittliche Leistungen.[25] Wir wissen, dass auch der Umkehrschluss zutrifft. Wenn es nicht gelingt, Beziehungen aufzubauen und sich in einer größeren Gemeinschaft nützlich zu machen, kann sich das auf die körperliche wie auch die seelische Gesundheit auswirken. Wissenschaftler haben bereits behauptet, dass Einsamkeit ein größeres gesundheitliches Risiko ist als Übergewicht. Eine Studie belegte, dass Teilnehmer mit stärkeren Bindungen zu anderen Menschen eine fünfzig Prozent größere Chance auf ein längeres Leben hatten.[26] Das Gefühl, dazuzugehören, kann also über Leben und Tod entscheiden.

Aber wie viele von uns denken daran, wenn es um Kindererziehung geht? Wie viele von uns schreiben sich irgendetwas auf die Fahnen und zeigen unseren Kindern konkret, wie man sich für die eigene Gemeinschaft einsetzt? Wie viele Kinder fühlen sich stark genug, um es mit den größten Herausforderungen unserer Zeit aufzunehmen, und finden einen Weg, selbst etwas beizutragen? Zeigen wir unseren Kindern tatsächlich, wie man anderen hilft, oder lehren wir sie, sich in ihr eigenes Leben zu flüchten?

Es ist traurig, das so sagen zu müssen, aber ich habe festgestellt, dass immer mehr Jugendliche total auf *sich* fixiert sind. Wohin *sie* aufs College wollen, welche Urlaube *sie* machen wollen, was *sie* kaufen wollen. Manchmal kommt es mir vor, als würden wir eine Nation und eine Welt aus Narzissten ausbilden. Und ich glaube, es ist nicht zu weit hergeholt zu behaupten, dass die Helikopter-Erziehung viel dazu beigetragen hat. Kinder wachsen mit dem Gefühl auf, der Mittelpunkt des Universums zu sein. Sie werden von ihren Eltern herumkutschiert, haben auf Wettbewerb ausgerichtete Hobbys, die ihnen vermitteln, es sei das Wichtigste, die Nummer eins zu sein. Außerdem bringt man sie dazu zu glauben, wenn sie nicht perfekt sind, wenn sie nicht ständig gewinnen, werden sie ihr Leben lang Versager sein. Kein Wunder, dass Jugendliche ichbezogener (und ängstlicher) sind denn je.

Als jungen Erwachsenen fehlt es ihnen nicht nur an Biss und

Durchhaltevermögen sowie Selbstständigkeit, sie sind auch völlig unvorbereitet darauf, sich für Dinge zu engagieren, die die Welt zu einem besseren Ort machen könnten. Stattdessen sind sie auf Geld fixiert, weil sie glauben, das würde ihnen Glück und Erfüllung bescheren. Das ist die typisch amerikanische Vorstellung: reich werden und dann nichts tun. Am Strand sitzen. In teuren Restaurants essen gehen. Nach Las Vegas reisen. Aber solche Ziele machen Leute zu Narzissten und süchtig nach Nervenkitzel. Hier im Silicon Valley scheint es einige von ihnen zu geben, Menschen, die sich vor allen anderen um sich selbst Sorgen machen. Das Allgemeinwohl hat bei ihnen keine Priorität, sie engagieren sich nicht für soziale Zwecke und streben nicht nach einem von Sinn und Bedeutung erfüllten Leben. In der Folge enden sie oft einsam und depressiv. Ich habe schon viele unglückliche Millionäre und sogar ein paar unglückliche Milliardäre getroffen.

Viele von ihnen haben wahrscheinlich als ziellose Jugendliche angefangen. Als ich mich mit meinem Freund Ken Taylor, dem ehemaligen Dekan für Philosophie in Stanford, unterhielt, überlegte er, wie verwirrt Schüler zu sein scheinen, wenn es darum geht, ein gutes Leben zu leben. Taylor erklärte mir, er könne die Prioritäten der Jugendlichen schon an den von ihnen gewählten Hauptfächern erkennen. 37 Prozent, also etwa 1000 Studierende, entscheiden sich für Informatik. Warum? »Weil du mit einem Informatik-Abschluss aus Stanford mit 22 ins Valley marschieren und dort mit 100.000 im Jahr anfangen kannst, während du dir noch denkst, 100.000 sind doch erst der Anfang und eigentlich nichts.« Für manche Studenten mag Informatik die richtige Wahl sein, weil es wirklich ihr Ding ist. Aber Taylor erzählte mir, dass manche den Einführungskurs CS 107 dreimal machen müssen, bis sie ihn bestehen. Entweder weil Informatik nicht ihr Ding ist, oder weil ihre Talente und Fähigkeiten auf anderen Gebieten liegen. Taylor sagt, eine seiner Hauptaufgaben als Professor, insbesondere bei Erstsemestern, bestünde darin, subversiv zu wirken und die Studierenden vom Einfluss ihrer Eltern zu befreien. Diese hätten in vielen Fällen die Vorstellung vermittelt, in einem guten Leben ginge es vor allem um Anschaffungen und Status.

Kein Wunder also, wenn die Jugendlichen verwirrt sind. Einfach weil ihre Eltern und Lehrkräfte es auch sind. Dessen muss sich die ganze Erwachsenenwelt bewusst werden. Warum, glauben Sie, haben wir hier in den Vereinigten Staaten die reinsten Epidemien, was Drogenmissbrauch, Depressionen und Selbstmord angeht? Uns scheinen die richtigen Informationen darüber zu fehlen, wie man ein gutes Leben lebt, wie man sich um sich selbst und um andere kümmert. Wir scheinen es einfach nicht zu kapieren. Wir jagen Geld und Besitz hinterher. Es geht nicht ums Gemeinwohl, um einen Sinn. Wenn es überhaupt ein Ziel gibt, dann das, *uns selbst* glücklich zu machen. Aber wenn ich eines weiß, dann dieses: Man ist am glücklichsten – und der Gesellschaft am meisten von Nutzen –, wenn man etwas tut, um anderen zu helfen.

Bill Damon, Direktor des Stanford Center on Adolescence und Autor des Buchs *The Path to Purpose*, denkt viel über dieses Problem nach. Damon ist ein Experte darin, Jugendlichen die wichtigsten Lebenskompetenzen zu vermitteln. Über Egozentrik und Sinn sagt er Folgendes: »Speziell in dieser Zeit der Konzentration auf individuelle Performance und Status ist das wahre Risiko in der Entwicklung heutiger Jugendlicher Selbstbefangenheit. Zum Wohl von beidem, ihrer seelischen Gesundheit und ihrer Charakterentwicklung, müssen alle jungen Leute hin und wieder die Botschaft ›Es geht nicht um dich‹ hören. Einen Sinn zu finden, der der Welt, nicht nur dem eigenen Ego nützt, das ist einer der besten Wege, um sich auf diese Botschaft einzustimmen.« Über die eigene Person hinaus denken – das ist der Schlüssel. Nur wie viele unserer Kinder tun das?

Als ich Damon in Stanford besuchte, erzählte er mir von einem offiziellen Dialog, den er in Vancouver mit dem Dalai-Lama geführt hatte. Er hatte ihn gefragt, was Eltern tun können, um ihren Kindern zu helfen, Sinn im Leben zu finden. Der Dalai-Lama gab ihm zwei Ratschläge: 1.) Gib deinem Kind ein klares Gefühl davon, wie leer und unbefriedigend ein Leben ohne Sinn ist. Wenn du nichts hast, woran du glaubst, dann bindest du dich an nichts und findest kein Ziel, nach dem du strebst. Du dienst niemand anderem. Auch wenn Hedonismus für eine kurze Weile Spaß macht, wird er schnell schal, und du wirst verbittert. 2.) Du musst auch eindringlich die Freude eines sinnvollen Lebens zeigen. Ob durch Geschichten, Theater, Religion oder eigenes Vorleben von sinnerfülltem Verhalten müssen wir unsere Kinder lehren, wie Bedeutung aussieht. Und zwar nicht wie ein neuer Mercedes und ein Ferienhaus auf Cape Cod. Bedeutung ist Verbindung, Beziehungen, Mitwirkung und Dienen. Das sollten unsere Kinder unter einem gut gelebten Leben verstehen.

Aber noch etwas ist wichtig: Es geht weit über persönliche Errungenschaften hinaus. Es reicht so viel tiefer als die Bedeutung, die man selbst daraus zieht, anderen Menschen zu helfen und zu dienen, und wie glücklich man selbst dadurch wird. Wenn wir davon reden, der Gemeinschaft zu dienen, eine Bürgerbewegung zu begründen und für Veränderung zu kämpfen, dann reden wir tatsächlich von der Verbesserung unserer Gesellschaft als Ganzes. Ist das nicht letztlich der Sinn darin, Kinder zu haben? Unsere Gesellschaft voranzubringen? Dafür zu sorgen, dass wir alle menschlicher, mitfühlender, enger miteinander verbunden sind? Und uns zusammenzutun, um die beängstigenden Probleme zu überwinden, denen wir als ganze Spezies gegenüberstehen: die globale Erwärmung, der Zugang zu sauberem Wasser, Flüchtlingshilfe, Kampf gegen Krankheiten und Verhinderung eines Atomkriegs? Wenn wir nicht zusammenarbeiten, werden wir scheitern. Und vielleicht werden wir dann nicht einmal überleben. So wichtig ist das. So lebenswichtig sind diese Lektionen für unsere Kinder. Vielleicht fragen Sie sich, ob das wirklich alles noch in den Bereich der Erziehung fällt. Das tut es absolut.

Es beginnt mit der Familie. Dann verbindet Ihre Familie sich mit einer anderen Familie, mit einer größeren Gemeinschaft und am Ende mit der ganzen Welt. Kinder sind entscheidend, wenn es um die Bewältigung der Herausforderungen geht, die uns erwarten und die wir oft nicht einmal vorhersehen können. Deshalb sage ich, um unser allen willen, lasst uns unsere Kinder bestmöglich darauf vorbereiten.

GEMEINSCHAFTSSINN ENTWICKELN

Für mich war als Kind das Bekenntnis zu sozialem Engagement eine Selbstverständlichkeit. Nach dem Tod meines Bruders David und angesichts der Legasthenie meines Bruders Lee in einer Zeit, als Kinder mit Lese-Rechtschreib-Schwäche noch als behindert galten, fühlte ich mich berufen, den Benachteiligten zu beschützen. Meine ganze Familie war benachteiligt, uninformiert und machtlos. Wir wussten uns selbst nicht zu schützen, und ich wünschte mir, dass das keiner anderen Familie mehr passieren sollte. Außerdem wuchs ich im Schatten der langen Geschichte von Verfolgung meiner Vorfahren auf. Meine Eltern waren aus Russland und der Ukraine geflohen und Pogromen dort nur knapp entgangen. Sowohl auf der Seite meiner Mutter als auch auf der meines Vaters haben wir so viele Menschen verloren. Als ich Auschwitz besuchte, erfuhr ich, dass Dutzende Frauen, die auch Esther Hochman hießen (so lautete mein Mädchenname), dort während des Holocaust umgekommen waren. Aus irgendeinem Grund hatte ich überlebt. Aber ich wusste immer, dass ich auch eines der anderen Mädchen hätte sein können, die dort nicht überlebt hatten.

Und dann war da noch der Aktivismus meiner eigenen Familie. Mein Vater war ein frühes Mitglied des Sierra Clubs. Mein Onkel stand dem United Jewish Appeal im Osten der USA vor, meine beiden Großväter waren Rabbiner und Gemeindevorsteher. Mein Cousin Rabbi Benzion Laskin war der erste kürzlich von der Organisation Chamah für seine Arbeit in New York City ausgezeichnete Lubawitscher Rabbi. Diese internationale jüdische Non-Profit-Organisation fördert Bildungsprogramme und humanitäre Hilfe. Einem Cousin mütterlicherseits gehören mehrere Feierabend-Kliniken in Portland, Oregon. Tad Taube, ein anderer Cousin mütterlicherseits, ist ein Philanthrop, der schon mehrere Millionen nach Stanford und Berkeley sowie an das Polin Museum in Warschau gespendet hat. Ein anderer Verwandter war Botschafter Argentiniens bei den Vereinten Nationen. Wir alle beherzigen den jüdischen Grundsatz *tikkun olam*, was so viel wie »die Welt reparieren« heißt. Wir sind hier, um die Dinge auf jede uns mögliche Weise besser zu machen. Für mich bedeutete das, während des Höhepunkts der Bewegung für Meinungsfreiheit in Berkeley Journalismus und Politikwissenschaft zu studieren. Politische Strukturen zu begreifen und über Ungerechtigkeit zu schreiben wurde zu meiner Form des Engagements. Auf Stans Seite war sein Vater, Franciszek Wojcicki, einer der Gründerväter des modernen polnischen Staats nach dem Krieg. Seine Mutter Janina leitete die slawische Abteilung der Kongressbibliothek. Stan selbst versuchte sein Leben lang zu verstehen, wie das Universum entstanden ist, und überlegte sich Wege, um das uns allen zu erklären.

In Ihrer Familie gibt es vielleicht ähnliche Geschichten und einen natürlichen Impuls, der Gemeinschaft zu dienen. Vielleicht kennen auch Sie dieses Gefühl ganz genau, das ich als Studentin am College hatte, als ich überzeugt war, die Welt verändern zu können. Aber was, wenn nicht? Wenn man Ihnen gesagt hat, Sie sollten sich auf Ihren persönlichen Erfolg konzentrieren, und Sie jetzt nicht wirklich wissen, wo Sie anfangen sollen? Tja, dann habe ich gute Neuigkeiten für Sie: Es ist gar nicht so schwer. Das Wichtigste, was Sie brauchen, ist die richtige Einstellung – zu sich selbst und zu Ihren Kindern. Sie können klein anfangen. Leisten Sie in Ihrer Gemeinde eine Stunde ehrenamtliche Arbeit. Gehen Sie zu einer Gemeinde- oder Stadtratssitzung. Recherchieren Sie zu einem Thema, das Sie und Ihre Nachbarn betrifft. Das Mindeste, was Sie tun können, ist zur Wahl gehen. Und wenn Sie das tun, können Sie Ihrem Kind beibringen, wie wichtig Partizipation in einer Demokratie ist. Wenn Sie Gemeinschaftssinn im Hinterkopf haben, werden Ihnen Gelegenheiten, sich zu engagieren, überall auffallen. Überall gibt es Probleme zu lösen, jemanden oder etwas, den oder das man unterstützen sollte. Es ist wirklich eine Lebenseinstellung, und wenn es um unsere Kinder geht, lohnt es sich, diese Sichtweise so früh wie möglich zu vermitteln.

Und ich meine damit, richtig früh. Kürzlich war ich bei einer Feier im Kindergarten meiner Enkelin Ava dabei. Dort sind die Gruppen altersmäßig mit Vogelnamen eingeteilt. Ava verließ die »Spatzen«, um ein »Rotkehlchen« zu werden. Die Zeremonie begann damit, dass die Spatzen sich untereinander zu einem tollen gemeinsamen Jahr gratulierten. Da waren 25 Kinder, die sich gegenseitig, ohne von den Erziehern unterbrochen zu werden, lobten. Ein kleines Mädchen trat zu Ava und meinte: »Ich hab' dich lieb, Ava, und ich bin so stolz auf dich.« Ich konnte es kaum glauben! Dann hießen die Rotkehlchen offiziell jedes neue Kind bei sich willkommen. Das war so positiv und unterstützend. Am Ende marschierte Ava durch ein Spalier, das die Rotkehlchen bildeten, die sie alle abklatschten und ihr zujubelten. Die fürsorglichen, engagierten Betreuer – zwei Frauen und zwei Männer – hatten offensichtlich ein tolles Verhältnis zu den Kindern. Und sie hatten ein großartiges Gemeinschaftsgefühl erzeugt, das jedem Kind den Eindruck vermittelte, dazuzugehören. Stellen Sie sich vor, was für ein Fundament das schon bei den Jüngsten bildet. Alle Kindergartenkinder sollten so eine Wohlfühlerfahrung machen, bei der sie begreifen, dass sie Teil einer Gruppe sind. So erfahren sie Unterstützung durch Gleichaltrige und orientieren sich zusammen auf ein größeres Ziel hin: Lernen und Wachsen. Wären Sie nicht auch gern ein Spatz oder Rotkehlchen? Ich auf alle Fälle. Vielleicht kann Ihr Kind das werden. Ich arbeite gerade mit einem erstaunlichen Team von Leuten zusammen, die bald Kinderbetreuungseinrichtungen mit der Bezeichnung We-Care gründen wollen. Ihr Ziel ist es, Eltern durch lizenzierte Tagesbetreuung in Privathaushalten zu unterstützen. Mehr hochwertige Kindergärten machen Eltern das Leben leichter und bieten gleichzeitig interessante Arbeitsplätze.

Wenn die Kinder größer werden, sollten Eltern ihnen helfen, sich in der Gemeinschaft zu engagieren. Dafür müssen Sie nur die Augen offen halten. Was sind die drängendsten Probleme? Wie können Ihre Kinder sich beteiligen? Sie könnten ältere Menschen besuchen, bei Aufräumaktionen im Freien mitmachen oder in einer Tafel oder Suppenküche helfen, wie es ein paar meiner Enkelkinder tun. Hier ein aufwendiger Vorschlag: Ermutigen Sie Ihr Kind, Pate für ein anderes zu werden. Die meisten Schüler schließen die Schule ab, ohne je auch nur einen Paten gehabt zu haben. Auch wenn viele das nicht glauben werden, aber fragen Sie mal die Teenager in Ihrer Umgebung, ob sie das Gefühl haben, jemand an der Schule glaube an sie und passe ein bisschen auf sie auf. Wenn ja, dann handelt es sich um Glücksfälle, denn die Mehrzahl der Kinder hat so jemanden nicht. Dabei hat jeder Mensch – und jedes Kind – einer anderen Person etwas Wertvolles zu bieten. Ich glaube, allein das könnte die Welt verändern.

Um es ganz deutlich zu sagen, ich rede hier nicht von »Gemeinschaftsdienst« als einer Form von Bestrafung. Mir gefällt weder der Begriff noch die Sichtweise darauf als Strafe, weil das so einen negativen Beigeschmack hat. Erzwungenes Engagement bringt wenig. Vielleicht öffnet es Kindern die Augen dafür, wie andere Menschen leben, aber es könnte auch Widerstand erzeugen, einfach weil es eine Strafe darstellt. Mir geht es darum, dass Kinder Freude am Helfen haben und es als lohnende Aktivität zusammen mit ihren Freunden kennenlernen. Daher empfehle ich eine Aktivität pro Woche, bei der Kinder etwas für andere tun. Lassen Sie sie selbst aussuchen, was das sein könnte, und sich mit Freunden oder Klassenkameraden zusammentun. Wir wollen schließlich, dass sie ihren Beitrag als unterhaltsam und nützlich empfinden.

Und noch eine Warnung: Bitte manipulieren Sie das Engagement für die Gemeinschaft nicht, damit Sie die Collegebewerbung Ihres Kindes aufhübschen können. Klar sieht so etwas in einer Bewerbung gut aus, aber Colleges und anderen Einrichtungen fällt durchaus auf, wenn Jugendliche sich nur deshalb engagieren. Das ist mit ein Grund für Bewerbungsgespräche, denn dabei spürt man, ob Jugendliche etwas aus Begeisterung tun oder nur, um einen besseren Eindruck zu machen. Wenn wir unseren Kindern solche Aktivitäten vorschlagen, weil sie sich in ihrem Lebenslauf gut machen, vermitteln wir ihnen die falsche Botschaft. Es zeigt ihnen, dass alles auf persönlichen Nutzen ausgerichtet ist, obwohl es doch gerade diese Einstellung zu bekämpfen gilt.

Wenn Sie sich umsehen, entdecken Sie vielleicht soziales Engagement an unerwarteten Orten. Nehmen wir Sommercamps als Beispiel. Natürlich können Sie Ihren Nachwuchs in ein Tenniscamp schicken, damit der Aufschlag besser wird, aber wie wäre es mit einem Ferienlager, das wichtige Werte wie Fürsorge und Gemeinsinn vermittelt? Eine der effektivsten Organisationen bei der Vermittlung von sozialem Engagement, die ich in den letzten Jahren erlebt habe, ist Camp Tawonga in der Nähe des Yosemite-Nationalparks in Kalifornien. Es existiert seit 1923 … Also schon richtig lange, und das aus gutem Grund. Dieses Camp ist unglaublich erfolgreich, weil man sich dort als Erstes zum Ziel setzt, Kinder mit einem positiven Selbstbild auszustatten. Tawonga tut das durch künstlerische und handwerkliche Aktivitäten, Schwimmen, Wandern und Fußball, aber auch durch Verantwortung gegenüber der Gruppe, etwa für die Essensausgabe oder das Saubermachen danach. Es gibt aber auch vertiefende Lektionen, etwa wenn man Kindern zeigt, wie sie eine »Partnerschaft mit der Natur« eingehen können. Die Kinder und Jugendlichen erkunden die herrliche Umgebung bei Campingausflügen über Nacht. Das vermittelt ihnen die Bedeutung von Umweltschutz. Sie werden selbst zu Fürsprechern und kehren mit neuem Respekt sowie motiviert, sich um ihre eigene Umgebung zu kümmern, nach Hause zurück. Genau das ist das Ziel dieses Sommerlagers. Nicht die Perfektionierung einer Fähigkeit zum persönlichen Nutzen, sondern ein erweiterter Horizont und die Erfahrung, was es bedeutet, ein engagierter Bewohner dieser Erde zu sein.

Noch eine Idee für Familien: Führen Sie Feiertags- oder Ferienrituale ein, um anderen zu helfen. Alles, was dazu beiträgt, dass Sie gemeinsam an andere denken. Laden Sie Nachbarn zum Essen ein, besorgen Sie Geschenke für Kinder, die sonst nichts bekommen würden, spenden Sie Geld oder Ihre Zeit für Obdachlose oder anderweitig Bedürftige. Wenn Sie campen gehen, laden Sie die Leute aus dem Nachbarzelt auf einen Drink oder zum gemeinsamen Grillen ein. Mein persönliches Ziel ist, in den kommenden Jahren mit meiner Familie mehr in diese Richtung zu unternehmen. Wir spenden alle an Organisationen oder Stiftungen, verschenken regelmäßig Kleidung, Möbel und Spielzeug an hiesige Wohlfahrtsorganisationen, aber man könnte noch viel mehr tun. Wir besitzen viel zu viel, und es gibt Leute, die manche Dinge dringender brauchen als wir. Nicht alle Familien haben reichlich, aber falls Sie zu diesen gehören, warum dann nicht Verschenken zu einem Feiertagsritual machen? Wenn Sie sich Gedanken über das Wohlergehen anderer machen, anstatt über die vielen Geschenke innerhalb der Familie nachzudenken, kann das eine sehr wirkungsvolle Lehre sein.

Alle Lehrkräfte wollen andere unterstützen, um diese Welt zu einem besseren Ort zu machen, aber die meisten sind an einen überholten Lehrplan gebunden. Anstatt Kinder Fakten auswendig lernen zu lassen, sollten wir als Gemeinschaft für einen Lehrplan eintreten, der ihnen hilft, das Warum zu begreifen und zu lernen, wie sich der Lerninhalt anwenden lässt, um die Welt zu verbessern. Mir wurde schon früh klar, wie wichtig es ist, mit Schülern direkt darüber zu sprechen und all ihre Kurse an der Highschool in diesen Kontext zu stellen. Die Palo Alto High School tut das, und ich bin sehr stolz darauf, dieser Schule anzugehören. Ich weiß auch von Hunderten anderen Schulen, die es genauso machen. Aber wir müssen alle Schulen und alle Lehrkräfte in ihrem Bemühen um einen Lehrplan unterstützen, der das Warum erklärt und Schülern Gelegenheit gibt, echte Projekte zu realisieren. Es geht immer darum, etwas für andere zu tun. Das sage ich, sooft es geht. Und ich bin ein lebendes Beispiel dafür. Zwar hätte ich genug Geld, um mich zur Ruhe zu setzen, aber ich unterrichte und lehre immer noch. Warum? Weil Beziehungen und die Hilfe für andere mir wichtig sind. Sie sollten uns allen wichtig sein. Nicht die Nummer eins oder reich zu werden, sondern etwas zu bewirken. Damit will ich nicht sagen, dass Jugendliche sich kein angenehmes Leben zum Ziel setzen sollen. Natürlich ist das wichtig, aber wenn man ein gewisses Niveau erreicht hat, liefern Dienst an der Gemeinschaft, Beziehungen zu anderen Menschen und die Gewissheit, etwas geleistet zu haben, um das Leben anderer zu verbessern, den wahren Lohn.

Vor Jahren begann ich, den Vortrag »Die Macht des einen«

zu halten, weil so viele meiner Schüler schon entmutigt wirkten, bevor sie auch nur begonnen hatten. Sie schienen davon auszugehen, dass einer allein ohnehin nichts bewirken kann. Eines der eindrucksvollsten Gegenbeispiele dazu war die Geschichte von Varian Fry.

In den 1990er-Jahren bat mich der Holocaust-Überlebende Walter Meyerhof, ein Physikprofessor in Stanford, ihm zu helfen, damit ein Buch und ein Film die unglaubliche Geschichte von Fry verbreiten würden. Zu Beginn des Zweiten Weltkriegs erfuhr Fry, damals ein junger Philosophieabsolvent in Harvard, dass Hunderte Juden sich in Südfrankreich versteckten und die französische Regierung ihnen Ausreisepapiere verweigerte. Es schien ein aussichtsloser Kampf zu sein, aber trotzdem reiste Fry 1940 mit dem Plan nach Marseille, das Vichy-Regime zu überlisten und etwa 100 Juden die Ausreise in die USA zu ermöglichen. Nachdem das gelungen war, machte er weiter. Letztlich blieb er zwei Jahre und rettete in dieser Zeit 2000 bis 4000 Menschen, darunter Walter Meyerhof und dessen berühmten Vater Otto Meyerhof, der 1922 den Nobelpreis für Physiologie und Medizin erhalten hatte. Andere von Fry Gerettete waren Hannah Arendt, Marc Chagall, André Breton und Marcel Duchamp. Der Mann widmete sich seiner Aufgabe mit voller Hingabe. Am einen Tag war er Uniabsolvent und am nächsten Retter im Alleingang. Was ihm gelungen ist, war nichts weniger als ein Wunder, und viel mehr Schüler sollten seine Geschichte kennen.

Ich half mit, Lernmaterial dazu zusammenzustellen, und reiste mit Walter durchs Land und berichtete auf Konferenzen über Fry und über *Assignment: Rescue*, das 1968 über ihn veröffentlichte Buch. Wir unterstützten die Produktion des gleichnamigen Films, in dem Meryl Streep die Erzählerin spricht. Zehn Jahre lang war ich die Bildungsbeauftragte der Varian Fry Foundation und kümmerte mich darum, dass mehr als 50.000 Schüler den Film zu sehen bekamen. Ich kann Ihnen gar nicht sagen, wie sehr diese unglaubliche Geschichte die Jugendlichen an der Palo Alto High und im ganzen Land beeinflusst hat. Jedes Jahr nehmen meine Schüler sich diese Botschaft sehr zu Herzen. Sie gewinnen daraus die Überzeugung, dass sie nicht darauf warten sollen, dass irgendwer ihnen die Erlaubnis zum Handeln gibt. Sie können sofort etwas tun.

Jedes Kind braucht die Leidenschaft, sich für andere einzusetzen, so wie Varian Fry es getan hat. Familien und Schulen können noch viel mehr tun, um Kinder dabei zu unterstützen, etwas zu finden, woran sie glauben. Etwas, wofür es sich zu kämpfen lohnt. Mein Kollege Marc Prensky hat das Buch *Education to Better Their World* geschrieben. Darin macht er sich dafür stark, dass man Schülern zugestehen soll, »Probleme zu erkennen, die sie in ihrer eigenen Welt wahrnehmen, egal ob auf lokaler Ebene oder weltweit. Dann geht es an der Schule darum, Lösungen für diese realen Probleme zu finden, die den Stärken und der Leidenschaft jedes Kindes gerecht werden, und diese umzusetzen.« Es ist so wichtig, die Probleme der Welt ins Klassenzimmer und zu den Schülern nach Hause zu holen. Prensky meint weiter, dass das kurzfristige positive Ergebnis davon eine sofort bessere Welt ist. Weitaus wirksamer ist jedoch die langfristige Folge: Wir würden dadurch eine Bevölkerung erwachsener Bürger hervorbringen, die durch ihre Bildung schon ermächtigt wurden, Lösungen für reale Probleme zu finden. Genau darauf sollte Erziehung abzielen. Kinder sind so kompetent. Warum also lassen wir sie nicht die größten und komplexesten Probleme anpacken?

Kiran Sethi, Gründerin und Direktorin der Riverside School im indischen Achmedabad, organisiert gerade die weltweit größte Versammlung von Kindern im Vatikan im November 2019. Hunderte Schüler der Jahrgangsstufen fünf bis acht sind Gäste des Papstes, um an Lösungen für die 17 nachhaltigen Entwicklungsziele der UNO für die Welt zu arbeiten:

- Armut beenden
- Ernährung sichern
- Gesundes Leben für alle
- Bildung für alle
- Gleichstellung der Geschlechter
- Wasser und Sanitärversorgung für alle
- Nachhaltige und moderne Energie für alle
- Nachhaltiges Wirtschaftswachstum und menschenwürdige Arbeit für alle
- Widerstandsfähige Infrastruktur und nachhaltige Industrialisierung
- Ungleichheit verringern
- Nachhaltige Städte und Siedlungen
- Nachhaltige Konsum- und Produktionsweisen
- Sofortmaßnahmen gegen den Klimawandel und seine Auswirkungen
- Bewahrung und nachhaltige Nutzung der Ozeane und Meere
- Landökosysteme schützen
- Frieden, Gerechtigkeit und starke Institutionen
- Umsetzungsmittel und globale Partnerschaften stärken

Angestrebt ist, diese Ziele bis 2030 zu erreichen, und Sethi hält Kinder für einen wichtigen Teil der Lösung. Dem stimme ich zu. Diese Themen sollten in jedem Lehrplan enthalten sein und an jedem Abendessenstisch diskutiert werden. Wie sollen Schulkinder Armut und Hunger weltweit besiegen? Ich habe keine Ahnung, aber ich kann kaum erwarten, es zu erfahren.

Wenn Ihre Kinder auf dem Sprung in die Berufswelt sind, sollten Sie ihnen helfen, ihre Arbeit irgendwie im Zusammenhang mit dem übergeordneten Wohl und nicht nur mit Gewinnmargen oder ihrem eigenen Kontostand zu sehen. Erinnern Sie immer wieder daran, dass einige der besten Geschäftsideen dem Wunsch entsprungen sind, die Probleme der Welt zu lösen. Oder wie Peter Diamandis von der X-Prize Foundation und Singularity University sagt: »Die größten Probleme der Welt sind die größten wirtschaftlichen Chancen … Du willst Milliardär werden? Dann such dir ein Problem von einer Milliarde Menschen und verringere es.« Ein fantastischer Rat.

Die richtigen beruflichen Vorbilder haben einen riesigen Einfluss. Marc Benioff, der Gründer, Vorstandsvorsitzende und CEO von Salesforce, ist eine weitere progressive Führungspersönlichkeit, wenn es darum geht, wie Unternehmen entscheidend zum übergeordneten Wohl beitragen können. Er ist berühmt für sein philanthropisches »1 zu 1 zu 1«-Modell. Danach sollen Firmen ein Prozent ihres Kapitals, ein Prozent ihres Produkts und ein Prozent der Arbeitsstunden ihrer Angestellten der Gesellschaft in ihrer Umgebung spenden. Benioff spricht von einem stärkeren Wandel in der Wirtschaft in Richtung Gemeinwohl: »Als ich die USC besuchte, ging es nur darum, die Gewinne der Aktionäre zu maximieren. Aber es geht eben nicht nur um die Aktionäre. Eure Mitarbeiter sind ebenso anspruchsberechtigt – genau wie eure Kunden, eure Geschäftspartner und die Kommunen, in denen ihr euch befindet, die Obdachlosen in der Nähe, die öffentlichen Schulen. Ein Unternehmen wie unseres kann in einer erfolglosen Wirtschaft oder einer erfolglosen Umgebung, wo das Schulsystem nicht funktioniert, nicht erfolgreich sein. Wir müssen die Verantwortung für all diese Dinge übernehmen.« Er ist fest davon überzeugt, dass seine Firma der Gesellschaft gegenüber Verantwortung trägt und auch in der Lage ist, einen wichtigen Beitrag zu leisten. »Salesforce ist das wichtigste Tech-Unternehmen in San Francisco«, sagt er. »Wir können Wirkung auf diese Stadt ausüben. All diese Leute können in die staatlichen Schulen gehen, sich freiwillig engagieren und dafür arbeiten, die Stadt besser zu machen. Sie können den Zustand der Stadt und den der Welt verbessern. Alles, was ich dafür tun muss, ist, ihnen die Erlaubnis zu geben.« Wir wünschen uns, dass unsere Kinder Führungspersönlichkeiten wie Benioff werden. Menschen mit einer Vision davon, wie ihre Unternehmen die Gesellschaft weiterbringen und unser aller Leben verbessern können. Man könnte vielleicht meinen, diese Vorstellung passe nicht zur Denkweise innerhalb einzelner Firmen, doch ich erlebe mehr und mehr CEOs, die sich in diese Richtung bewegen. Und ich hoffe, dass eines Tages alle Kinder in dieses Bestreben einbezogen sind.

PRAKTISCHER DIENST AN DER GEMEINSCHAFT

Wenn Jugendliche sich der Welt um sie herum bewusst sind und Interesse daran haben, etwas für andere zu tun, dann ist alles möglich. Sie finden und fördern ihre eigenen Projekte. Das habe ich schon tausendmal gesehen, und es ist jedes Mal wieder unglaublich. Der große Vorteil des Journalismus-Unterrichts für Teenager besteht darin, dass er ihnen eine Stimme und eine Leserschaft gibt. Dadurch fühlen sie sich ermächtigt, an einer Demokratie und dem Geschehen auf der ganzen Welt teilzuhaben. Ich erkläre ihnen, dass Nachrichten eine Art ausgeklügelte Warnung sind, ein Weg, die Leute darüber zu informieren, wie sie besser leben können. Meine Schüler sind nicht nur Konsumenten: In meinem Klassenzimmer werden sie zu Beteiligten mit der Pflicht, etwas für andere zu tun. Sie tragen die Last, die Wahrheit herauszufinden und Benachteiligte zu schützen. Und im Laufe der Jahrzehnte habe ich erlebt, wie ernst sie diese Verantwortung nehmen.

Zum Beispiel Claire Liu, vor Kurzem noch eine meiner Schülerinnen. Wie sie erzählt, habe sie den Raum und die Handlungsfähigkeit bekommen, die Strukturen und Normen infrage zu stellen, die in ihrer Umgebung so tief verwurzelt waren. Dinge wie Klassenunterschiede und rassenbedingte Spannungen an ihrer Highschool näher zu betrachten. Vorstellungen wie den Dresscode zu hinterfragen. Einkommensunterschiede und die Wohnungsnot in der Bay Area zu untersuchen. Als sie sich ehrenamtlich in einem Zentrum für Obdachlose gegenüber der Highschool von Palo Alto engagierte, erwachte in Liu das Interesse, sich mit unterversorgten Gemeinschaften zu beschäftigen. Sie war nämlich auf ein interessantes Paradoxon gestoßen, das zwischen der hiesigen Community und dem Silicon Valley herrschte. Das war wie ein Weckruf bezüglich der Probleme, die hier in dieser scheinbar so behaglichen und perfekten Kommune herrschten.

In einer Reportage für unsere Zeitung schrieb Liu über den Wohnwagenpark Buena Vista, von wo man langjährige Bewohner, viele davon Angehörige von Minderheiten und erwerbstätige Arme, umsiedelte, damit auf dem Grundstück teure Apartments für junge Angestellte der Tech-Branche gebaut werden konnten. Sie interviewte viele Bewohner von Buena Vista, um deren Geschichten zu dokumentieren. Eine spanischsprechende Freundin begleitete sie als Übersetzerin. Diese Leute erzählten ihr, sie müssten nun weit von ihren Arbeitsplätzen wegziehen, weil sie sich das Leben in der näheren Umgebung nicht leisten könnten. Kinder müssten die Schulen wechseln und würden ihre Freunde verlieren. Einer der Bewohner überlegte, lieber wieder in seinem Truck zu wohnen. Liu interviewte auch eine hiesige Aktivistin, die viel über das Problem bezahlbaren Wohnraums im Silicon Valley zu berichten wusste. Liu beschäftigte diese Sache sehr, und sie suchte weiter nach Antworten sowie irgendeiner Möglichkeit zu helfen. Ihr Artikel endete mit der Frage nach dem Paradoxon des Silicon Valley. In unserer Community gibt es so viel Innovation und Toleranz, aber nichts davon kommt Lösungen für Menschen, die am härtesten zu kämpfen haben, zugute. Liu studiert inzwischen an der Cornell University persuasive Technologie und politische Einflussnahme (eine Kombination, die sie sich selbst ausgedacht hat). Und sie forscht, fragt und sucht weiterhin nach Gerechtigkeit. Ich kann es kaum erwarten zu sehen, welchen Beitrag sie für die Welt leisten wird.

Ben Hewlett, ein anderer ehemaliger Schüler von mir, machte 1996 Schlagzeilen, weil er eine erschütternde Entdeckung über unseren Schulausschuss machte. Das Ganze begann, als Ben eine Idee zu einem Artikel für die Zeitung brauchte. Ich hatte gerade im Sekretariat meine Post abgeholt und ging den Flur entlang, als Ben mich ansprach: »Woj, was für eine Story soll ich für die nächste Ausgabe schreiben?« Ich gab ihm die Protokolle der letzten Sitzung und meinte, vielleicht stecke da etwas Interessantes drin.

Am nächsten Tag berichtete Ben mir, dass es eine mehrstündige Besprechung hinter verschlossenen Türen gegeben habe, bevor es um 22:30 Uhr öffentlich wurde und man dann innerhalb von drei Minuten mehrere Anträge genehmigt habe, in denen es um Gehaltserhöhungen innerhalb der Verwaltung ging. »Ist das nicht eigenartig?«, sagte er zu mir. »Wie können die wichtige Entscheidungen in ein paar Minuten treffen, wenn sie die nicht schon vorher unter sich abgesprochen haben?«

Ich fand das auch eigenartig. Der Mitarbeiter des Hauptverwalters war zum stellvertretenden Verwalter aufgestiegen und hatte eine Gehaltserhöhung von 9000 Dollar bekommen. Und das in einem Jahr mit so knappem Budget, dass die Schulleitung selbst unterrichten musste. »Stellvertretender Hausmeister« war eine neue Position, von der noch nie jemand in der Öffentlichkeit gehört hatte. Alles sehr verdächtig.

Ben war schüchtern und unsicher, ob er »in den Ausgaben der mächtigsten Erwachsenen im Schulbezirk herumschnüffeln« sollte. Ich fand, er sollte und müsse diese Story schreiben. Ben erinnert sich: »Woj sagte ohne Zögern, ja, das sei eine gute Idee. Weil das öffentliche Bedienstete sind, die zur Verantwortung gezogen werden müssen, wenn sie etwas falsch gemacht haben.«

Es handelte sich genau um die Art von Unrecht, das offenzulegen ich mir zur Lebensaufgabe gemacht hatte. Außerdem wusste ich, dass das eine verändernde Erfahrung für alle bei der Schülerzeitung sein würde. Ich glaube, man könnte sagen, dass ich ziemlich aufgeregt war. James Franco war im selben Jahr mein Schüler und erinnert sich noch genau: »Sie hätten das freudig-schelmische Blitzen in Wojs Augen sehen sollen, als sie Ben und das Schülerteam drängte, die Story zu veröffentlichen ... Ben Hewletts Story war nichts, was eine Lehrkraft las und dann in die Schublade legte. Es war eine Story, die mit der Welt da draußen zu tun hatte.«

Es war wunderbar zu sehen, wie Ben sich aus seinem Schneckenhaus traute. »Ich erlebte den Luxus, jeden Tropfen Aufregung, Vorahnung und berechtigte Empörung darüber aufzusaugen, was ich da aufdeckte und als Verletzung des öffentlichen Vertrauens empfand«, sagt er. »Ich führte Interviews, sichtete und kopierte Dokumente und hielt mit anderen Schülern spätabendliche Redaktionssitzungen ab. Die ganze Zeit über war Woj da. Nie so weit weg, dass ich sie nicht um Hilfe hätte bitten können, aber auch nie so nah, dass man sich dazu verpflichtet fühlte.« Es war nicht ganz leicht. Ben und seine Mitstreiter besuchten öffentliche Sitzungen des Schulausschusses. Einmal sagte eines der Ausschussmitglieder zu ihm: »Warum geht ihr denn zu so einer langweiligen Sitzung? Solltet ihr nicht lieber Hausaufgaben machen oder eure Freizeit mit Freunden verbringen?« Diese Kränkung spornte Ben nur noch mehr an.

Zusammen mit seinen Mitschülern kam Ben dahinter, dass alle aus der Schuladministration über Kreditkarten verfügten, die nicht korrekt verwaltet wurden. Tatsächlich hatten einige der Leute damit bei Macy's und Lord & Taylor eingekauft – wohl kaum Schulmaterial. Die Schüler ermittelten weiter und schrieben einen Artikel mit reichlich Sprengkraft über Geldverschwendung und Inkompetenz der Verwaltung im Schulbezirk. Der Artikel erschien Ende Mai 1996 und löste einen Aufschrei aus. Jeder – Schüler, Eltern, Lehrer – beobachtete den Schulausschuss danach mit Argusaugen. Im Juni trat der stellvertretende Verwalter von seinem Job zurück. Im August der Verwaltungschef. Die Lohnerhöhung um 9000 Dollar wurde zurückgenommen, die Kreditkarten zog man ein und gab sie auch nicht mehr aus.

»Es ist ein gutes Gefühl, in der eigenen Community etwas bewirken zu können«, sagt Hewlett heute. »Ich bin ein sehr introvertierter Mensch, deshalb war mir die persönliche Aufmerksamkeit gar nicht so recht. Aber es war nett zu erleben, dass die Arbeit und auch der *Campanile* anerkannt wurden.« Als Lehrerin war ich sehr stolz auf Ben Hewlett und auf all die anderen Schüler, die mit ihm recherchiert und gearbeitet haben. Sie leisteten einen wichtigen Beitrag und bewiesen uns allen, dass Teenager zu sehr viel mehr in der Lage sind, als man denkt. Dass sie Unrecht aufdecken und im Interesse der Allgemeinheit kämpfen können. Ab da las die Schulgemeinschaft den *Campanile* mit neuem Respekt.

Schüler wie Claire und Ben ziehen in die Welt hinaus und setzen Zeichen. Aber sie bleiben weiterhin jemandes Kinder. Vergessen Sie nicht, dass Sie bis an Ihr Lebensende Vorbild sind. Wie Sie leben und was Sie tun, spielt eine Rolle, selbst wenn Sie schon im Ruhestand sind. Ich selbst habe mit dem Ruhestand übrigens ein Problem: Die meisten von uns ziehen sich von einem bedeutungsvollen Leben zurück, von Sinn und Zweck, aus unseren Gemeinschaften. Für Amerikaner ist der Ruhestand üblicherweise die Zeit, in der man tut, was man will. Man steht spät auf, isst, wann man möchte (und oft mehr, als man sollte), und sitzt stundenlang auf der Veranda vor dem Haus. Viele Leute machen genau das. Sie reisen ein bisschen, schauen jede Menge Fernsehen. Das wird mit der Zeit langweilig und fühlt sich unbefriedigend an. Daher fühlen sich Rentner oft einsam und depressiv. Eigentlich kein Wunder.

Mein Vorschlag lautet, sich nicht zur Ruhe zu setzen. Niemals. Wie wäre es stattdessen mit einem kleinen Engagement als Ehrenamtlicher oder Mentor? Konzentrieren Sie sich darauf, etwas zurückzugeben und involviert zu bleiben. Man braucht doch immer irgendeinen Sinn und eine Möglichkeit, etwas beizutragen. Das ist eine enorm wichtige Lehre für Ihre erwachsenen Kinder. In Großbritannien fanden ältere Mitbürger einen Sinn in Hühnern. Ganz recht, in Hühnern. Ein Projekt namens HenPower ergab, dass die Versorgung von Hühnern – eine einfache Sache – Depressionen und Einsamkeit älterer Menschen verringert und ihr Wohlbefinden steigert. In meinen Augen ist das plausibel, weil es bietet, was wir alle brauchen: persönliche Kontrolle, ein Gefühl von Sinnhaftigkeit, etwas zum Versorgen. Möchten wir das nicht auch unseren erwachsenen Kindern vermitteln, die in vielen Fällen dann auch schon selbst Nachwuchs haben?

Beim Erziehen geht es nie nur um Kinder: Es geht um die Erwachsenen, die aus den Kindern werden. Die Mitbürger. Es geht um die Veränderungen, die sie erkämpfen, und die Ideen, die sie beitragen. Deshalb müssen wir früh beginnen, ihnen die TRICK-Werte beizubringen, und sie uns auch selbst im Verlauf unseres Lebens wieder antrainieren, sooft es nötig ist. Diese simplen Werte bereiten den Weg zum Erfolg, zu radikalen Ergebnissen. Jüngere Kinder brauchen jemanden, an den sie glauben, und sie benötigen Respekt dafür, wer sie sind. Sonst können sie keine Unabhängigkeit entwickeln, die wiederum für ihren Erfolg als Erwachsene in einer sich verändernden, unvorhersehbaren Welt unerlässlich ist. Im Verlauf ihrer Erziehung brauchen alle Schüler dieselben Werte. Wie es aussieht, sind die meisten Schulen, die respektvoll mit Kindern umgehen, Privatschulen. Dort befindet ein Kind sich nicht mehr in Verwahrung, sondern in einer Lernumgebung. Aber all die anderen Kinder? Die haben Pech. Wir sollten für Respekt nichts bezahlen müssen. Das können wir besser machen. Schüler müssen TRICK auch zu Hause erfahren, und ihre Lehrer müssen es in der Schule anwenden. Wir alle brauchen es am Arbeitsplatz. Ich will gar nicht behaupten, dass alle Schulen TRICK übernehmen sollten – ich finde nur, alle Schulen sollten Prinzipien in der Art von TRICK haben. Wir benötigen immer noch einen typischen Lehrplan, um die Grundlagen zu vermitteln, aber innerhalb davon brauchen Kids Gelegenheit, sich respektiert und ermächtigt zu fühlen, um an Projekten zu arbeiten, die ihnen wichtig sind, und um etwas über Probleme in ihrer Stadt oder Gemeinde und in der ganzen Welt zu lernen. Wenn sie nur eine Kostprobe davon bekommen, hören sie auf zu zanken und abzuwehren. Sie werden selbstbewusst und widmen sich wichtigen Projekten.

Ich sehe, wie Unternehmen sich ändern und diese Werte übernehmen, und ich weiß, dass ihnen andere folgen werden. Google war einer der ersten Konzerne, der Angestellte wie echte Menschen mit Bedürfnissen behandelt hat. Kunden erwarten inzwischen, von Firmen besser behandelt zu werden. Man denke nur an Amazons Rückgabe-Regelungen – so einfach, mit viel Respekt vor dem Kunden. Zappos hat auf die gleiche Weise Marktanteile gewonnen: Vertrauen zu den Kunden aufbauen und sich an die eigenen Versprechen halten. Ich hoffe, dass alle Unternehmen das zur Kenntnis nehmen. Das ist die Zukunft.

Wir stehen heute vor so vielen Problemen – Problemen, die radikale Lösungen erfordern – und es erwarten uns noch mehr. Wir müssen aufhören zu glauben, was einem anderen Land widerfährt, würde uns nichts angehen. Das ist ein riesiger Fehler. Wir können unmenschliche Politik oder einen weit entfernten Krieg nicht abtun wie eine Wetterlage, die schon nicht in unsere Richtung ziehen wird. Wir sind alle miteinander verbunden. Und die größten Herausforderungen, vor denen wir stehen, betreffen uns alle außerordentlich. Der Klimawandel ist die dringendste davon. Man muss sich nur die Dürren und Brände ansehen. Jedes Jahr gibt es mehr davon. Eine der vielen Nöte in Syrien war vor mehr als einem Jahrzehnt eine schlimme Dürre, die Millionen von Menschen zwang, auf der Suche nach Nahrung und Wasser ihre Heimat zu verlassen. Und obwohl Syrien weit weg zu sein scheint, betrifft das, was in jenem Land passiert, auch uns. Was ist mit den Geflüchteten, Krankheiten, Luft- und Wasserverschmutzung? Es kann nicht sein, dass Millionen heimatloser Menschen über den Globus ziehen. Das würde unser aller Leben beeinträchtigen.

Wir können vor diesen Problemen weder fliehen, noch sie im Alleingang lösen. Wir müssen intelligent gemeinsam planen, um uns Wege zu überlegen, wie wir als eine globale Gemeinschaft zusammen Lösungen erarbeiten können. Wir müssen uns zusammenschließen. Ich plädiere dafür, TRICK bei all unseren Interaktionen anzuwenden – bei wirklich allen. Wenn unsere Politiker sich nicht an diese Werte halten, dann müssen wir uns auf lokaler Ebene organisieren und Gehör verschaffen. Wir müssen diese Werte selbst vorbildlich anwenden. Wir wollen doch vorwärts, nicht zurück. Also müssen wir Widerstand leisten und für das kämpfen, was richtig ist, ohne uns in Gewalt zu flüchten.

Denn letztlich bedeutet ein erfülltes Leben doch: uns selbst, einander, unsere Gesellschaft, den ganzen Planeten immer besser zu machen. Als Eltern fangen wir im Kleinen damit an, aber es hat weitreichende Folgen. Die Zukunft teilen wir alle miteinander, und die Art und Weise, wie wir mit unseren Kindern umgehen, bestimmt, wie sie mit der Welt umgehen werden.

Schlussbemerkungen

Es war ein Winternachmittag in New York, als ich die prominente Modedesignerin und Gründerin der Modekette Alice + Olivia, Stacey Bendet Eisner, traf. Wir hatten geplant, über ihr Leben und ihre Arbeit zu sprechen sowie darüber, wie es ist, Angestellte der Millennial-Generation auszubilden. Mich interessiert immer, wie jüngere Leute sich im Berufsleben schlagen, inwiefern Erziehung der Eltern und das Bildungssystem sie darauf vorbereiten – oder auch nicht –, das Leben als Erwachsene zu meistern.

Stacey betrat das Restaurant in einem petrolfarbenen Mantel und machte gleich einen glamourösen Eindruck. Sie hatte ihre siebenjährige Tochter Scarlet dabei, die ein paar sehr modische Sachen trug. *Nun ja*, dachte ich mir, *das wird eine Besprechung der anderen Art werden*. Ich ging davon aus, dass wir Scarlet reichlich Aufmerksamkeit würden schenken müssen.

Wir setzten uns alle, und Scarlet packte einen Block und Stifte aus, bevor sie mit einem Lächeln im Gesicht zu zeichnen begann. Ich war sofort beeindruckt. Stacey begann von der neuen Generation von Angestellten zu erzählen, denen es oftmals an Biss, Durchhaltevermögen und Befähigung fehle. »Es ist schwer, Leute mit kreativen Ideen zu finden«, sagte sie. »Ihre größte Angst ist, einen Fehler zu machen. Und es ist schwer, kreativ zu sein, wenn man Angst hat.« Wir waren uns beide einig, dass es fast immer an der Erziehung liegt – meinem Lieblingsthema. Wir sprachen darüber, dass man Kindern vertrauen, ihnen Unabhängigkeit und Verantwortung geben sowie ihnen zumindest eine gewisse Kontrolle über ihren Alltag überlassen sollte. Einfach weil diese Fähigkeiten so wichtig für ihren Erfolg in der Schule und im ganzen Leben sind. Ich erzählte ihr davon, dass ich meine Enkelkinder bei Target allein hatte einkaufen lassen und wie aufgebracht meine Tochter darüber gewesen war. Stacey war begeistert von der Idee, gab aber zu, dass es immer schwieriger zu werden schien, Kindern auch nur kleine Freiheiten zuzugestehen. Unsere Besprechung dauerte ungefähr eineinhalb Stunden, und die ganze Zeit über sagte die kleine Scarlet kein einziges Wort. Am Ende hatte sie einen ganzen Stapel wunderbarer Bilder gemalt. Da gab es bunte Labyrinthe, aber auch Bilder von etwas, das wie Eishörnchen aussah. Ich staunte über ihre Konzentrationsfähigkeit und sagte ihr das auch.

Kürzlich habe ich wieder von Stacey gehört. Sie erzählte mir, wie sehr sie meinen Rat zu schätzen wisse, aber wichtiger war, wie sehr Scarlet meine Ratschläge gefielen. Ich hatte gar nicht gedacht, dass sie überhaupt zugehört hatte, doch anscheinend hatte sie das. Offenbar hatte sie sogar auf jedes Wort geachtet. Denn immer, wenn sie und ihre beiden Schwestern nun etwas allein tun wollten, sagten sie: »Esther würde es okay finden.« Selbst mitten in New York City hatten sie selbstständig die Straße überquert, um sich in einem Restaurant in der Nähe italienisches Eis zu kaufen. Innerhalb weniger Monate hatten sie eine Menge Unabhängigkeit gewonnen. Stacey hatte beobachtet, wie sie fähiger, selbstbewusster und patenter wurden.

Diese Familie ist ein großartiges Beispiel dafür, dass kleine Veränderungen Großes bewirken können. Mich freut es, dass unsere Unterhaltung so eine Wirkung hatte. Tatsächlich ist mir noch nie ein Kind begegnet, dem missfiel, was ich sagte, oder das nicht mehr Respekt und Freiheit wollte, das an meiner Methode nicht sofort Gefallen fand. Das liegt vermutlich daran, dass sie natürlich ist: Sie funktioniert *mit* den Kindern, nicht *gegen* sie. Alle Kinder möchten wahrgenommen und respektiert werden. Sie möchten anderen Menschen helfen und etwas bewirken. Sie sind von Natur aus optimistisch und idealistisch – das sind sogar die wundervollsten kindlichen Eigenschaften. Also warum nicht das Beste in ihnen fördern? Warum sie nicht ermutigen, stark und mitfühlend zu sein? Das wird ihr Leben als Kinder und Erwachsene wie auch das Leben der Menschen in ihrer Umgebung verbessern. Jeder Schritt in Richtung der TRICK-Werte ist ein Schritt in die richtige Richtung. Und Sie können jederzeit damit beginnen. Es ist nie zu spät, Ihrem Kind zu sagen: »Ich glaube an dich.« Es ist auch niemals zu spät, einen Schritt zurückzutreten und die Welt ihre eigenen Lektionen lehren zu lassen.

Ich weiß das, weil ich es selbst erlebt habe und es jedes Mal funktioniert hat. Während ich diese Schlussworte schreibe, beginnt gerade ein weiteres neues Schuljahr. Es ist das 36., in dem ich erlebe, wie eine neue Gruppe aus Zehnt- und Elftklässlern in meine Journalismus-Kurse kommt. Wie so viele Schüler machen sie sich Sorgen, ob sie im Unterricht klarkommen, welche Noten sie erzielen und ob sie Freunde finden werden. Sie haben von dem Medien-Kunst-Programm und all seinen Angeboten gehört, sie haben erfahren, dass die Lehrer – wir sind inzwischen zu sechst – unterschiedlich sind. Trotzdem wissen die Schüler nicht, was sie erwartet. Bis zum ersten Kurstag, an dem sie erfahren, dass Advanced Journalism von ihren Klassenkameraden unterrichtet wird. Das überrascht sie.

Meine Lehrerkollegen und ich halten im Laufe des Jahres eine Menge Vorträge, aber wenn wir uns das erste Mal an unsere Schüler wenden, erklären wir ihnen, dass dieser Kurs einzigartig ist, dass unsere gemeinsam verbrachte Zeit ihnen Selbstbewusstsein und die Gelegenheit zum Erlernen der wichtigsten Fähigkeiten ihres Lebens geben soll: TRICK. Zu Anfang sind das nur Worte. Und Jugendliche an der Highschool haben schon viele Worte gehört. Der Unterschied ist, dass sie das Gepredigte dann wirklich erleben und verstehen, dass sie gefordert sein werden. Genau wie die siebenjährige Scarlet sind sie begeistert davon, dass ihr Selbstvertrauen gestärkt wird, sie eigenverantwortlich die Kontrolle übernehmen und imstande sind, sich ihre Projekte auszusuchen.

Im Laufe der nächsten zwei Jahre sehen meine Kollegen und ich, wie aus schüchternen Zehntklässlern junge Erwachsene mit eigenen Stimmen und Handlungsfähigkeit werden. Nach der Einheit Beginning Journalism suchen die Schüler sich aus, für welche Publikation sie schreiben wollen. Es gibt inzwischen zehn, und weitere sind in Vorbereitung. Mein Kollege Paul Kandell startete im Herbst 2018 einen neuen Kurs unter dem Titel Entrepreneurial Journalism, in dem Jugendliche eigene Ideen für Publikationen einbringen und sich wie bei einem Brutkasten für Start-ups um finanzielle Förderung bewerben können. Aber egal, für welches Medium sie sich entscheiden, sie werden Artikel schreiben, die unsere Gemeinschaft beeinflussen. Unsere Zeitung *Campanile* stellt traditionell eine wichtige Stimme in Palo Alto dar. Und eine der großartigsten Lektionen, die Schüler lernen, ist, sich Gehör zu verschaffen. Das gilt aber auch für die anderen Schüler-Publikationen hier: *Verde*, *C Magazine*, *Voice*, *InFocus*, *Agora* und *Proof*. Die Jugendlichen werden zu Autoren und Denkern, die Einfluss auf ihre eigene Welt nehmen.

Während dieses Prozesses bilden sie eine Gemeinschaft, die über ihren Abschluss an der Highschool hinaus Bestand hat. Eine Gemeinschaft, auf deren Unterstützung sie sich verlassen können. Oder wie einer meiner ehemaligen Redakteure sagte: »Es ist wie eine große Familie.« Wir feiern immer während der letzten Produktionswoche des Schuljahres eine große Party. Das ist dann ein Abschied für die Zwölften und die Feier der großartigen Arbeit, die alle gemeinsam geleistet haben. Wir wünschen ihnen das Beste und fordern sie auf, in Kontakt zu bleiben. Die meisten von ihnen tun das.

Mein Programm funktioniert an der Palo Alto High School und kann an allen Schulen wie auch in jedem Zuhause weltweit funktionieren. Als Beispiel möchte ich eine Schule namens Centro de Capacitación Integral (CCAI) im mexikanischen Monterrey erwähnen. Sie wird von der Vicente Ferrara Foundation gefördert und von Marco Ferrara (dem Urenkel von Vicente) geleitet. Ich lernte Marco vor fünf Jahren kennen, als ich in Puebla im Rahmen der »Ciudad de las Ideas«-Konferenz einen Vortrag hielt. Ihm gefiel, was ich über die Steigerung des Selbstvertrauens bei Schülern sagte, und er bat mich, Mentorin und Beraterin seiner Schule zu werden. Ich willigte gern ein.

Die Schule steht auf einer ehemaligen Müllhalde namens San Bernabé, und die Schüler sind Erwachsene, die keine Schul- oder Berufsausbildung haben. Der Schwerpunkt des von mir geförderten Programms liegt auf lebensnahem Lernen gemäß TRICK und der Moonshot Philosophy, die ich in meinem ersten Buch beschreibe. Über eine halbe Million Menschen leben allein in der Gegend um Monterrey in extremer Armut. Das Ziel ist, diesen Menschen zu helfen und in der Folge etwas für ihr Land zu tun. In den elf Jahren seit Beginn des Programms haben es 14.000 Menschen absolviert. 2019 werden wieder Tausende davon profitieren. Jedem Schüler wird nach dem Programm ein Job in Aussicht gestellt, der sechs Monate bis drei Jahre dauern kann. Aber es handelt sich nicht nur um eine Beschäftigung, sondern um einen Lebensstil. Jeder Mensch wird ganzheitlich betrachtet: Selbstvertrauen, Ernährung, Moral, Finanzen, Sport und mehr. Allen ist klar, dass Respekt vor sich selbst und der Glaube an einen selbst sowie Freundlichkeit und Mitgefühl die wichtigsten Eigenschaften sind. Das Motto lautet: *Schenk jemandem einen Fisch und du ernährst ihn einen Tag lang. Lehre ihn das Fischen und du ernährst ihn sein Leben lang.* CCAI bildet erfolgreiche Menschen jedes Alters aus und bemüht sich, allen Widrigkeiten zum Trotz, etwas zu bewirken. Die Welt braucht mehr solcher Vorhaben.

Und dann ist da meine ehemalige Schülerin Kristin Ostby de Barillas, Präsidentin und CEO von Boys Hope Girls Hope in Guatemala. Kristin arbeitet mit Kindern, die einige der schlimmsten Erfahrungen durchgemacht haben, die man sich nur vorstellen kann. Aber auch diese Kinder können es in einer Umgebung, die sie unterstützt und sich an TRICK orientiert, schaffen. Kristin meint: »Junge Menschen, die in Armut aufwachsen, sind gezwungen, Biss, Durchhaltevermögen und Resilienz zu entwickeln. Wenn sie eine Gemeinschaft finden, die sich um sie kümmert, die ihnen hilft, lebenslang zu lernen und sich entscheidende Fähigkeiten anzueignen, dann werden aus ihnen die motivierten, hartnäckigen, kreativen und teamorientierten Führungspersönlichkeiten, die unsere Gesellschaft heute braucht. Sie besitzen den Charakter, den privilegiert aufwachsende junge Menschen erst entwickeln müssen.« Ihre Organisation betreibt Bildungs- und Wohnförderprogramme in Guatemala City und bewirkt bei jedem einzelnen Kind etwas.

Inzwischen gibt es in den USA über 4300 Boys & Girls Clubs, die Kinder in Armut unterstützen. Sogar hier in Palo Alto gibt es Familien, die in Wohnwägen oder -mobilen am El Camino Real leben, weil sie sich in der Gegend keine Wohnung leisten können. In jeder amerikanischen Stadt, ob arm oder reich, gibt es Möglichkeiten, anderen zu helfen. Der legendäre Baseballspieler Alex Rodriguez wurde vom Boys & Girls Club gefördert und gibt jetzt dem Boys & Girls Club Miami etwas zurück. Wir können alle Möglichkeiten finden, uns zu engagieren. Wir alle müssen die Kinder in unserer Umgebung, in unseren eigenen und in Schulen wie der CCAI im mexikanischen Monterrey und in Organisationen wie dem Boys & Girls Club unterstützen. TRICK wirkt in jedem Alter und jeder Lebensphase. Alle brauchen Vertrauen und Respekt. Alle benötigen Freiheit und müssen lernen, mit anderen zusammenzuarbeiten. Jedem muss mit Freundlichkeit begegnet werden, damit er diese der Welt zurückgeben kann.

Das ist nämlich der wahre Hintergrund des Großziehens erfolgreicher Kinder: die nächste Generation zu prägen und ihr Fähigkeiten zu vermitteln, die wir alle brauchen, um das Leben für alle zu verbessern. Das wünschte Steve Jobs sich, als er seine älteste Tochter Lisa Anfang der 1990er-Jahre in mein Programm schickte (er kam sogar vorher, um mich kennenzulernen – natürlich bin ich froh, dass ich den Test bestand!). Denn es gilt sein berühmter Satz: »Die Leute, die verrückt genug sind, zu glauben, dass sie die Welt verändern können, sind diejenigen, die das dann auch tun.« Vielleicht fand er mich »verrückt genug«, denn das finden, nebenbei bemerkt, auch meine eigenen Kinder. Tja, ich fühle mich selbst »verrückt genug«, allerdings brauche ich viele andere Verrückte, die sich mir anschließen und mit mir gemeinsam TRICK verbreiten. Dann geben wir unseren Kindern die Macht, die Welt zu verändern. TRICK wirkt übrigens nur innerhalb eines Systems verrückt, das in Wahrheit fehlerhaft ist und die Kreativität, den Ehrgeiz und die Träume von Schülern zerstört. Eltern wollen immer das Beste für ihre Kinder, aber oft genug wirkt das, was man für »liebevolle« oder »fördernde« Erziehung hält, tatsächlich hemmend auf die angeborene kindliche Fähigkeit, zu lernen und zu wachsen. Wir sind die Verrückten, die die Welt verändern werden, indem wir unseren Kindern wahrhaft vertrauen und sie ausreichend respektieren, damit sie Unabhängigkeit entwickeln, zusammenarbeiten und freundlich sind. Genau das werden sie in Zukunft brauchen. Und das braucht die Zukunft von uns.

Dieses Buch ist Teil einer Bewegung, die sich zum Ziel gesetzt hat, das Wesen von Erziehung und Bildung zu ändern und diejenigen zu unterstützen, die als Erste erziehen: Eltern. Eltern und Lehrkräfte fragen sich immer, wie sie jungen Menschen helfen können, Erfolg zu haben. Nun, hier kommt die Antwort: indem wir die Kernqualitäten, die in uns allen und übrigens auch in allen Religionen stecken, wiederentdecken und vermitteln – TRICK mit Liebe. Das ist der Kern jeder Religion – unter anderem im Judentum, im Christentum und im Islam – im Verlauf ihrer jeweiligen Geschichte. Lassen Sie uns das nicht vergessen. Ich hoffe, dass Sie dieses Buch mit anderen Eltern, Erziehern, Großeltern, Therapeuten, Trainern und Betreuern teilen. Einfach mit jedem, der für die intellektuelle und die Herzensbildung junger Menschen verantwortlich ist.

Erfolg beginnt mit unseren Kindern und mit uns. Lassen Sie uns alle daran glauben, dass wir »verrückt genug« sind, um unsere Welt gemeinsam zu verändern. Dann wird es uns auch gelingen.

Dank

Dieses Buch verdankt seine Entstehung einem Zufall. Ich dachte gar nicht daran, eines zu schreiben, bis so viele Leute mich fragten, wie ich meine Töchter erzogen hätte. Sie wollten die Methoden und Tipps erfahren, die ich angewandt hatte. Ich dachte darüber nach, aber mehr nicht – bis ich eines Tages bei einer Lesung meinen fantastischen Agenten Doug Abrams, den Gründer von Idea Architects, traf. Dank seiner Vision und Anleitung wurde dieses Buch Wirklichkeit. Es gibt zahlreiche Menschen, denen ich danken und die ich erwähnen muss. Menschen, die mir in vielerlei Hinsicht auf dem Weg dorthin geholfen haben. Der erste ist Doug Abrams, weil er dazu beigetragen hat, dass Sie dieses Buch heute in Händen halten. Ohne sein Wissen und seinen Rat hätte ich es nicht geschafft. Außer Doug ist da noch meine Redaktionsassistentin Amy Schleunes, die Tag und Nacht für mich da war, um meine Ideen anzukurbeln, mir beim Sortieren meiner Gedanken zu helfen und darauf zu achten, dass meine geschriebenen Sätze auch einen Sinn ergaben! Ebenfalls möchte ich der Autorin Katherine Vaz danken, die als drittes fachkundiges Augenpaar fungierte, mir unschätzbar wertvolle Vorschläge machte, die eine riesige Hilfe waren. Mein Lektor Bruce Nichols verstand vom ersten Tag an die Vision des Buchs und war die ganze Zeit über ein großartiger Unterstützer.

In privater Hinsicht möchte ich meinem Mann Stan danken, der mich ertrug und unterstützte, wenn ich Tage, ja sogar Wochen und Monate in einem knallroten Sitzsack mit einem Laptop auf dem Schoß verbrachte, um dieses Buch zu schreiben. Während er sich lauthals fragte, »Was ist eigentlich aus meiner Frau geworden?«, erledigte er die Einkäufe, kochte mir Abendessen und ertrug meinen neuen zurückgezogenen Lebensstil mit Fassung. Derselbe Dank und dieselbe Anerkennung gebühren auch meinen Töchtern Susan, Janet und Anne, meinem Schwiegersohn Dennis sowie meinen neun Enkeln, die zwar meine Abwesenheit bei familiären Anlässen beklagten (»Wo ist Nana?«), mich aber unterstützten, nachdem ich erklärt hatte, was ich tat. »Du brauchst so lange dafür, Nana«, jammerten sie. Denn solange man noch ein Kind ist, vergeht die Zeit viel langsamer. Meine eigenen Kinder waren sogar noch weniger tolerant und erinnerten mich ständig an die vielen familiären Ereignisse, die ich versäumte. Trotzdem ermutigten und unterstützten sie mich, sobald ihnen klar geworden war, dass ich es wirklich ernst meinte.

Dieses Buch wäre nicht möglich gewesen ohne die Unterstützung Hunderter ehemaliger *Campanile*-Schüler, die mir Geschichten und Erinnerungen an ihre Zeit in meinen Kursen schickten. Diese reichten bis ins Jahr 1984 zurück, in dem ich angefangen habe. Die meisten davon konnte ich im Text nicht unterbringen, weil mein Verlag den Umfang des Buches beschränkt hatte, aber ich weiß es wirklich zu schätzen, all diese Anekdoten bekommen zu haben. Ganz besonders möchte ich den Chefredakteuren des *Campanile* danken, die mir im Laufe der Jahre geholfen haben, den Unterricht zu entwickeln, und die so viele Verbesserungsvorschläge hatten. Ihre Ideen haben das Programm mit zu dem gemacht, was es heute ist. Einige der Schüler sind hier in alphabetischer Reihenfolge genannt, und ich entschuldige mich, falls ich jemanden vergessen haben sollte. Alle Schüler sind mir wichtig, und ihr wisst alle, wer ihr seid: Karina Alexanyan, Lisa Brennan-Jobs, Aaron Cohen, Ben Crosson, Gady

Epstein, James Franco, Ben Hewlett, Maya Kandell, Forest Key, Chris Lewis, Jennifer Linden, Claire Liu, Aidan Maese-Czeropski, Bilal Mahmood, Andrew Miller, Kristin Ostby, Lauren Ruth, Tomer Schwartz, Jonah Steinhart, Sammy Vasquez, Michael Wang, Oliver Weisberg, Andrew Wong, Brian Wong und Kaija Xiao.

Ein großer Teil dieses Buches widmet sich dem Journalismus-Programm, das ich gegründet, und dem Lehrplan, den ich an der Palo Alto High School seit 1998 entwickelt habe. Vieles der erfolgreichen Erweiterung des Programms ist das Ergebnis des gemeinsamen Engagements mit meinem Kollegen Paul Kandell. Ohne ihn hätte ich das Programm, das wir heute haben, niemals aufbauen können. Er übernahm 2000 das Nachrichtenmagazin *Verde* und 2002 die Online-Publikation *Voice*. Er unterstützte mich, als zusätzliche Publikationen hinzukamen, um den Interessen Hunderter Schüler gerecht zu werden. Er bescherte mir interessante Ideen und großartige Gespräche dazu, dass Journalismus ein Weg sein kann, um Schüler im 21. Jahrhundert selbstbewusst und fit zu machen. Das Programm umfasst jetzt acht Magazine sowie Fernseh-, Radio- und Videoproduktionen. Ich bin allen zu Dank verpflichtet, die Beiträge zu folgenden Medien erstellt haben: *Campanile* (www.thecampanile.org), *Verde* (https://verdemagazine.com), *C* Magazine (https://issuu.com/c_magazine), *Viking* (https://vikingsportsmag.com), *In Focus* (http://www.infocusnews.tv), *Voice* (https://palyvoice.com), *Proof* (https://issuu.com/proofpaly), *Madrono* (https://palymadrono.com), KPLY Radio (https://www.palyradio.com), *Agora* (https://issuu.com/palyagora), *Veritas Science* und *Veritas Travel* (die letzten beiden haben keine Webseiten – noch nicht!).

Es gibt noch fünf weitere Lehrkräfte im Bereich Medien, die mich allesamt unglaublich unterstützt haben: Rod Satterthwaite, Brian Wilson, Paul Hoeprich, Brett Griffith und Margo

Wixsom. Eine so außergewöhnliche Gruppe von Kollegen ist ein wahrer Segen.

Außerdem möchte ich all jenen danken, die sich die Zeit für Interviews genommen haben oder die ohnehin mit mir in regelmäßigem Kontakt stehen. Es gibt so viele Menschen, die mir geholfen haben, die in diesem Buch enthaltenen Ideen zu entwickeln. Ich habe versucht, sie alle zu integrieren, aber vielleicht habe ich manche doch auslassen müssen.

Ich bitte jeden um Verzeihung, den ich versehentlich vergessen habe:

Karina Alexanyan, MediaX Stanford
Stacey Bendet Eisner, CEO von Alice + Olivia
Marc Benioff, CEO von Salesforce
Gary Bolles, eParachute.com
Danah Boyd, President von Data & Society
Andrea Ceccherini, President von L'Osservatorio Permanente Giovani
Freedom Cheteni, President von InventXR LLC.
Ulrik Christensen, CEO von Area9
Shelby Coffey, Stellvertretende Vorsitzende von Newseum
Jessica Colvin, Director bei TUHSD Wellness
Bill Damon, Professor für Erziehungswissenschaft, Stanford University
Linda Darling-Hammond, Emeritierte Professorin für Erziehungswissenschaft, Stanford University
Carol Dweck, Professorin für Psychologie, Stanford University
Charles Fadel, Professor für Erziehungswissenschaft, Harvard University
Marco Ferrara, Präsident der Vicente Ferrara Foundation
Cristin Frodella, Head of Marketing, Google Education
Ellen Galinsky, Bezos Family Foundation

Khurram Jamil, President of Strategic Initiatives, Area9
Heidi Kleinmaus, Partner, Charrette, LLC
Julie Lythcott-Haims, Autorin, Ehemalige Dean of Admissions, Stanford University
Ed Madison, Professor für Kommunikationswissenschaft, University of Oregon
Barbara McCormack, Vice President of Education at Newseum
Dr. Max McGee, ehemaliger Verwalter der Palo Alto Unified Schools
Milbrey McLaughlin, Emeritierte Professorin für Erziehungswissenschaft, Stanford University
Maye Musk, Mutter von Elon Musk, Supermodel, Ernährungsberaterin
Dr. Janesta Noland, Kinderärztin
David Nordfors, Mitbegründer des i4j Summit
Esther Perel, Autorin, Psychotherapeutin
Marc Prensky, President of Global Future Education Foundation
Todd Rose, Professor für Erziehungswissenschaft, Harvard University
Dan Russell, Google Search Quality & User Happiness
Sheryl Sandberg, COO von Facebook
Bror Saxberg, Vice President of Learning Science, Chan Zuckerberg Initiative
Michael Shearn, Compound Money, LP
Jamie Simon, Executive Director des Camp Tawonga
Peter Stein, CEO von Reunion
Jim Stigler, Professor für Psychologie, UCLA
Linda Stone, Autorin, Vortragsrednerin, Consultant
Ken Taylor, Professor für Philosophie, Stanford University
Jay Thorwaldson, Ehemaliger Chefredakteur von *Palo Alto Weekly*

Tony Wagner, Professor für Erziehungswissenschaft, Harvard University
Ann Webb, Compound Money, LP
Veronica Webb, Supermodel, Vortragsrednerin, Schauspielerin
Lina Williamson, Director of Entrepreneurship & Innovation, Brigham and Women's Hospital
Eddy Zhong, Mitbegründerin und CEO bei Leangap

Besonders bedanken möchte ich mich schließlich bei der ehemaligen Direktorin der Palo Alto High, Kim Diorio, und bei meiner ehemaligen Schülerin Dr. Karina Alexanyan. Mit beiden habe ich ausführlich über meine Ideen zur Innovation in der Pädagogik sowie über Engagement und Erfolg von Schülern gesprochen. Sie gehören meiner neuen Non-Profit-Organisation GlobalMoonshots.org an, die ich gegründet habe, um TRICK weltweit bekannt zu machen.

Es war eine aufregende Erfahrung, in den vergangenen anderthalb Jahren dieses Buch zu schreiben. Ich bin all jenen dankbar, die mich in meinem leidenschaftlichen Bemühen unterstützt haben, TRICK auf der ganzen Welt zu verbreiten, insbesondere den Eltern, Familien und Lehrern.

Anmerkungen

1. »Mental Health Information: Statistics: Any Anxiety Disorder«, National Institute of Mental Health-Website, zuletzt aktualisiert im November 2017 (https://www.nimh.nih.gov/health/statistics/prevalence/any-anxiety-disorder-among-children.shtml, aufgerufen am 22. Oktober 2018); »Major Depression«, National Institute of Mental Health-Website, zuletzt aktualisiert im November 2017 (https://www.nimh.nih.gov/health/statistics/major-depression.shtml, aufgerufen am 22. Oktober 2018); Claudia S. Lopes et al., »ERICA: Prevalence of Common Mental Disorders in Brazilian Adolescents«, *Revistade Saúde Pública* 50, no. 1 (2016): 14 s (https://www.ncbi.nlm.nih.gov/pmc/articles/PMC4767030, aufgerufen am 22. Oktober 2018); Sibnath Deb et al., »Academic Stress, Parental Pressure, Anxiety and Mental Health Among Indian High School Students«, *International Journal of Psychology and Behavioral Science* 5, no. 1 (2015): 26–34 (http://article.sapub.org/10.5923.j.ijpbs.20150501.04.html, aufgerufen am 22. Oktober 2018); »Mental Disorders Among Children and Adolescents in Norway«, Webseite des norwegischen Gesundheitsministeriums, zuletzt aktualisiert am 14. Oktober 2016 (https://www.fhi.no/en/op/hin/groups/mental-health-children-adolescents, aufgerufen am 22. Oktober 2018).
2. Alan L. Sroufe et al., »Conceptualizing the Role of Early Experience: Lessons from the Minnesota Longitudinal Study«, *Developmental Review* 30, no. 1 (2010): 36–51 (https://www.ncbi.nlm.nih.gov/pmc/articles/PMC2857405, aufgerufen am 22. Oktober 2018).
3. J. A. Simpson et al., »Attachment and the Experience and Expression of Emotions in Romantic Relationships: A Developmental Perspective«, *Journal of Personality and Social Psychology* 92, no. 2 (2007): 355–67 (https://www.ncbi.nlm.nih.gov/pubmed/17279854, aufgerufen am 22. Oktober 2018).
4. Isaac Chotiner, »Is the World Actually Getting ... Better?« *Slate*, 20. Februar 2018 (https://slate.com/news-and-politics/2018/02/steven-pinker-argues-the-world-is-a-safer-healthier-place-in-his-new-book-enlightenment-now.html, aufgerufen am 22. Oktober 2018).
5. Ian M. Paul et al., »Mother-Infant Room-Sharing and Sleep Outcomes in the INSIGHT Study«, *Pediatrics* 140, no. 1 (2017): e20170122 (http://pediatrics.aappubli-

cations.org/content/early/2017/06/01/peds.2017-0122, aufgerufen am 22. Oktober 2018).

6. Jean M. Twenge et al., »Increases in Depressive Symptoms, Suicide-Related Outcomes, and Suicide Rates Among U.S. Adolescents After 2010 and Links to Increased New Media Screen Time«, *Clinical Psycholog ical Science* 6, no. 1 (2017): 3–17 (http://journals.sagepub.com/doi/abs/10.1177/2167702617723376?journalCode=cpxa, aufgerufen am 22. Oktober 2018).
7. Ryan J. Dwyer et al., »Smartphone Use Undermines Enjoyment of Face-to-Face Social Interactions«, *Journal of Experimental Social Psychology* 78 (2018): 233–39 (https://www.sciencedirect.com/science/article/pii/S0022103117301737#! , aufgerufen am 22. Oktober 2018).
8. Lingxin Hao und Han Soo Woo, »Distinct Trajectories in the Transition to Adulthood: Are Children of Immigrants Advantaged?« *Child Development* 83, no. 5 (2012): 1623–39 (https://www.ncbi.nlm.nih.gov/pmc/articles/PMC4479264, aufgerufen am 22. Oktober 2018).
9. Walter Mischel et al., »Delay of Gratification in Children«, *Science* 244, no. 4907 (1989): 933–38 (https://www.ncbi.nlm.nih.gov/pubmed/2658056, aufgerufen am 22. Oktober 2018); Dr. Tanya R. Schlam et al., »Preschoolers' Delay of Gratification Predicts Their Body Mass 30 Years Later«, *Journal of Pediatrics* 162, no. 1 (2013): 90–93 (https://www.ncbi.nlm.nih.gov/pmc/articles/PMC3504645, aufgerufen am 22. Oktober 2018); Ozlem Ayduk et al., »Regulating the Interpersonal Self: Strategic Self-Regulation for Coping with Rejection Sensitivity«, *Journal of Personality and Social Psychology* 79, no. 5 (2000): 776–92 (http://psycnet.apa.org/doiLanding?doi=10.1037%2F0022-3514.79.5.776, aufgerufen am 22. Oktober 2018).
10. Diana Baumrind, »Current Patterns of Parental Authority«, *Developmental Psychology* 4, no. 1 (1971): 1–103 (http://psycnet.apa.org/doiLanding?doi=10.1037%2Fh0030372, aufgerufen am 22. Oktober 2018).
11. Diana Baumrind, »The Influence of Parenting Style on Adolescent Competence and Substance Use«, *Journal of Early Adolescence* 11, no. 1 (1991): 56–95 (http://journals.sagepub.com/doi/abs/10.1177/0272431691111004, aufgerufen am 22. Oktober 2018).
12. Robert Hepach et al., »The Fulfillment of Others' Needs Elevates Children's Body Posture«, *Developmental Psychology* 53, no. 1 (2017): 100–113 (http://psycnet.apa.org/record/2016-61509-005, aufgerufen am 22. Oktober 2018).
13. Michael Tomasello und Katharina Hamann, »Collaboration in Young Children«, *Quarterly Journal of Experimental Psychology* 65, no. 1 (2011): 1–12 (https://www.ncbi.nlm.nih.gov/pubmed/22171893, aufgerufen am 22. Oktober 2018).
14. Marcy Burstein und Golda S. Ginsburg, »The Effect of Parental Modeling of Anxious Behaviors and Cognitions in School-Aged Children: An Experimental Pilot Study«, *Behavior Research and Therapy* 48, no. 6 (2010): 506–15

(https://www.ncbi.nlm.nih.gov/pmc/articles/PMC2871979, aufgerufen am 22. Oktober 2018).

15. Sarah Myruski et al., »Digital Disruption? Maternal Mobile Device Use Is Related to Infant Social-Emotional Functioning«, *Developmental Science* 21, no. 4 (2018): e12610 (https://www.ncbi.nlm.nih.gov/pubmed/28944600, aufgerufen am 22. Oktober 2018).
16. »Kids Competing with Mobile Phones for Parents' Attention«, AVG Technologies website, last updated June 24, 2015 (https://now.avg.com/digital-diaries-kids-competing-with-mobile-phones-for-parents-attention, aufgerufen am 22. Oktober 2018).
17. Brian D. Doss, »The Effect of the Transition to Parenthood on Relationship Quality: An Eight-Year Prospective Study«, *Journal of Personality and Social Psychology* 96, no. 3 (2009): 601–19 (https://www.ncbi.nlm.nih.gov/pmc/articles/PMC2702669, aufgerufen am 22. Oktober 2018).
18. Jane Anderson, »The Impact of Family Structure on the Health of Children: Effects of Divorce«, *Linacre Quarterly* 81, no. 4 (2014): 378–87 (https://www.ncbi.nlm.nih.gov/pmc/articles/PMC4240051, aufgerufen am 22. Oktober 2018).
19. Sara H. Konrath et al., »Changes in Dispositional Empathy in American College Students Over Time: A Meta-Analysis«, *Personality and Social Psychology Review* 15, no. 2 (2010): 180–98 (http://journals.sagepub.com/doi/abs/10.1177/1088868310377395, aufgerufen am 22. Oktober 2018).
20. Charlotte van Oyen Witvliet et al., »Gratitude Predicts Hope and Happiness: A Two-Study Assessment of Traits and States«, *Journal of Positive Psychology*, January 15, 2018 (https://www.tandfonline.com/doi/abs/10.1080/17439760.20181424924?journalCode=rpos20, aufgerufen am 22. Oktober 2018).
21. Jeffrey J. Froh et al., »Counting Blessings in Early Adolescents: An Experimental Study of Gratitude and Subjective Well-Being«, *Journal of School Psychology* 46, no. 2 (2008): 213–33 (https://www.ncbi.nlm.nih.gov/pubmed/19083358, aufgerufen am 22. Oktober 2018).
22. Hannah J. Thomas et al., »Association of Different Forms of Bullying Victimisation with Adolescents' Psychological Distress and Reduced Emotional Wellbeing«, *Australian & New Zealand Journal of Psychiatry* 50, no. 4 (2015): 371–79 (http://journals.sagepub.com/doi/10.1177/0004867415600076, aufgerufen am 22. Oktober 2018).
23. Hannah M. C. Schreier et al., »Effect of Volunteering on Risk Factors for Cardiovascular Disease in Adolescents«, *JAMA Pediatrics* 167, no. 4 (2013): 327–32 (https://jamanetwork.com/journals/jamapediatrics/fullarticle/1655500, aufgerufen am 22. Oktober 2018).
24. Shabbar I. Ranapurwala et al., »Volunteering in Adolescence and Youth Adulthood Crime Involvement: A Longitudinal Analysis From the Add Health Study«, *Injury*

Epidemiology 3, no. 26 (2016). (https://www.ncbi.nlm.nih.gov/pmc/articles/PMC5116440, aufgerufen am 22. Oktober 2018).

25. «Setting School Culture with Social and Emotional Learning Routines«, KQED News website, letztes Update 16. Januar 2018 (http://ww2.kqed.org/mindshift/2018/01/16/setting-school-culture-with-social-and-emotional-learning-routines, aufgerufen am 22. Oktober 2018).
26. Julianne Holt-Lunstad et al., »Social Relationships and Mortality Risk: A Meta-Analytic Review«, *PLoS Medicine* 7, no. 7 (2010): e1000316 (http://journals.plos.org/plosmedicine/article?id=10.1371/journal.pmed.1000316, aufgerufen am 22. Oktober 2018).

Was tun nach dem Abi? Eine ganze Generation sucht nach Orientierung

»Hey, ich bin's wieder, Paul, Paul Bühre von Teenie Leaks. Ich bin jetzt 19 und habe tatsächlich mein Abitur geschafft, aber die großen Fragen meines Lebens sind offen: Wie will ich später leben? Was macht mich glücklich? Wie will ich Geld verdienen? Um das herauszufinden, bin ich ein Jahr durch die Welt gereist. Ich habe eine Kung-Fu-Schule in China besucht. Dort lernte ich unter anderem zwei kanadische Gangster kennen, trank viel Tee aus winzigen Tassen und brach mir (SPOILER!!) den Arm in einem Kickbox-Match. Dann war ich Lehrer in einer Dorfschule in Indien, wo ich ab und zu auch eine Kakerlake oder zwei getötet habe. Auf einem Bauernhof in Schottland habe ich mich anschließend von Indien erholt und Drechseln gelernt, ohne einen Finger zu verlieren. Am Ende der Reise hatte ich ein paar Antworten auf die Fragen im Gepäck, die ich mir am Anfang gestellt habe.«

Paul David Bühre

Das Jahr nach dem Abi

An alle Leute, die noch keinen Plan haben oder denken, sie hätten einen

Klappenbroschur
Auch als E-Book erhältlich
www.ullstein-buchverlage.de

ullstein